中公文庫

芸談

談志百選

立川談志
山藤章二画

中央公論新社

目次

芸談　談志百選

古今亭志ん生

ここんてい・しんしょう（五代目）、落語家。明治23年生まれ、昭和48年没、83歳。本名・美濃部孝蔵。大正10年、真打ちに昇進するも、高座の失敗などでどん底生活を味わう。「火焔太鼓」などを十八番とし、戦後は八代目桂文楽と双璧とうたわれた。

日本の芸人を１００人書く。けど芸人の定義はむつかしい。まァ概念というか、何となくは区別《わか》るけど、よくはワカラナイ。

芸人、役者、歌い手、音楽屋等々……どの辺を芸人といい、または「芸術家」「タレント」「ミュージシャン」「俳優」などとの線はどの辺に引くものか、それらの人を職業として芸人といえるのか。

具体的にいやぁ、「小沢昭一」は、「ミッキー・カーチス」は、現在の「上岡龍太郎」は、「和田アキ子」は、「中村勘九郎」は……「ＳＭＡＰ」は、「イッセー尾形」は……「毒蝮《どくまむし》三太夫《さんだゆう》」は、と、なると、さあ、どうすべえ……。

昔はジャンルがハッキリしていた。早い話、役者と、寄席《よせ》芸人、大道芸人、とざっとこんな処《ところ》だったから、まァ寄席に出てるのを芸人といったがネ。

早い話、どうでもいいのだ、けど、「芸人」という名称に芸人は、いや芸事を演《や》る人間は何故か惚れるのだ。憧れすらあるのだ。

——＊——

ちなみに家元《おれ》はどうでもいい、芸人だろうが、芸術家だろうが、タレントでもかまわない。「立川談志」であるのだから、それでいい。

でも、〝どれか一つ名称を取れば〟といわれりゃやはり芸人か……。

ああ面倒だ、ま、いいや、家元《おれ》の好きな奴を書く。それを芸人と決める。それを書こう。

あまり思い込みを入れずに……。

——＊——

真打ちから先に書く。志ん生である。古今亭志ん生のことだ。

この師匠の生き方が落語である。と過去私は書いた。志ん生再発見として……。

つまり、勝手なのだ。手前ぇ勝手に生きていた。〝周囲なんざァどうでもいい〟というその了見は肉親にまで及び、家族を貧乏のドン底に叩き込み、はては娘まで売った。……結果娘のあまりの悲しみよう、泣きようにさすが志ん生も可哀想になったか売らなかった、というが、なら、泣かなきゃ売ったのか、売ったんだ。もっと酷《ひど》くいやあ、泣いたんで可哀想より、面倒ンなったのだろう。

そう思わせる生活態度が志ん生である。真のエゴイストだ、見事ですらある。

志ん生が次の高座の上がり番だったが、そこへ金儲《かねもう》けの仕事が入った。電話が掛かったのだ。志ん生平気で楽屋に志ん生の後に上がる芸人がまだ来ていないのに、金の為に目の前の寄席の出番をヌイていっちゃったのを談志《わたし》は見てる。

「フエーアア……ウーン」と妙な鼻唄ぁ照れ隠しに唄ってたっけ。

前座《あたし》の着せ掛けた外套《がいとう》を羽織ると人形町末広の楽屋を出ていっちゃった。

冬の日であったのを覚えてる。志ん生の外套のエリに茶色の毛皮がついていた。

高座を降りてきて馬風《ばふう》が怒った。

「あの乞食野郎、そんなに銭が欲しいのか」

その頃は志ん生の全盛であったのに……。

――＊――

私もこの歳ンなって判った。見事な芸人根性なのである、落語家の了見である。

人間が人間として生きなきゃいけないために、常識という学習をさせられる。それには「礼儀」「作法」「義理・人情」「正義」「思いやり」、やれ、「愛」の「情《なさけ》」のと……。いろいろが加わる。

けど、人間、源《もと》をただしゃ勝手なもんだ、放っときゃ何ィ仕出かすか解《わか》らない代物《しろもの》なのだ。

そこで落語家は、演じる出し物の内容と同じに生きなければ本物ではない、といえる。「不人情」「恥知らず」「強欲」「勝手」それらを含む、ありとあらゆる世間で許されぬ行為に談志《わたし》も忠実に生きようとしている。

相手が、世間が、どう受け取ろうと知るもんか。

〝俺は立川談志だ〟〝落語家だ〟である。その見本が志ん生にあった。尤《もっと》も志ん生師匠、そこまでの分解はなかったし、成り行きだったかも知れナイが結果は見事な人間の姿であった。己《おの》れの生き方に志ん生は一番合った稼業を探し、それが成功したのである。

けど、その志ん生にも、どこかで「世間」というカベが気になり、それが人情咄《にんじょうばなし》に熱を込めたり、芸人としてはそこ〳〵結構な家に住むようになったりした。

両方とも〝ダメエー〟である。志ん生の人情噺の酷さ、下手さは、土台《どだい》、了見が違うから、無理なのだ。話は違うが、よく見ると志ん生は怖い顔をしている。

若い頃から売れまくった桂文楽は志ん生と対照的に最後まで長屋住まいであったっけ……。

――＊――

談志《わたし》も、自分に忠実に生きるために恥でも何でもかいてやる。とはいえ、何処《どこ》かでルールは守らされてるが、時代のせいもあったろうが志ん生にはそれがない、いえ少ない。

逆にいうと、他人から、大事にされ、愛されたら志ん生は不出現《なか》ったろう。

「富久《とみきゅう》」「黄金餅《こがねもち》」「火焔太鼓」「風呂敷」「氏子中《うじこちゅう》」いいヨォ……。「芝浜」「鰍沢《かじかざわ》」酷いよォ……。

ビートたけし

びーと・たけし、コメディアン・映画監督。昭和22年生まれ。本名・北野武。48年、漫才コンビ・ツービートを結成。50年代後半の漫才ブームでは、その先頭を疾走した。バイク事故で生死の境をさまよったり、ベネチア国際映画祭で金獅子賞を受賞したり、常に話題の中心にいる。

立川談志がやってきた芸の内容を薄め、大衆が受け入れられる程度の毒ガスで売ったのが、ビートたけしである。

あのネ、こういういい方、書き方、これが談志《わたし》の了見なのだ。言い訳しとくと、この「恥っ晒《つぁら》し」「厚顔無恥」、これが立川流家元の目指す「落語家」なのだ。

たけしの若き頃は志ん生とも当然ダブる。技芸は下手《まず》かったろうし、志ん生程でもないが当然貧乏、周囲から可愛がられもしなかったろう……。

たとえ可愛がられたとしても、あ奴のこった、何処かでそれを拒否していた感があったろう。つまりヒネクレ者である。

たけしは世のそれらを〝嘘だ〟と感じていたろうに……。やがて、紆余曲折《うよきょくせつ》、何のハズミか偶然か、演芸ブームに参加して、役者と違う、己れ自身、たけしそのものが舞台で喋った。「世間の嘘」「常識への挑戦」が大衆を摑《つか》んだ。大衆が迎えた。

やがて薄め薄めて（当人は逆のつもりだったろうが）大衆に愛され、支持された事実は、もう薄まっている証拠といえる。

結果は、薄まったままの現在である。

彼の次に進んだ（?）道の、映画監督作品は面白くも何ともない。

もっとも家元《おれ》が気に入る映画なんザァめったにないし、たけしの作った映画は一本みただけだ。つまり、鑑賞欲もそそらない。

ツービートの頃のたけしとは別人である。義理で「ＨＡＮＡ－ＢＩ」でもみてみるか……。

判りやすくいやぁ、たけしの人生、乞食から大名になったようなものだ。その乞食時代、彼の家族はたけしを一家の恥として敬遠したろう。それが、たけし売り出しの巻ともなると、一緒にＴＶに出てるなんザァ、恥も外聞もない家族である。家族はともかく、たけしの人生、その姿、どこか、豊臣太閤と似る。そして、晩年もきっと……。

「オィたけし、どっちがお前さんなんだい」と聞きゃぁ、「両方ですよ」というかなァ……。

何故そうなったのか、その一つの理由はライバルが居なかった、ということもあろう。

立川談志ではマニアック過ぎたろうに……。

高座に全盛の、若き柳家金語楼《きんごろう》、純情詩集の三遊亭歌笑《かしょう》、一時《いっとき》の林家三平、トップ・ライト。

もし日本に、ボブ・ホープか、レニー・ブルースがいたら、たけしはバラエティーの司会や、ナンセンスにもならぬＴＶに王様然としていたろうか。

たけし軍団なんという半端《はんぱ》な連中に持ち上げられて「殿」なんぞ、いわれていたろうか……。

己れの狂気と、芸の狂気の狭間《はざま》で狂い、レニー・ブルースの如《ごと》き最期《さいご》をとげたろうに……(たいした奴でもないが、一つの生き方のスタイルとしての例)。

一世の天才芸人になったはづ、かの「弥太《やた》っぺ馬楽《ばらく》」も、「盲目の小せん」も及ばない大芸人になったろう。

勝手ながら惜しい。

――*――

「赤信号、多勢《みんな》で渡れば恐くない」

「俺の親父は真面目だった。背中に〝真面目〟と彫ってあった……」

「俺は親父の死に目に遭ってる、俺が殺したんだから……」

等々、数多くの傑作ギャグを産んだビートたけしだったのだ。もう一度いう〝だったのだ〟。

談志も『笑点』でやったっけ。

「酔っ払い運転は何故悪いか」

「轢《ひ》いた時に充実感がないから……」

これが積もって『笑点』という番組を降りた、いや降ろされた。

「それだけの問題ぢゃあないよ」ともいわれそうだが、原因は「その了見」である。

――*――

事故後のたけしに無理ィいって談志の会に出てもらった。

「眼のワルイ、身体障害者を紹介します」

と家元。

勿論《もちろん》、天下のたけしが出演《で》る、とは客席誰ァれも知らない。勘九郎の飛び入りだけで場内大沸きなのに追い打ちだ。

その時のたけしの見事さは、紹介通りのアクションで高座に、その事故漫談の凄《すご》さ、見事さ、終わって打ち上げの場での独演会の素晴らしさ、であった。


――＊――


高座に並んだことがあった。家元、高田文夫、景山民夫、上岡龍太郎はいたっけな、内田春菊もいたか、ワァワァ、パァパァいろ〳〵あって、家元威張りくさって順にケナし、たけしに向かって、

「お前なんぞ、俺の真似みたいなもんだ。俺様より凄いものってないぢゃあないか」

に高田文夫、

「師匠、前科がある」

これにゃあ家元参った。

「恐れ入りました」

その通りだ、たけしにゃ敵わない、前科があったのだ……。芸人として最高の「名誉」があったのだ。

ビートたけし、ツービートに尽きる。

林家三平

はやしや・さんぺい、落語家。大正14年生まれ、昭和55年没、54歳。本名・海老名泰一郎。額の右に手をやって「どうもすいません」――これが三平師のトレードマーク。人を笑わせるためにひたすらバカをやり続けた希有な才能であった。

三平さんのことは『談志楽屋噺』（文藝春秋）に書いた。三平さんの芸は一口にいうと素人芸《しろうとげい》である。

素人芸といっても、技芸がセコい、というのではない。

芸人がしてはいけないルール、素人なら仕方がないけれど、プロが演《や》るべきではないという枠を見事に破壊したのだ。

〝ヤレ会話を間違える〟〝くだらないことを喋る〟〝その間違えたり、愚にもつかぬことを喋っている自分自身を見事に観客に晒《さら》け出す〟等々、今迄《いままで》に芸人として、絶対にしては不可《いけ》ない行動を高座で演じた最初の芸人である。

その行為に当然内容も加わる、つまりプロならとてもぢゃないが演れない、くだらないギャグを連発し、その上、それを間違えるのだ。そしちゃあ自分の頬っぺたァ叩く例の仕草、となるのだが、これらは三平さんが仕組んだことではない。つまり演出ではないのだ。だいいち〝仕組む〟なんざァ三平さんの世界には存在しない行為である。

つまり喋ってたら「間違えちゃった」のだ。

――＊――

「大変なんですよ、ホントなんですからァ」

こないだも学校で生徒が宿題やってこないんですから……で、先生に怒られて〝立ってなさい〟っていわれたら、〝俺は立ってるぜ〟だってんスヨ。

つまり裕次郎の「俺は待ってるぜ」のギャグなのだ。〝待ってるぜ〟と〝立ってるぜ〟だ、こりゃ素人だい、おまけに先生が〝立ってなさい〟というのだ。これがプロなら、精々プロらしく「お前はダメだ」に「俺は立ってるぜ」とするのがルールで、「立ってるぜ」をいわせる為にはその言葉は先生には云わせないのだが、三平さん平っちゃら。

「お前立ってろ」に、

「俺は立ってるぜ」とくる。

ま、そこ〳〵裕次郎の人気というか、流行《はや》ってるフレーズだから受ける。

と、追い撃ちをやる。

「まだですよ、この先があるんですからァ」

「俺は立ってるぜ」といったら、生徒が「お前にゃ俺《おいら》がついている……」って。

これは受けない。むしろ白ける。そこで三平さん「これ、云わなきゃよかったスネ」。

これが受けるのだ。また受けなくても平気なのだ。

「受けないんですヨ、こないだも全然受けないんですからァ、で、段々前へ出て、仕舞に高座から客席に落っこったんですからァ、そしたら前のお客が〝ああ、落ご家だァ……〟これもツマラナイですかァ……でも大変なんですからァ、身体大事にして下さいヨ、ホントなんですから……」と延々と高座が続くのだ。その高座の声は甘く、明るい、文字通り〝愛すべき芸人〟の姿がそこに出現するのだから凄ぇ……。とてもじゃないが敵《かな》わない。

結果御承知の如く日本一の爆笑王の時代を築いたのだ。

それにしてもハレンチである。昔流にいやぁ〝芸人の風上にも置けない〟であった。けど、人気というモンスターは、そんなもなァ吹っ飛ばすのは屁《へ》の河童《かっぱ》、とどまる処を知らない売れ方で、三平でなきゃ夜も日もあけなかった演芸界でありました。

自《みずか》らライバルと称する現円歌《えんか》、当時の歌奴《うたやっこ》のあの爆笑編「授業中」ですら敵ではなかった。

創作も三平という存在の事実には敵わなかったのだ。

役者のいう、「子供《ガキ》と動物と一緒に出るな」のアレである。

〝喰われちゃうに決まってる〟

円歌さんは、そこで戦おうとした感があった。けど、「ムリだよ兄《あに》さん」と談志《わたし》にはいえなかった。質が違うんだもの、であったっけ。

三平さんの晩年は病気もあり、エネルギーがなくなってきた。ズバリ書けば、無惨であった。

けど、その「無惨」を平気でやるのだ。やり続けるのだ。受けないのに、ます〳〵客席は白けるのに……。

「そこに芸人根性をみた」と感動したファンや、仲間内もいたが私は嫌《いや》だった。あの天下の人気者の姿を知っているだけに見ていられなくなり、「もういいよ」と舞台に出ていって三平さんを引きずるように楽屋に隠《さ》げたこともあった。

客は受けたが、三平さん、心中はどうだったか。きっと怒ったに違いない、「余計なことをするな……」と。

——＊——

十日間一緒の出番の予定だった三平さんが死んだ。家元《おれ》物真似が上手いから、で三平さんを演《や》った。自分で「三平」という「めくり」を出し、「神田祭」の三平の出囃子を弾かせて、三平のギャグを連発した。

最後に、「この三平の名札も今日が見納めです。一緒に叫んで下さい、〝三平ーッ〟と。彼はおっちょこちょいだから、ことによると戻ってくるかも知れません」。

私の〝セイノォ〟に客席が叫んだ。

「三平ぇー」

客席に涙が光った。その録音は家元持っている。あんなに愛された芸人はいまい。

春野百合子

はるの・ゆりこ（二代目）、浪曲師。昭和２年生まれ。本名・佐伯昌。母は初代春野百合子。東京の昭和女子薬専で学ぶも、母の死後浪曲界に入り、23年、道頓堀中座で二代目を襲名。「女殺油地獄」などの近松物を得意にし、平成５年、芸術選奨文部大臣賞を受賞。〔平成28年没。〕

「春野百合子」、この人の芸のことを「名人芸」という。違う意味で、大阪にはもう一人、

「京山幸枝若《きょうやまこうしわか》」という名人がいた。伜《せがれ》の京山福太郎も楽しみである。

家元《おれ》は弟子にいう。「春野百合子の芸を聴いて置け、聴いておくことがお前達の歴史になるのだ」と。

読者にどう彼女の芸を説明したらいいのか、百文の駄文より、高座を聴きゃあ、それで解決、「文句なし」であろう。たとえ浪曲に馴染《なじみ》のない若者であっても、感性のある若者ならすぐ春野百合子の世界に引き込まれる。

何ィ演《や》っても名人芸は円生《えんしょう》師匠に似る。しかし、落語との違いか、円生師の、意外にバカバカしい笑いの世界は演らないけれど……。

世話物、武芸物、その他何でもいい、くどいがいい、素晴らしい。西鶴作品を演っても「南総里見八犬伝」のような荒唐無稽《こうとうむけい》に近い演目も見事に己れの世界で昇華させる。それも大阪の、遊園地の客のような劇場の中でも。

しかし、その名人芸の一作を創るまでの血を絞る様な苦労、苦心はあるはづだ。で、そのプロセスのようなものを舞台の芸に感じる名人もいるし、幸枝若の様にそれをあまり感じない名人もいる。それは演る作品上の印象もあろうが……。

ムリに探せばそれが春野百合子の〝唯一の欠点〟かも知れナイ。逆にいうと、それを感じさせないのは〝軽くて名人ではない〟といういい方も出来る。

つまり、それらは芸風の違いで、幸枝若には苦心惨憺《さんたん》があっても、それは舞台には感じさせない。ということは、幸枝若にはさほどの苦心もなくあの名人芸が出来たのか、けど、どちらかといやあ〝軽く〟受け止められるほうが名人なのだが……、いや、やはり重いほうが……ま、いいか。

ちなみに家元は、両方の作品をやるが、気分的には〝成り行き〟であり、楽のほうに入るだろう。で、春野師、意外にまったく逆で、楽な芸なのかも知れナイ。その昔、米若《よねわか》〔寿々木米若〕が虎造《とらぞう》〔広沢虎造〕に、

「私もあんたみたいな楽な節を演りたいもんだ」

これに虎造、

「私も逆に重厚な節を語ってみたいですよ」といったという。

我が家の女房がＴＶを見ていた。この女房殿落語を始め演芸に興味がない。軽蔑しているようにもみえる。

春野百合子が出てた。ジーと見てた。

いみじくもいった。

「今日、いままで出てた人の中で一番いい」、ＴＶ番組の中で一番いい。とサ。

「この人誰？」

家元怒らナイ、親切に春野百合子の名人芸について教えたっけ……。

彼女の舞台、品がいい、優雅《エレガント》である。現代《いま》どき、これほど格調の高い雰囲気の女芸人は少ない、いや居ない。女性《おんな》ばかりか野郎にも居ない。

持って生まれた天性か、育つプロセスにきっと優しい、きびしい人がいたのだろう。そうでなきゃあ、今日のあの舞台姿をどう説明するのか。いっちゃあ悪いが、浪曲の客はワルい、レベルが低い。「低くて悪いか」といわれりゃ、「別に悪くはない」けど、その客と春野百合子の芸とのギャップのことである。俗にいやあ、あまり演りたくない場所《ところ》で、演じることのほうが多いのではなかろうか。一方、その方が真《まこと》の大衆芸というのかも知れないし、私も散々そういう「客の修羅場」というべき場所で闘ってきたが、それは若い頃の修業でいい。それを潜《くぐ》ってきたはづなのに、あの汚れない美しき芸の春野百合子が、今日には「いい客」の前に彼女を迎える機会を多くしたい。これが取り越し苦労でないことを願いつつ……である。

——＊——

東宝名人会に出演《きて》いただいた。一応真打《トリ》ちは家元、春野師は中入り、この世界で「中とり」という出番。

前にまわって聴いていた。

上手《うめ》えの何の、時代も、内容もあるものか。そんなものは春野百合子の前にゃ、二の次、三の次だった。演題《ネタ》は「樽屋おせん」、唸るしか手はないや。

家元正直だから、真打《トリ》ちに上がって観客《きゃく》に向かって開口一番、

「あのネ、前に出た浪曲師、つまり春野さんネ、あれを名人芸っていうんだよ。あれを聴いたらもうお終《しま》い、今日はもう誰ぁれも不要《いら》ないの。春野百合子の余韻に酔って帰ればいいの、立川談志は今晩はイラナイの……」

でも一応真打《トリ》ちだから喋ったが、別に意識はなかったけれど、酷《ひで》え出来だった。ちなみに家元の酷いときは非道《ひど》いゾォ……。その夜の酷さは、家元偉いから芸術の神様が守ってくれて、そこで、そこ〱いい芸なんていう愚にもつかない出来を演《や》らせないのであろう。

「春野百合子の為の夜」を神様はキチンと家元に身をもって教えてくれたのだろう。

飲めない彼女を芝清之《しばきよし》氏（浪曲を最も愛している浪曲評論家で前芸術祭審査委員）に頼んで一緒にＢＡＲに連れてって貰った。

大先輩、喜んできてくれた。

「先生素晴らしいや、参ったい」に、

「先生なんて、いわんといて下さい、〝春ちゃん〟いうて下さい……」

「ぢゃあ春ちゃん」

酔ったからいったっけ。いった己れに歴史が出来た……。

「俺は春野百合子当人に許されて、〝春ちゃん〟といったんだぜ……」と。

春野百合子、超一級品、芸界の至宝である。

ケーシー高峰

けーしー・たかみね、漫談家・俳優。昭和９年生まれ。本名・門脇貞夫。ストリップ劇場のコメディアンや照明助手などを経て、医事漫談で売れっ子に。その後、俳優に転じ、人生の哀感を演じる貴重な存在となっている。〔平成31年没。〕

ドクターは凄え。セニョールにどうやら敵うスタンダップ・コメディアンは家元《おれ》と、たけし位だ。

こんなにふて〴〵しい、自信と貫禄を持った芸人は……。そう柳家三亀松《みきまつ》以来か……。現在、ＴＶに出てくる芸人（？）と称する奴らは、皆オド〳〵として、可愛がられようとしたり、ムリしてふて〴〵しくしたりしてるが、ドクターとは芸の貫禄が違う、くぐってきた修羅場の場数が違う。ケタが違う。

――＊――

「オイ、セニョール、おれの顔な、兄姉《きょうだい》みんないい男、いい女なんだ。俺だけこれだ。このアバタ面、両親が夏みかん喰いながらヤッたためなんだ……」

いやがったネ、その通りだ、違えねぇ。でドクター追い撃ちをかける。

「な、セニョール、〝酸っぱいは性交のもと〟だ」

コード、スレスレ、刃渡りの芸は家元と似るが、家元にゃ、いざっていやあ落語がある。悪くいやあ、その傘ん中に逃げ込むことも可能《でき》る。けど、ケーシーにはそれがない。刃渡りが彼の芸の全てなのだから凄え。

けど、この本領に出合うまで家元はドクターの芸が嫌いだった。その理由は言葉通り「ヤリ過ぎ」なのだ。

「セニョール、ザーメンとラーメンはどう違う」俺も品は悪いが、ドクター悪すぎた。

――＊――

で、ずっと疎遠であったげな。

一度など一緒に出た地方公演に、ドクター、家元を意識か、昼席終わって日本酒ガブ飲みときた。飲んで飲んで、ベロンなっての夜の高座だったから、勿論ダメ。舞台はメチャクチャだ。飲んじゃダメなんざァ当人百も承知、二百も合点のはづなのに、ガブ飲みのベロ〳〵……。「何てシャイな奴なのだ」そうか彼の芸はその裏返しだったのか、と家元目から鱗《うろこ》がとれたっけ。

とに角ドクターの奴ァ物凄い。楽屋の伝説に、「ケーシー高峰」と名刺が刷《つく》ってあって、名前のそばだか裏だかに、〝お暇ならオマンコしませんか〟と刷ってあった、という。

つまり、その名刺を片っ端から女の子に配ってるんだ、という。

何と、全盛の頃の吉永小百合にもそのオマンコ名刺を出したそうな。

ついでにいうと家元のテレフォンカードもオマンコの図で立川談志と入ってる。

ドクターとは趣味も合うのだ。きっとケーシー、ＳＥＸもシャイで余程気に入らないとダメなのかも知れナイ。

何故か、書いていて胸がジーンとしてきた。何なのだろう、映画「ザッツ・エンターテインメント」を観たときの情感と似る。

つまり、ケーシー、見事な芸人なのだ。

それを書いてる喜びが情感を誘うのだ。これ、俺とケーシーしか伝わらない琴線かも知れナイ。

家元だけの思い入れか、いやそうでない……。

――＊――

照れるから、普通に書く。

ドクター、芝居がやたら上手い。

ま、俳優なんざァ素人でも出来るもんだが、ケド、うま過ぎるほど上手い。あれ、きっとケーシーにとって芸人と違って己れ自身を晒さずに済む、からだろう。自分じゃないから照れずに演《や》れるのだろう。

いくら上手に演じても〝芸人という己れ自身に傷がつかなくて済む〟と身体の何処かが感じてるのだ。

あのネ、皆さん、教えとくが、「上手く演じる」なんざァ芸人の恥なのだよ。

このことが芸人ほとんど理解《わか》っていないのだ、ということは観客も判《わか》っていないのである。その狭間で家元困っています……ま、いいか。

――＊――

余談を一つ。

毒蝮《どくまむし》（三太夫）の奴がローマに旅した、という。

で、イタ飯屋のレストランに入ったところ、当然カンツォーネの楽隊屋《バンド》が来たとな、一杯入ってる日本人向きに、ドメニコ・モドーニョ、やら、クラウディア・カルラ、やら唄ったとな。つまり「ボラーレ」の「チャオ・チャオ・バンビーノ」と演ったとな。

最後の曲に客が一斉に拍手をしたら、この唄い手、何と、

「やったぜ、セニョール」といったという。

日本人に受けるフレーズとして、イタ公これをやったのだ。

ケーシー高峰、もって瞑《めい》すべし。

――＊――

「現代一番したたかな芸人は誰かネ」と聞かれりゃ、「ケーシー高峰」と家元はいう。こんな芸人他にいるかい?……。

けど、ドクターの喋ってる医学話の内容は信じないほうがいい、早い話全部嘘だ。

夏みかんでもぶっつけてやるか。

アダチ龍光

あだち・りゅうこう、奇術師。明治29年生まれ、昭和57年没、86歳。本名・中川一。新派の役者を志すが、のち、奇術師に。昭和46年、昭和天皇の古希の祝宴では、「パンと時計」の奇術を披露した。

もし、今、「オイ談志、俺がどんな芸人にでも逢わせてやる。誰に一番逢いたいか」といわれりゃ、迷わずいう、「アダチ龍光」と。

家元ガキの頃から、アダチ龍光が好きだった。客席から見てて好きだったし、寄席に入り、また好きになった。

立川談志で真打《トリ》ちを取るようになって、楽屋の符牒でいう「ヒザ替《が》わり」、つまり、「真打《トリ》ちの一つ前に出る色物」としても名人であった。

ヒザ替わりの役目は、もっというと色物の芸人の役は、真打ちの、特に若い真打ちの邪魔をせず、寄席という落語中心の場での邪魔にならず、強いていえば、あくまで色物という役目だけを果たし、ことヒザ替わりともなると、時には短く、ある時は長く、真打ちの楽屋入《くる》りまでつなぎ、その「つなぎ」を、つなぎと観客に感じさせず、そればかりか、家元のように、真打《トリ》ちですらヌク芸人があれば、そのまま観客を釘づけにし、己れの本芸ともいうべき実力をみせ、観客に「どうだ談志なんぞ、来なくてよかったろう、本当のアダチ龍光《おれ》が観られて……」といい、「その通り」と客が答え、ヌイた家元も「当然」といえたのが龍光先生であった。

勿論真打ち以上の力量の色物の芸人は数多くいた。けどこれらの芸人は己れの芸のセーブを知らなかった。というより、客のその芸人に対する要求以下では降りられないのだ。それは芸人の性《さが》であろう。

まして現在のように寄席が寂《さび》れ、寄席の形式とルールを観客が知らなくなってからは、〝己れの技芸以下で降りている芸人の了見〟という事実も判らないだけに、芸人は辛い。龍光先生はそれが出来たが、そんな分解もないし、気配《けはい》も感じられなかった。そのくせ爆笑につぐ爆笑なんざァいとやすき芸当であった。

それもそのはづ、先生は越後生まれの中学出、その頃の中学卒は「学者」であった。その学者の先生は俳優を志願し、何と女形《おやま》にさせられ、やがて活動弁士、俗にいう活弁《かつべん》となり、その師匠である「木村マリニー」が、何と時代を読んだか活弁をやめ奇術師に転向、で弟子も一緒に奇術師に……といういい加減さ。

だが、アダチ龍光、その奇術に加え、「物真似」を一緒に旅興行をした初代猫八から覚え、吉本興業全盛時代をそこで過ごしたという、したたかな芸人経歴《れき》なのだから凄い。戦後乞われて落語協会に入会し、色物のトップとしてその頃の落語界の総帥、桂文楽ともアグラぁかいての対等であった。

ある時円生師匠が協会の総会で挨拶し、芸人の呼称について語った。

「あのネ、色物の人は全員、後輩でも前座でも〝さん〟づけでいいのです」

私《あたし》は円生師匠に聞いた、その頃は二つ目時代か……。「でも……師匠……龍光先生も、アダチさん、龍光さんでいいんですか……」に円生師匠、「龍光さんは、ま、別です、先生でいいでしょう、ヒゲもはやしていますし……ウヘッ」とサ……。

いつだったか、そう家元が参議院議員でもあった頃……、今はなき浅草松竹演芸場で家元と龍光先生の対談があった。内容は覚えていないが見事な議員談志への突っ込みと皮肉に、観客は、家元がヤラレてる嬉びで大拍手、それが私にとって一つも嫌ではないのだ。

「何という程のよさ」と感激したっけ……。

アダチ龍光、龍光先生を現代《いま》の人にどう説明しよう……録音は残っていて家元との対談等（「立川談志ひとり会落語CD全集―第二期―」竹書房）あるが、画像は知らない。何処かにあるのだろうが家元知らない。

高座はいつも黒のタキシード、勿論蝶ネクタイ、いった通りのチョビヒゲ。割りと仏頂面で出てくる。舞台ではあまり喋らない、喋らせりゃ、これが絶品名人芸、それもトツ〳〵という感じともとれる喋り方でけっして雄弁ではない。そして時折〝ニヤッ〟と笑う程のよさ。一言も喋らず三十分演《や》るときもある。その間、客は感心、呆れ、爆笑、哄笑……。何も道具を持たず、扇子の先に銀貨をつけたのだけで二十分、てなこともやる。何とも程のいい芸人であったこと、「嫌味」という気負いがミジンも見えなかった。それは先生の自信だろうが、それも見えない。

「擬声《ぎせい》放談」と称する鳥獣の鳴き声、指笛等、これまた観客は笑いの渦となる。龍光先生のことは『談志楽屋噺』にもっと詳しく書いてある。自分で読んでもジーンとくる。その文章が好きだ、と作曲の中山大三郎氏はほめてくれた。

東宝の故森岩雄氏の『私の芸界遍歴』（青蛙房）に、文楽、志ん生等、寄席の芸人を分解し、鋭い眼で書いている中で（家元すべて同感）、アダチ龍光のことを〝この際特筆しておく〟と書いてあり、その名人芸を誉めたたえている。

どうしようかなァ、よォーし、家元が一度高座でアダチ龍光を真似してあげる。若き頃龍光先生のカバンを持ってお供し、前にあがって手品をやったっけ。龍光先生と一緒にいたかったのだ。それらを含めて、技術はムリだが、雰囲気は出せる。昭和天皇にみせた「パンと時計」、絶品「チャイナリング」「シルクハットとコイン」「金魚つり」。「軽いロープ」や「コップ」等々でも一見不器用な奇術師にも見えたのも程のよさか……。

龍光先生の悪口、欠点をいう芸人はいない。

マルセ太郎

まるせ・たろう、ボードビリアン。昭和８年生まれ。本名・金原正周。在日朝鮮人二世として生まれ、のち日本国籍を取得。31年、日劇ミュージックホールでデビュー。パントマイム、動物の形態模写、映画全編をひとりでしゃべり演じる映画再現芸など、その芸風は異彩を放つ。〔平成13年没。〕

はやいとこ書いておかないと死んじまうといけないので……。マルセ太郎肝臓ガタ〳〵、いやカチ〳〵というべきか、いつ死んでも不思議はない。云い様によっては死と対決しているような毎日であり、彼の芸はそこで演じられているのだから凄惨に近い。

彼に聞いた、肝臓病談義は凄かった。けど生きている。生きてりゃ、別に、世にいう「健康」も「不健康」もあるものか。マルセ太郎ぐらいになると俗にいう健康なんて、贅沢かも知れナイ。昔から健康というものに、あまり縁がなさそうに見えたっけ……。けど、彼とその頃話したことはない。知っているのはあの鋭い鷹のような眼をした、芸人にはおよそ向かないあの顔と、訥々《とつとつ》と喋る、といやあ体裁がいいが、早い話が、喋り下手の愛嬌のない芸で、唯やたらとエテ公と鶏《にわとり》の真似が上手《うま》かった「一人《ひとり》芸の芸人」としか印象がなかったし、その印象はそのまま一般観客を含めたマルセ太郎の評価でもあった。

人生の苦労、つまり貧乏がモロに表面に出てたようにも思えたっけ……。つまり売れない芸人の見本みたいにみえた。しかし、その見た眼よりもマルセ太郎は売れていたようにも感じていたが……。それが、今日《こんにち》のマルセ太郎に変わったのだ。昔流にいやぁ芸道精進の結果（嫌《や》な表現だ）、今日のあのマルセ太郎の芸を創りあげたのだ。

何なのだろう、まさか偶然ではあるまい。辿《めぐ》り〳〵て、曲がり〳〵てたどり着いたマルセ太郎の語る映画の世界は、元々彼の底にあったもの、一番演《や》りたかったもの、一番好きだったもの、それに突き当てたのだろう。いや待てよ、突き当たったたんではなく、エテ公とニワトリで生き長らえてるくらいなら、〝いっそ自分の好きなものを演って死のう〟としたときに、彼の芸が観客の胸を打ったのだろう。これらはあくまで家元の勝手判断、つまり独断である。

今日《こんにち》のあのスタイルを完成させる為に、ディモンはマルセ太郎に曲がり道をさせたに違いない。結果、彼の顔、スタイル、マイム、物真似、そして舌たらずの訥弁《とつべん》までが全てプラスと出たもんだ……。珍しいケースである。

彼の舞台は二度しか見てない、いえ、二度も見てる。ついでにいうと芸人、何と他人の芸を見ないことか。家元ほど他の芸を見る芸人は少ない。それはさて置き、二度見りゃ充分その人の芸の力量は理解《わか》る。

マルセ太郎の噂は聞いていたし、その噂だけで充分判った。けど、〝百聞は……〟とやら、見たっけ。それも何と二時間だ、それをこの傲慢な家元が……。〝嫌だ〟となりゃ、遠慮会釈もあるものか、平気で席を立つ家元が、Ｍ《マルセル》・カルネは「天井桟敷《さじき》の人々」にマルセ太郎の世界と一緒に連れていかれてしまったのだ。

我が家の近所の小さなＢＡＲのフロア、というけど、ほんの狭い空間で三十人位の客を相手に演じたマルセの世界であった。彼の芸は、むしろ、そういう場のほうが効果が出る場合が多い。

芸種は違うが、その昔の講釈師、錦城斎典山《きんじょうさいてんざん》、小金井芦州《ろしゅう》（秋元格之助）の世界もきっと、これに似たものだろう、と思った。

　それにしても、これらの名人でも、ま、長くて一席四十五《しじゅうご》分だろう。マルセ太郎、二時間以上一つの映画《ストーリー》で語り込んできたのだ。勿論拍手喝采のＦＩＮであった。マルセ太郎の語る映画のレパートリーの数は知らない。ついでにいうと家元、この百選《シリーズ》は、相手の承諾もなきゃ質問もしない。記録もみない、感じたままの書きなぐりである。けど、マルセ太郎の選んだ映画はきっと優しい映画ばかりのように思えるのだ。

　私達が持っていた、いや持たされたのかも知れナイが、女性に憧れ、花に、星に、すこやかな人生に憧れた素朴さ、それらが、嫌でも現実に出合うみじめさ、けど〝それを知り、それを覚え、その苛酷さに耐え、乗り越えていくのが人生さ〟なんて嫌だい、「もっと素朴で、美しい、優しい世界があるはづだ。それに憧れて、何故ワルイ」。

　マルセ太郎を見てると、こんなやるせなさを想うのだ……。家元その世界の嘘に反発しての落語人生のはづなのに……。で、映画を語るという最も楽しき時間、それを見事に語るマルセ太郎同様、家元も、この種《て》は上手い。

　映画でも、小説でも、持たされた時間で喋り切る。いつだったか、「砂の器」を二十分で女房に語り聞かせたこともあったし、興が乗るとそれを演る。けど、それはあくまでサロンの会話である。舞台に乗せる自信はあるが、ドラマに対する惚れっ振りはマルセ太郎に遠く及ばない。

ハッキリいう、映画よりマルセ太郎のほうがいい。いや、映画もサイレントとトーキーと一緒に育ちゃよかったものに……と思うように名画とマルセ、一緒に見くらべてみて欲しい。まづはVTRになってる「泥の河」から見ることを薦める。勿論本物を見るに越したことはないが……。マルセ太郎を通すと、映画が一段と映《は》えるのだ。映画が先か、マルセ太郎を先に見るか、どっちでもいい。それ〴〵違う楽しみが生じるはづだ。

　マルセ太郎、演りたい映画が山のようにあるのだろう。その未練で生きているのかも知れナイ。

ザ・ドリフターズ

ざ・どりふたーず。結成は昭和37年。39年から、いかりや長介、仲本工事、加藤茶、高木ブー、荒井注のメンバーに。ビートルズ日本公演の前座もこのメンバーでつとめた。49年、荒井注に替わり志村けんが加入。44年から60年まで16年間続いたＴＢＳ『８時だヨ！全員集合』は、最高視聴率50・５％のオバケ番組だった。
〔いかりや長介、平成16年没。志村けん、令和２年没。仲本工事、令和４年没。〕

いま、ＴＶで「芸」を演《や》っているのはドリフターズだけである。その遊び場の最たる場所というべきゴールデン・アワーに登場し、ガキも大人も、その大人の中でも〝笑い〟に一家言《いっかげん》も二家言（？）も持った、世にいう喧《うる》せぇ芸能通も一網打尽に捕え、視聴率を誇ったのは長《ちょう》さん率いるザ・ドリフターズだけだ。

あとの奴等《やつら》ぁ観た事ぁないが、「ウッチャンナンチャン」だ、「とんねるず」だ、「ダウンタウン」だ、「たけし軍団」だ、なんぞとは競《くら》べものにならない。

つまり、「素人のガキ」と、「大人の芸人」の違いだ。

別にドリフターズを誉めるために相手をケナすのが目的ではない。

こういう書き方が〝一番判りやすい〟と家元判断したからである。

素人《とうしろ》と芸人と競べる必要《こと》はないのだが、世の中にゃあ、ＴＶでやっているのを芸だと思っている奴が多いので余計ながらの一言だ。

ドリフターズのＴＶショウは、「素人共の悪ふざけ」ではない。修練に修練を重ねた技芸と稽古の積み重ね、加えてギャグの集大成なのだ。

文句があるなら演《や》ってごらん、出来っこないから。家元受け合ってやる。

——＊——

そのドリフターズとて花が咲くまでの酷さ、そりゃ、そうだ。昨日までの音楽屋が音楽ぢゃ梲《うだつ》が上がらないし、金も取れない、と笑いの集団に変わっただけだったのだもの……。

おまけに、笑いの部分の担当の小野ヤスシとジャイアント吉田は長さんと別れて、「ドンキーカルテット」を作っちゃった。

後に残された長さん、長べエ、いかりや、の心細さはどれ程だったか。そばにいたのは加藤茶ぐらいで、その頃の茶は、唯の若い下手ドラム叩き程度ではなかったか。で、仕方なく、急遽《きゅうきょ》集めた、ブー、注、工事の素人達、それを率いるリーダーとて、カントリー&ウエスタンのベース弾き、ジミー時田とマウンテン・プレイボーイズのメンバーであったというだけで、笑いの世界とは縁がない。結果ナンダカワカンない代物が出来上がった。それが当時のドリフターズ……。

いまから……そう、現在《いま》から数えて三十数年前か、家元《わたし》が司会をしていた日本テレビお昼の演芸番組にドリフターズが出《で》演たときは、その程度の低さ、酷さで家元何と「次はこれです」と名前も入れずに紹介したもんだ。

昔から家元、ダメな芸には絶対妥協をしなかった。たとえ人間はいかりや長介のような善人であり、人格者であってもだ……。

その後は皆様知る如く、あの天下のクレージー・キャッツを追い抜いてのドリフの天下となったのだ。

そしてその頃は、家元、ドリフは認めたが、コント55号は認めなかった。面白くも何ともなかった。それは現在《いま》に続く判断であるが、これをいうと十人が十人反対する。〝そうかなァ、コント55号面白かったよ〟という。

家元そういう奴は認めない。きっと「いい芸」をみてない奴らであろうから……。逆にいやあ、談志なんぞに誉められなかったから萩本欽一の全盛があったのだ。それは一時のチック・タックにも通じる。つまり、一時のブーム、というヤツだ。その芸人が〝いい、面白い〟のではなく、笑いというのを一つの騒ぎの対象として欲しがったガキや、身体だけ大人のガキ共が、コント55号やチック・タックを見たのである。だが正直いうと〝次はこれです〟で、見限っていたドリフターズをそのまま十数年見過ごしたのだ。

ある時、ＴＶの人気を買っての日劇「ドリフターズショウ」を観た。面白いの何の、そのテンポ、ギャグ、そして何とあの野暮の見本のような長ベエが、粋まで含んだ笑いのグループと化していたのだ。それは植木、谷啓のあの「クレージー・キャッツ」に並び、コメディアンとしての動作《うごき》は仲本工事、加藤茶、加えて志村のセンス、役所《やくどころ》を知っているというか、いや知らさせられているブー、とはるかにクレージー・キャッツを超えていた。

家元唸った。〝やりゃがったな、いかりや〟であった。脱帽だ。家元ドリフを見損なっていたのだ。

そして、加藤茶は日本中の子供に影響をあたえた。

それが〝よろしくない〟と世間の母親と称するバカ共はＴＶ局に文句の殺到ときた。

〝世にバカ親の種は尽きまじ〟だが、「バカは隣りの火事より怖い」。

ドリフターズに、加藤茶に影響を恵《あた》えられた子供達は、笑いのうちに芸人を覚えたはづだ。芸を識《し》ったはづだ。そしてそれらを覚えて育ち大人になった現在《いま》、彼等は家元と同じ感慨にふけり、この文を〝その通りだ〟というはづだ。つまり、「ドリフターズで、加藤茶で俺は育った、それで笑いを覚えたのだ」と……。

ドリフも年齢的に全盛は過ぎたかも知れナイ。

けど止《や》めるな長さん、やめさせるなよＴＶ局。くどいようだが、「ドリフターズ」、ＴＶで観られる唯一の芸人の集団なのだから……。

中田ダイマル・ラケット

漫才師。なかた・だいまる。大正２年生まれ、昭和57年没、68歳。本名・中田勇夫。なかた・らけっと。大正９年生まれ、平成９年没、76歳。本名・中田信男。昭和16年に結成された兄弟漫才。ダイマルのアドリブのすごさに、ラケットはただ舞台で笑い転げるだけ、ということもしばしばだった。爆笑王とうたわれた。

「エンタツ・アチャコ」と「ダイマル・ラケット」、この二本、この二組が家元にとって漫才の全てである。他にも結構な漫才は多くいた。曰ク「十返舎亀造《じっぺんしゃかめぞう》・菊次《きくじ》」「いとし・こいし」「千太・万吉」「お浜・小浜」、全盛の「トップ・ライト」、若き「千里・万里」等々……。

けど、漫才の内容、会話のテンポ、呼吸……ここまでは「いとし・こいし」で充分であるが、ダイマルさんにはこれに狂気が加わった。

喋るだけ喋った、その余韻に、〽秋がきたのによォー、と全く関係なく唄うのだから、家元の好む、イリュージョンの世界がそこに出現するし、引力のネタなんざァ、家元同感。つまり「引力なんて信用しない」あんなもの本当は無い、というダイマルさんの発想である。「僕は小説家」「家庭混線記」「漂流記」「家庭菜園」〝青火がボウー〟の「幽霊のネタ」〝ドー、ドー、ドー、ハイーッ〟という、あの枕のネタ。

〽レー、レー、レーと音程が変わるよさ、「もうやめや」とあまりのバカ〱しさに逃るラケットさん、「逃げたらアカンがな、ハイッ、ミィー、ミィー、ミー」と変わる音程「ハイッ」にラケットさん「ミィー、ミィー、ミー……」「ミィが傷《いた》ンどる」「ミィが病むとどうなる」「骨まで腐る」「アホか……」のタイミングのよさ。

「僕の時計」のスピード感と、落《さ》げの「逆襲」というべき発想の物凄さ、は世の常識、学習を見事に越える。

漫才全盛の角座の真打ちはダイラケでなければ治まらない時代を創った。ダイラケにゃ誰も敵わない、お手上げだったのだ。それも三平さんのように化物でなく、その技芸は正常中の正常、「漫才の基本はこれだ」といわんばかりの二人の話芸なのに、観客を爆笑の坩堝《るつぼ》に放り込んだ。

「いうてみてみ」「つけてみてみ」の流行語から「そこに気が付かなんだ……」「こら阿呆か」と、ごく当たり前のことを取り違えたときに発するダイマルさんのフレーズ。全篇無駄なし、野暮なし。二人の芸を見ていると全身に戦慄《せんりつ》が走ったっけ。

ただ残念なのはこの名人の売り出しの「ボクシング漫才」は見ていない……。

漫才の余勢を買ってのTVコメディ、これがまた面白い。『スチャラカ社員』で代表される澤田隆治《たかはる》演出のABCテレビのお昼の番組は全国を攫《さら》った。けど、世の中判らないのは、この全盛を誇った、観客を嵐の中に巻き込んだ笑いの竜巻も、いつしか笑いが遠ざかり、笑いの伝統の松竹の舞台から、何と吉本興業に移籍され、〝漫才の約束事なんざア糞ォ食らえ〟と、若さと、エネルギーで勝負の吉本の漫才達の後《こう》塵《じん》を拝し、結果仕事もなくなり、落ち目の人生をたどったのは、一体何故《どこ》に原因があったのか。売れてた芸人が落ち目になる、なんざア、家元いくらも見て来たし、現在《いま》もみているが、まさか、あの、天才ダイマル・ラケットがその目に遭遇《あう》とは思いも寄らず、考えもしなかったのに……だが、現実はそうなったのだ。

その理由《わけ》は、ダイマルさんの二度目か、若き女房の手記『私の神様』（読売新聞社）に詳しい。つまり薬《くすり》だ。それも世にいう薬《ヤク》でなく、副腎ホルモンの薬を飲んでいたため、〝酒は呑める〟〝飯は美味しい〟〝ネタはなんぼでも出来た〟とダイマルさんの言葉に残っている……。

薬を医者に止められ、肥っていたダイマルさんが風船玉がシボんだようになり、それに老いという年齢が加わり、それこそ〝ショボン〟の人生になった。それを澤田氏の応援も得て、花王名人劇場で甦《よみがえ》り、昔のまんまのダイラケが出現し、ビートはいささか弱くはなったものの年輪からくる芸の味を加えて、見事なカムバックの途中の死であった。「兄貴に死なれてもう駄目だ」といったラケットさんは二度と漫才をやらず、スナックの主人となって晩年を過ごし亡くなった。もう、この世にダイマル・ラケットはいないのだ。

けど、二人の芸を偲《しの》ぶことは可能で、数多くの録音が残っている。特に「僕の時計」のあの呼吸と「もう云わん〳〵」といいながら「ラケットお前が盗《と》ったやろ」と攻めてくるダイマルさん。

「誰が盗った、僕が盗ったというのか」

「いや悪い〳〵すまん〳〵、でも何処へ売った」……。

と続く、全く、蟻の這《は》い出るスキもない、他の誰も、一言も、入《い》れられない二人だけの空間なのだ。「やすし・きよし」にみられる、二人のパーソナリティが主の漫才とは違うのだ。家元の基準でいうとダイマル・ラケットのこの流れの中に入って、初めて漫才という芸のジャンルになるのであります。

　そのスタイルはエンタツ・アチャコから学んだと聞く。もっと俗な言葉でいえば〝盗んだ〟となる。芸人誰がどう盗もうと勝手だが、そこがセンス、ネタは盗めても知恵は盗めない。ダイマルさんが盗んだエンタツの芸の源はチャプリンと、グラウチョ・マルクスである。

　現代《いま》のように二人が勝手に喋る漫才ならセンスさえありゃすぐ出来る。『パペポ』がいい例だが、上岡と鶴瓶がどうあがき、どうやってもダイマル・ラケットの足元にも及ばない。

　そのことは勿論二人共知っている。

　ダイマル・ラケットの死は痛恨であるし、漫才の終焉でもある。

玉置　宏

たまおき・ひろし、歌謡曲司会者。昭和９年生まれ。本名・玉置宏行。31年、文化放送に男性契約アナウンサー第一号として入社。「一週間のごぶさたでした」の名調子で、玉置の地位を不動のものにしたのがTBS『ロッテ歌のアルバム』（昭和33年～ 52年）だった。〔平成22年没。〕

さあっ……と何といったらいいのか、どう〝位置付《づ》け〟をしたらいいのか、どうする玉置宏……。まあ、早い話が「御存知、玉置宏」でいいだろう。

歌謡曲の司会者で彼に優る人は今日まで一人もいない。これからも出ない。

「玉置宏の前に玉置なく、玉置の後に玉置なし」である。と書いてもそれは玉置宏にとってごく当たり前のことだから何の褒め言葉にもならない。

歌謡曲全盛の頃、歌い手には司会者が必ずついていて、古くは〽岡の小鳩か、小鳩の岡か、の西村小楽天《こらくてん》。軽妙な話芸の宮尾たか志。ラジオではあのドスの利いた〝芥《あく》さんこと〟芥川隆行。

現日本司会者協会会長の春日八郎専属北條龍美。同様のスタイルは最も歌謡曲の司会らしい、悪くいうとドロ臭く、それが魅力の及川洋《ひろし》、北條龍美以前に春日八郎の司会をしたWけんじの片っぺら宮城けんじ、健在の名和美代児《なわみよじ》等々、キラ星の如くいた歌の司会者達も、歌謡曲の凋落と共に一人〱消えていったし、残っている人もいる司会者業界だが、玉置宏はそれらの司会者達《ひと》と一線を画している。歌の司会者というスタイルは同じでも、喋るトーン、芸を、歌手の唄う詩の深さを求め紹介する技芸《うで》が一味も二味も違うのだ。

違っていたからこそ、今日の第一人者の玉置宏の姿がある。

昔冗談に、「〝芸人も玉置宏にケナされたらもう終わりだ〟と思わなくちゃあダメだ」と家元いったっけ。その通りだ、相手を褒めて褒めまくる芸種の第一人者なのだもの……。

でもネ、その褒めちぎっている玉置宏の眼は決して笑っていない、ハッキリ書きゃ冷たい。ひややかな眼で、己れを含めた歌のステージを見ている、いや眺めているのだ。このことを昔玉置さんにいったことがあった。

現在《いま》になって玉さんはいう。

「あの頃から家元に見すかされてましたネ」と。それも玉置流のヨイショかも知れないが……そうではあるまい。

玉さん、他の芸をよく見てる、聞いてる、よく識《し》ってる。芸人を観察《みて》るから本音の玉置宏は怖い。

つまり彼の舞台《ステージ》は歌手のツマミ、ヨイショどころか、己れ自身が歌い手を巻き込んで、結果己れの舞台《ステージ》にしているのだ。判りやすくいうと歌手の私物化、歌い手を利用して自分のショウなのだから凄え、いや酷え。

よく家元《わたし》は「己れの職業を私物化しろ」という。「私物化して私物化された相手が喜びゃこれが最高だ」と講演などでも喋る。そのいい例が玉置宏である（これは喋らナイが）。歌手は玉置宏に私物化されているのを喜んでいるぢゃあないか、いや唄い手なんざァトロいから〝玉置宏を司会に使っている〟という程度の認識だろう、だとすると〝判ってない〟のだ。いや待てよ、それを歌手にも観客にも、表面上は判らせないのが玉置宏の芸なのだ。

「でもサ、よくつき合ってるネ。仕事となりゃあ舞台を含めて一緒に飯ィ喰ったり、喋ったりするだろ、よく我慢してるネ」に玉さん、

「一週間が限度ですよ」とサ。

してみりゃ、あの名フレーズ「一週間の御無沙汰です、玉置宏です」はその辺からきたフレーズかも知れナイ。

その言葉がキャッチフレーズとなっていた『ロッテ歌のアルバム』に家元ゲスト出演したのか、はたまた見物にいったのか、なか〳〵始まらないのだ。あたしゃ自分は遅れてくるくせに「早く始めろ、何ィやってんだ、早くヤレヤレ」に製作者側は何と「玉置待ちです」とサ。

歌の番組だから歌手ぅ待ってんなら開演の遅れの理由《わけ》も分かる。そうぢゃないのだ。司会者を待っているのだ。その司会者が来ないとショウが始まらないのだ、ということはショウが成立しないのだ。

「ウヘェーッ」てなもんだった。

玉さんも歳のせいか相手の歌手の魅力と己れのプライドにギャップが出来てきた。それに気が付いた歌い手は玉さんを大切にして迎えている。けど、当人それも段々薄らいできている様だ、よほどのイベントでないと玉置宏のプライドは埋まるまい。むしろ長年趣味の対象としている寄席演芸、特に落語に対する造詣の深さと惚れっ振りは、ＮＨＫからの

『ラジオ名人寄席』に表れている。山藤章二画伯は「金が有ったら寄席の席亭になりたいネ、好きな芸人だけ並べてさ……」とよくいうが、それを玉さんやっている。嬉しそうに喋っている。

けど玉さん、歌い手と違って寄席芸人、噺家《はなしか》とはあまり逢っていないだろうから、まだ〳〵それらに対する思い入れは多大だろう。けど、けどネ、もし、それらに逢い、時を一緒に過ごしたら、歌ィ手同様噺家に呆れるだろう。噺家それ〴〵、伝説になっており、何か人間として深い経験と、人生観があるように思われているが、世の中に、このくらいの錯覚は他にあるまい。

玉さんが歌い手に感じたことを、そのまま家元は噺家に感じている。

けど、ま、何処か洒落《しゃれ》てて、中にはまだ思い入れている噺家もいるのと同様、それはそれ、家元も、ディック・ミネや岡《おか》っ晴《ぱる》〔岡晴夫〕などに対する思い入れはいまだに残ってる。

好きな歌い手はいくらもいる。いえ、沢山いたがもう過去ンなってしまった。でも玉置宏が生きてる限り、家元の歌謡曲への思い入れを、この名人に託し、ドリームの世界に連れてって貰おう。

泉　和助

いずみ・わすけ、コメディアン。大正８年生まれ、昭和45年没、50歳。本名・和田佐紀。酒をこよなく愛した。昭和８年、エノケン一座に入る。戦後は日劇ミュージックホールで活躍。和っちゃん先生と後輩から慕われた。

泉和助の芸に惚れて、乏しい小遣いをためて日劇ミュージックホールへ通った。

通俗《ぞく》にいやあ、その場所は当時全盛のストリップ劇場であったが、秦豊吉《はたとよきち》氏がパリのミュージックホールを模しての内容で、華麗なる女体《ヌード》を売り物にしていた。

家元はロリコンだから女体は駄目、むしろそこに出てたコメディアンやらゲストに惚れて通ったのだ。M・H《ミュージックホール》には戦後に咲いた仇花《あだばな》ともいうべき、かのトニー谷が、これまた全盛を誇っていたっけ……。当然ガキだからトニーを見にいった。けどその場に一緒に共演《で》ていた泉和助の虜《とりこ》になっちゃった。当時泉和助は新谷登《あらたにのぼる》と称し、ヌードショウの間にトニー、パン猪狩などとコントを演じていたが、和っちゃんは見事。何せ軽いのだ。そうなるとトニーなんざァどうでもいい、〝和助オンリー〟とのめり込んだ。

ホイ、〝和っちゃん〟やら〝和助〟やらと書いているが、彼は後輩からは通称「和っちゃん先生」と呼ばれ、〝ちゃん〟と〝先生〟が一緒という珍しい呼び方で、これが一番泉和助に合っていた。

和っちゃん先生の芸については『談志楽屋噺』に詳しいが、ギャグ、動作《うごき》、すべてが軽い。軽妙で、軽いと思わせるぐらいだからギャグをオーバーに演じない。

西部劇だ。ミミー宮嶋が（後に宮地晴子が代わった）西部の荒くれ達にいじめられてる。そこに颯爽《さっそう》とはチト遠い、小柄な和っちゃんだが、ウエスタンスタイルもコメディアンらしく似合い、板についたカウボーイで登場《で》てくる。

「お前は誰だ」に、
「アイ、アム、シェーン」
これが軽くていい音なのだ。で、乱闘。この拳銃捌《さば》きの上手《うめ》えの何の、いささか内藤陳が真似るが、とても和っちゃんには及ばない。それは陳さんも承知のはず。この手は西部劇マニアの「ビル横山」が絶妙だ。荒くれカウボーイ共を、乱闘と拳銃で処理したアイ、アム、シェーン。

救けられた女はうっとりとして、ベッドで待っている。曲が「ジャニー・ギター」になる。

ベッドの横でテンガロンハットを投げ、スカーフを取り、チョッキ、シャツ、そして最後にはズボン……この脱ぎっ振りが芸になってる処は、上着を脱ぎながら、着ながら踊るアスティアの影響だろう。和っちゃんその昔、雑誌のインタビューに答えて「尊敬する映画スタァは」に「フレッド・アスティア」とあった。ベッドでうっとりとして見てる女。最後のズボンを脱いだシェーン、何と越中褌《ふんどし》だ。みてた女「何だ日本人《にっぽんじん》か」。これで暗転、いやはやバカ〳〵しいの何の、けどそこにいくまでの芸が見事なだけに何ともシャレた落ちになっていた。

家元の好きなシーンに、コマ劇場で水谷八重子（当時の良重《よしえ》）がベンチに座ってる。ベンチに街灯が一つ。そこに和っちゃん、彼女の周囲《まわり》を軽くステップは〝これこそコメディアン〟そのもので、踊りながら隣に座り、照れて帽子をポンと足元に放り、それを靴の先で〝ポン〟と蹴上げて、クルクルッと廻して頭にのせる。コメディアンの基本だが、これが完成《でき》てた。踊り踊って、小さく良重の際《そば》に座り、二人で頬寄せ、帽子でそれを隠す。チョイとはずして〝エフ〜〟とこれだけ……。

余韻が場内に残った。小さな拍手があった。家元は大きな拍手を送った。

和っちゃんのタップはいい。あの口の悪い「ヘソ出し圭介」といわれた浅草生え抜きのコメディアン鈴木圭介も「和助のタップは上手《うめ》えや」といってるし、師匠は確かアメリカ帰りの堀ジョージと、和っちゃんに聞いた。

この和助の芸を何と小林信彦、「アイディアはいいが、己れ自身が演じるとツマラナクなる芸人である」と書いた。「フザケンナ」である。判ってねえんだ。尤《もっと》も相手は素人だから無理もないが、和助の芸をケナされたんぢゃあ、弟子分としても、芸を見る目が人一倍ある、と自称してる家元黙ってない。現に和助の名古屋時代に、あのインテリの故古川ロッパは絶賛してる。むしろ新東宝で撮った映画のほうがツマラナイ、つまり他人に演出をされているからだ。

和っちゃんを追いかけ、まだ売れていない柳家小ゑんといった若き家元は、随分邪険といってもいいぐらいの扱いも受けた。

独り淋しく、和っちゃんの舞台稽古の途中で日劇M・Hの階段を降り、帰ったこともあった。やがて家元も売れ、あこがれの泉和助とM・Hでの競演になった。和助ネタの「講釈師」を私が逆に演じたコントから、「親と子」の枕、アメリカ産の「ガマの油」は今でも時折演《や》っている。勿論受ける、それは和助の天性のカン、センスを受け継いだからである。

けど和っちゃんの人生経路、芸談などはあまり聞いてない。楽屋はいつもウイスキーをストレートで飲みながらの駄洒落が多く、たいして面白くなかったのも〝こちとら落語家だい〟があったのだろう。芸に惚れると私生活も知りたくなって随分追っかけ、遊んで貰った。和助とは本名和田佐紀《すけのり》で「和佐《わすけ》」、つまり「和助」で、泉の由来は家元知らない、聞いてない。泉和助の二代目を弟子の小太郎が継いでいる。こ奴も妙な奴、不思議な奴、いい芸を持っている……。

和っちゃん持病の喘息で死んだ。見つかったときは死後一週間を過ぎていた。「芸人らしい死」ともいえる。

桂 文治

かつら・ぶんじ（十代目）、落語家。大正13年生まれ、本名・関口達雄。年中和服で通し、江戸言葉を大切にする。平成８年、芸術選奨文部大臣賞受賞。落語界きっての多芸で、硯、筆、カメラのコレクション、南画、盆栽、彫刻と趣味も数知れず。〔平成16年没。〕

昔の尻とりのわらべ唄に、

〽下谷、上野は山かつら
　桂文治は噺家で……

とあった桂文治は落語家の名としては一番有名であり格式が高い。現文治はその十代目である。

子飼いの噺家で父親は柳家蝠丸《ふくまる》、したがって文治は寄席の世界しか知らない。おっと、その間《かん》戦争があり、中支だか、北支だかの戦線に駆り出され、〝御国の為に手柄ぁ立てた〟と当人の弁だが、何せ噺家、半分以上は嘘だろう。というと文治さんは怒る、〝ホントだよう……〟と。「寄席と兵隊」とは、柳家小さんに似てる。

だが、小さん師匠の兵隊噺のほうはこの人の性格《へき》で嘘はない、まいいか。

現文治程噺家らしい芸人は現在《いま》いまい。つまり、芸人の定義、内容共に伝統を引き継いでいる、というか、「ひきずって生きている芸人」ということだ。

何せ服装《なり》がいい、早い話、年中着物で行動《うご》いてる。

これは偉い。

〝現代《いま》噺家なんといっている輩は文治さんを見習え〟である。

着物を着て歩いてる噺家もたまには居るが、まずいない、むしろ高田文夫やミッキー・カーチスあたりが噺家に憧れて着物姿で時折歩いてる。

ほとんどがジーンズにスニーカーだ。その最たるのが立川談志という奴である。

〝ありゃ、いけません、あれは噺家の格好ぢゃあないよ〟。で、久し振りに着流しで素足で雪駄《せった》ァ履いて歩いたら足の指ィすりむいた……。

でも和服姿に対する執着は人一倍持っているのだがなア……ま、家元《おれ》のことはさて置いて桂文治さんのことだが、〝西武線に乗ってる着物を着てるおじさん〟といえば、その沿線の人は皆知っている。

昔から威勢がよくて喧嘩っ早くて、当人はごく物分かりがいいと思ってるらしいが、他からみると「分からず屋の変わり者」となる。

昔気質の噺家、最後の噺家だ。

まるで恐竜が現代で生きている如きでもある。

〝酷えことを書きやがる〟と文治《あに》さんいいそうだが、談志だと他の人よりも怒らない、どっか、気が合うのだ。

「合《あ》やぁしないよ、お前なんぞ……と」

——＊——

「オイ、米丸《よねまる》の奴変わってやんな」

と車の中のハナシ……。

「何いってんだい、兄さんのほうがよほど変わってる」

「……？　そうかい」

だとサ。

でも、この文治の弁は正解《あ》っている。噺家の眼でみりゃ、ごく正常人である米丸の言動は〝変わってる〟というべきだろう。けどこの節寄席の世界の言動も価値基準も、文治曰ク〝変わってきた〟である。噺家の伝統としては文治が正当であるのだ。だからこそ一般には「不思議の世界」と憧憬と軽蔑が生じ、特殊な世界が実現するのだ。

家元の基準でいくと、文治さんけっしてわからず屋ではない。物事よく判別《わか》るし、また何せ古い事をよく識ってる。

あめのうずめの命《みこと》の穿いていたパンティーの柄まで知ってるし、蔣介石《しょうかいせき》の食べてた弁当の中身も勿論知ってる。この世の中に識《し》らないものはないらしい。

書も絵もよく描くし、うまいそうだ。いや御免、上手《うま》い。

我が家に「鬼畜米英」と書いて貰った文治書がある。

——＊——

昔志《し》ん好《こう》（古今亭）さんのギャグに「あたし達みたいに、紋付袴《こういう》姿の人も段々居なくなる、やがて寄席が小学生の勉強の場になりますよ……」

先生や親が、子供を寄席に連れてきて、

「坊や、ごらん、あそこに座って喋ってる人、あの人の格好、〝あれが日本人の姿なのだよ〟」

聞いた子供が、

「ウン、ああいう人、《の》博物館に座ってた……」

文治さんの行動はこれに似る、いまや貴重品、文化財、天然記念物、これこそ真の姿の人間国宝である。

といって咄の内容が古いのではない。伝統の姿を引きずっての高座だが、いま一番受けるのが文治で、彼の所属する落語芸術協会で桂文治は人気、実力共№1《トリ》である。だからこそこの世界の最高のイベントである正月の新宿末広亭の夜の部の真打ちを取っている。

文治さんの高座、勿論面白くて結構だが、それより楽屋で着替えながら何かいってる処、呑み屋の文治、それより、街ィ歩いてる文治を見ることだ。そっと追いかけ、つまり〝追っかけ〟をしてみるといい、家元《おれ》もやろう、小便の仕方も一味違うかも知れナイ。


——＊——


留さんといわれた九代目文治のアナクロ、「八世家元」と色紙に書いた先々代山路《やまじ》の文治（祇園祭の文治）も家元見てる。

で、現文治が桂伸治で売れてる時に「兄《あに》さん文治になんなよ」と談志《わたし》が無理に推めての十代目だ。

一時〝名が変わって収入が減ったことがあった〟とボヤいていたが、十代目桂文治、本名関口達雄にはこの名しかない。伸治が文治となったときにかすかに存在した名跡への慕情が落語界に残った。

　我が家の女房にいわせると、

「文治さんオモチャみたいで可愛い」とサ。

ジミー時田

じみー・ときた、カントリー＆ウエスタン歌手。昭和11年生まれ。本名・時田圭介。32年に結成したマウンテン・プレイボーイズのメンバーには、寺内タケシ、いかりや長介、ジャイアント吉田など。メンバーはその後何度も入れ替わり、のべ400人に。日本のＣ＆Ｗの学校的役割を果たしている。〔平成12年没。〕

ジミーとのつき合いは四十《しじゅう》年近い。二人の関係は「腐れ縁」の一言に尽きる。

ジミーのことは『談志受け咄』（三一書房）を読めばいい。

と書いても、まづは立ち読みでも読むまいから、総集篇というか、予告篇みたいに書いてやる。

――＊――

客観的にジミーの舞台を、奴《やつ》の私生活とは無関係に眺め、聴いてるのなら、こ奴昔から名人だ、いや天才的な唄い手でＣ＆Ｗ《カントリーエンドウエスタン》の歌手として第一人者であり、それは、そのまま現在《いま》も通用する。

どういう訳か、鶏ガラみたいなあの身体で声帯《こえ》だけは落ちないのだ。

それに競べて、同年輩、いや、後輩を含め、この年代の歌い手達の声の落ちようは酷い。

暮れの懐メロの時間に見事に唄えたのは森サカエ一人であった。

それはさて置き、ジミー時田、程《ほど》のいい中音の美声だが、低音が効いて、ヨーデルが唄え、アメ語の〝語り〟がいける。どこで覚えたのか〝泣かせ〟のトーンを知ってケツカル。

〝泣かせのトーン〟とは聴き手の涙を誘う音、が出せるのである。

ちなみに家元も、これが上手い。

その昔の泣かせ《これ》の名人は曽我廼家十吾《そがのやとおご》、と水谷八重子（先代）であり、十吾を真似た寛《かん》美《び》（藤山）も演《や》った。

変わった処ではサリー・フィールドがこの手を使ってオスカーを二度とった。けど彼女のはもっと簡単な泣《な》きっ喋《ちゃ》べりで島倉千代子程度だ。ということはアメ公の芸の見方もその程度。

で、ジミー、生まれはケンタッキーの田舎町の地主の家《うち》の鶏《とり》小屋の中、というからキリストに近い。つまりアメリカの小作人のガキだ。

鶏小屋で育ったから、まず覚えた曲は「藁《わら》の中の七面鳥」、通称「ワラ七」。コヨーテの声を聞き、「キャトルコール」を唄い、「北風《ノースウィンド》」に震え、ザリガニのパイ（ジャンバラヤ）で飢えを凌いだ。

幼《よう》にして酒を覚え「マウンテン・デュー」なるものをガブ呑み、どこで拾ったか、盗んだかギターを覚えた。当人はハンク・ウィリアムスとは腹違いの兄弟だ、といっているが、嘘だと思う。

アメリカから、マカオに渡り、男娼の家に居候、「マカオのオカマ」という上から読んでも下から読んでも同じ仇名《あだな》がついた。

上海から蘇州に渡る。大連経由で戦後帰国したが、その間《かん》覚えた日本の歌は「蘇州夜曲」唯一曲。後はワラ小屋で覚えた歌を十年一日というか五十年近くもまったく変わらず、化石の如く唄ってる。

性格はグズで、友人はほとんど居ない。芸の話もしないし、自慢話も愚痴もいわない。

何人目かの女房といるのは知ってるが、何処で出逢って、どう一緒ンなったかはまるで知らない。ナニ家元ばかりであるまい、周囲《まわり》の連中もほとんど知るまい。

——＊——

肺と肝臓が悪く、薬ィ喰って生きている。

——＊——

落語が好きでレコード、テープを山の如くに持っている。よく聴いてるらしい……。

——＊——

「結婚詐欺の常習者」と一緒に住んでたことがあった。でもジミーは結婚詐欺は働いていない。けど、それに近いことはした。いや当人〝した〟という意識はまるでない。唯〝した〟だけだ。

——＊——

「五〇〇マイル」という唄は俺のことだい、と珍しくいったことがあった。ホントかなァ……。

——＊——

喰い物は何でも喰う。で大衆食堂へ連れていってやったら〝カツ丼〟だとサ。「オイ、ジミー、カツ丼なんて何処でも喰えるだろ、こういう場所はな、飯に、秋刀魚《さんま》の塩焼き、大根おろし、けんちん汁、納豆、ホーレン草のおひたし……ってぇ場所《とこ》なんだぞ」に「カツ丼喰いてんだよナ」それだけ。皆、多種《いろいろ》取って喰ってたが、ジミーはカツ丼だけ、ボソ〳〵喰ってた。

——＊——

そういやあ喰い物に全く脈絡がない。何時だったか我家《うち》に来たとき、土産《みやげ》のつもりか手前ぇで喰うつもりか、ミカンと干物と煮豆と、セコなパックに入った甘酒と、養殖ブリだかが入った刺身セットみたいな品物を、我家の隣のスーパーで買ってきやがった。

——＊——

ジミーの急いでる姿ァ見た事がない。体力がないせいもある、つまり走る力もないのだ。けど、待てよ、昔から急がなかった。急がないくらいだからよく仕事場や遊び場に遅れてきた。〝他人《ひと》のことは云えない〟か……。

——＊——

家元のことを〝談ちゃん〟と呼ぶ。〝談ちゃんよう〟とくるとロクなことがない。

そこ〳〵稼いでるんだろうが、銭は無い。ジミーが金え持っているのを見た事がない。去年も家元の家に三日泊まってたが、帰りに金が無ぇというので三万円やった。やるほうも、貰うほうもこれだけセコイと凄い。

読んでる人まったく判るまい、だからいったろ〝俺の本を買って読め〟と。

横山ノック

よこやま・のっく、漫才師・政治家。昭和７年生まれ。本名・山田勇。米軍通訳を経て、秋田Ａスケ・Ｂスケに弟子入り。のち、「パンパカパーン、今週のハイライト」の漫画トリオを結成し、人気を不動のものに。43年以来参院議員を通算４期務め、平成７年より大阪府知事を務めたが、11年末、強制わいせつ容疑で起訴されたのに伴い、辞職。〔平成19年没。〕

ノックさんは神様であります。芸人の神様なのです。

その神様を府知事に創り上げた大阪市民は偉い。

青島のパフォーマンスに騙された田舎っぺいの東京都民とはケタが違う。

本質的に物事が理解《わか》っているのだろう。つまり、知事とは何ぢゃいな、大阪人とは何かいな、いえ、〝人間ってなァあんなもの〟と識っているのだ。少なくも人間を常識という学習から眺めていない、不完全なものとして人間を見てる感がある。

——＊——

府知事殿とのつき合いは永い、何と三十五年にもなろうか……。

——＊——

ノックさんの経歴はどうでもいい、どうでもよくなきゃ、何か書くか。

アメリカ兵、つまり進駐軍に出入りしていた三流《セコ》通訳から、漫才師に。いろ〱相棒が替わって、漫才からトリオ、参議院議員、大阪府知事と、ま、こんなとこか。

ノックさんは神様だから常人と違う。どう違うかといやあ、並みの人間が「知識、常識」という線《ライン》で判断《み》りゃ、「無学」というか「無知」の「非常識」とこうなる（当人は勉強家の常識人のつもりだろうが）。

世の中のこと何にも知らない、嘘だと思ったら、ノックさんに何か聞いてごらん、メチヤクチャだから……。

——＊——

ノックさんと家元と二人、ペアで『アップダウンクイズ』というTV番組に出演《で》た。問題が「国鉄の民営化ですが〝いくつに分けられるのか〟数をいってください」に「ノックさん頼むよ」。他のことは判るまいが、ノックさんその時参議院の運輸委員なのだから、当然解っていると思うよネ。それがダメ、見事にハズれ。それも思い違いとか、わづかな違いではない。まるで解っていないのだ、呆れ返って文句をいったネ。

「あんた、現職の運輸委員だろ、何で解ンねぇんだい」にノック先生、「いや、今日は疲れてんだよ」だとサ。

——＊——

関西で有名な逸話《はなし》に、藤山寛美の何回忌かがあって、一同で黙禱をする、という。その挨拶にノック先生何と「えー、これから黙禱を捧げます。私が、黙禱の音頭をとりますから一つよろしく」。「黙禱の音頭」だとサ、一同笑いを堪えるのに大苦労……したとサ。

——＊——

　こんな話は山程ある。そんなノック知事を、「知事」という過去の歴史の流れの上での見解で判断《み》たら大変な間違いだ。当初その目でマスコミやら大阪府とは関係のない連中から〝正義と常識に反する〟と、散々にいわれ、叩かれた。そこで、家元「ふざけんな野郎共、俺が相手ンなってやる」と公開で喧嘩ぁ買った。

また常識で攻《せ》めたってノックさんは神様なのだから驚くもんか、加えて舞台で散々やられてきた「受け」の名人だ、「己れを放り出す」なんざァ朝メシ前なのである。

「あんた、それでも知事かいな」

「そうや、ワイ、知事やで」

「知事やったら、もうちょいとマジメにやらんかい」

「やってますワイな、これで精一杯や、あと〝どないせい〟いいまんのや。せやったらタコ踊りでもやりまっか……」

どこまで本気でどこからが洒落なのか、人間一匹平気で放り出せる凄さがあるのだ。

勿論当人はごくマジメに政務、業務に力を入れ、大阪府民の為に日夜頑張っているはづで、その辺もノックさんらしく、マジメなのだ。

マジメであって、もう一方の芸人としてのマジメさも持っていて、昔とった杵柄《きねづか》で、ボケ役が出来るのだ。それも府知事の看板背負ったままに……これが出来たのはタレント議員ではノックさんと家元だけ、これ自慢咄である。

ノックさんを神様と見抜いたのは家元で、即同意をしたのが龍太郎（上岡）である。

家元と上岡が神と決めたのだからノックさんは凄い、いえ本当の神様である。

だから抜けてる、神様は常人なんぞとはケタが違う、とまた話が元に戻っちゃった。

——＊——

——と連載では書いたこの原稿だが、何と二年後の現在、セクハラ事件に捲《ま》き込《こ》まれ、知事を辞任した。

家元、腹が立つやら、血が逆流するやら、憤怒である。

この事件、どう考えても「マスコミの騒ぎ」の一言であろう。男女のセックス論もなく、ノックさんは芸人でもあるという問題にも触れぬまま……。それを応援も出来ないゼエ六の芸人達、特に上岡、鶴瓶、八方などのバカヤロウ達。

ノックさん、ＴＶで家元《オレ》と語ろう。

春風亭柳好

しゅんぷうてい・りゅうこう（三代目）、落語家。明治21年生まれ、昭和31年没、67歳。本名・松本亀太郎。「ずっこけ」「たいこ腹」をはじめ酔っぱらい、幇間などの明るい話を得意とした。上野鈴本に楽屋入り直後、脳溢血で倒れ、そのまま帰らぬ人に。

ヨォッ、待ってました春風亭柳好。

出囃子《でばやし》が鳴る。「梅は咲いたか」である。客席がざわめく、これぞ粋《すい》の塊《かたまり》、向島の師匠の出だ。姿ぁ高座に見せる、「ヘイッ」という感じの笑顔、これぞ寄席芸人、咄家の華《はな》であった。

「蝦蟇《がま》の油」「野晒《のざら》し」「棒だら」「電車風景」と客席から声が掛《か》かる。こんなに演題《ネタ》の注文が飛びかう咄家は柳好のほかにはいまい。昔はそれぞれの十八番に声が掛《か》かったなれど、柳好には及ばない。

柳好口調で書いてみようか、

「えーへ、この柳好、アッハァ、柳好、柳好、何ーンとも結構な芸で、全篇《ぜーんぺん》、唄い調子、でお客はトリコォ、柳好の世界、あーんなに明るい結構な芸は、他《ほか》に、探したって、あーるもんぢゃあありませんでえ……」

てなもんで……、どうだ。

――＊――

と書いても柳好を知らない人には判るまい、家元口惜しいネ、ツネくるよォ……。

――＊――

けど、この師匠の演題《ネタ》にはツマラナイのも随分あって、まるで同じ人とは思えない位の拙劣さなのである。加えて「浮世風呂」のようにメチャ〳〵な構成の作品すらある。

何なのか、何故なのか、ことによると全篇唄い上げた柳好節が写実というリアリズム（?）に逆らうのだろうか……。

柳好師について知っていることや、思いついたことを、アト・ランダムに書く。

――＊――

昔民放が始まり、その一号がラジオ東京、現在のＴＢＳ、そこにデンと構えた演芸プロデューサーは辣腕の出口一雄氏であった。余談だがこの出口さんは家元《わたし》の中学の先輩であり、ディック・ミネ氏と同級生、随分世話ンなったもんだ。家元の電話の受け方、「ああ、談志だがネ」は出口さんの悪い影響でもある。

その出口氏はラジオには落語が第一と、落語家に専属制度を作り、文楽、志ん生、円生、小さん、円遊、若手で桂小金治、もちろん流行《うれ》っ子春風亭柳好。ＮＨＫに義理のある柳橋、金馬、三木助を除いた最強のメンバーを傘下に収めたのだ。このメンバーは凄ぇ、また出口さん、「ラジオ」「落語」「娯楽」というラインを見事にこのメンバーで知らしめた。

文楽、志ん生、円生、小さん、とくるのは判るが、柳好を、一歩下って円遊を、若き小金治をいれたセンスは見事であった。

――＊――

家元、柳好師匠の「棒だら」が大の贔屓《ひいき》であった。現在《いま》誰もが演《や》る「棒だら」は柳家小さん流で故金原亭馬の助同様、硬くて、野暮な「棒だら」だ。ま、いいようによってはリアルともいえようが柳好のあの美声、ジャズのスキャットに通じる唄い方の入った「棒だら」には遠く及ばない。けど、その録音《テープ》は残っていない。

最も柳好節を継いだのが、故柳亭芝楽《しばらく》であったが、「野晒し」「電車風景」は柳好そっくりに演じた芝楽さんも「棒だら」は演らなかったと記憶している。嗚呼《ああ》、残念なり、無念である。


――＊――


柳好師は割りと若くして亡くなった。六十代であった。あの艶やかな顔、愛嬌一杯の美男はさておいて、あの美声の口調をそっくり真似る咄家がいないのは何故なのか。志ん生、文楽、円生、三木助、小さん、と皆真似る。志ん朝を真似、家元《わたし》の口調まで真似るくせに柳好はいない。で、家元、それを演った。人形町末広の高座で「野晒《のざら》し」を喋り「ヘッヘェ、この辺からァ、柳好になるよォ、〝今晩はァ〟〝誰ァれぇ〟〝向島から来たの、上がってよくってぇ〟〝待あってたんだ上がってくんねぇ〟てえと女ぁくるネ……」場内がどよめいた、まさか柳好が聞けるとは思わなかったのだろう、あの客席の反応と感動を家元忘れない。で時折やった、いや、度々《よく》演ったもんだし、現在《いま》でも充分出来る。

「また始まりやがったな、自慢咄が……」

「その通りでござんす」

——＊——

文楽師匠がお客に「おい柳好はいいなァ」といわれ、何であんな下手な咄家を〝いい〟というのか、という了見でそのお客に聞いた、という有名な話がある。勿論文楽師の大の友人でもある柳好だからその芸のよさも知りたかったのだろうが……。

「大将、柳好の何処がいいんです？」

「いいぢゃねえか、柳好は、文楽《おまえ》ね、出囃子が鳴るだろう、柳好が出て来るだろう、〝へイッ〟って御辞儀ィするだろう、あれで苦労が吹っ飛ばあな……」

「成ぁる程」と文楽師匠、己れの「出」を考え、改良した、という。

けど、変えて、あの程度の文楽の出だ、ま、変わってはいるが、とても愛嬌のある「出」とはいえない。

——＊——

家元「席亭・立川談志のゆめの寄席」（竹書房）というCDを出した。その中とりは春風亭柳好だ。

故青田昇氏が、野球選手を一人〳〵絞っていくと最後に残るのは大下弘だ、といっていたが、げにごもっとも。

究極に落語一席選べといわれりゃ、春風亭柳好「野晒し」となる。

〽鐘がボンと鳴りゃサァ、上げ潮ォ南さ、とくると、もう堪《たま》んねえ……。

景山民夫

かげやま・たみお、小説家。昭和22年生まれ、平成10年没、50歳。学生バンドを組んで活躍したのち、放送作家に。『シャボン玉ホリデー』『クイズダービー』などを手がける。昭和63年には『遠い海から来たCOO』で直木賞受賞。平成10年、自宅の火災事故で死んだのは記憶に新しい〔単行本刊行当時〕。

日本人らしく「本業」というモノにこだわるなら、景山民夫は「作家」ということになるだろう。

いや〝宗教家〟と本人はいうか……。でも彼は我が「立川流落語会」の弟子「立川八王子《はちおうじ》」でもある。

勝手な判断だが、例の件は別として、彼の多才な能力を、何やらかにやら、なんじゃらかんじゃら、と一つに纏《まと》めようとすると、それは「落語」が内容的に一番近かったのではなかろうか。

というより景山自身が安心していられる場所であったのだろう。

落語とは、立川流落語会とはそういう居心地がある。

――＊――

立川流落語会はご存知のかたも多く居ようが一応、A、B、C、と区別《わか》れていて、Aコースはノーパンとしゃぶしゃぶで……いえ、違う、落語を職業《なりわい》とする人、Bコースは世に名の有る連中で、落語を演《や》りたい、家元と関わり合っていたい、家元の悪口、陰口を喋る《きく》ライセンスを貰いたい、という連中。Cコースは一般の人で、Bコース同様に〝落語が好き〟の、〝談志と関わり合っていたい〟〝志の輔でもいい〟なんという人達……と、こうなっている。どうする、入るかい……。上納金と月謝だけ取られて何の恩典もプラスもないよ……。

——＊——

逆に家元これらの人達に支えられている部分も多いから素直に感謝している。よくも、まァ、こんな見事な連中が我が立川流にいるもんだ……と……。

で、景山民夫。

立川八王子なる芸名は自分で付けた。中央道を走っていたら看板というか、標識に「立《たち》川《かわ》、八王子」とあった、ので、これにした……という。

この一言、この一点で彼のセンスが解る。非常に微妙だが家元《わたし》には理解《わか》る、粋と野暮、スレスレの粋なのだ。そのスレ〳〵にする野暮なほうの存在も、当然景山承知である。粋の裏腹に野暮の存在を含めないと粋でないということだ、と同時にそうしないと照れるだろう。おまけに、その選択は〝誰にも判るまい。家元にも分かるまい〟とすら思っている様子があった。

この自信、この気負いに漲《みな》ぎっている最中《さなか》の死であり、その多才なる能力を含めて返す〴〵もあの事故死は惜しい。

——＊——

八王子の奴ぁ新宿に住む家元より、はるか西方に位置したのも〝災い〟の源だったのか。

景山は、家元に対して、伝統芸として、はたまた家元の狂気には一目も、二目も置いていたが、物事全般、世の諸々《もろもろ》の事柄《ことがら》に対する知識、判断の自信ははるか上で、二人で喋ると、家元を上から見下ろしている態《てい》であったっけ。

勿論不快でも何ともない。〝偉い奴だ〟というむしろ〝快〟があった。

――＊――

「なア、オイ、進化論なんて嘘だよな」

「嘘ですよ」

「そうだろ、動物が進化するなら、鰐《わに》なんざァ、〝ハンドバッグにされちまう〟と判ったら、背中ぁ変えりゃあいいんだ、ハンドバッグの対象にならないようにさァ……」に景山、

「師匠、それは無理ですよ、鰐の奴ぁ、腕が短いから、ショルダーという発想がないよ」

これは受けたネ。景山との会話はいつもこれだ、この遊びが充分出来た。

また思う「惜しいなァ……」と。

八王子は落語も語りたかったろうが、むしろ己れはスタンダップコメディのほうが体型的にも向いている、と思っていたのではないだろうか。

彼の役所《やくどころ》は、そう、アメリカでいうと、スティーブ・アレンがいい。

一口にいやぁ物識りのジョーカーであるしＭＣ《マスターオブセレモニー》そのものである。

景山のもつ本来の辛辣さ、それが芸としてＴＶで出せたか、ＴＶ側がそれを容認しただろうか。直木賞「作家」ということで、いささか、ＴＶというセコ常識側も遠慮をして、奴の本来の癖が出せたら一つの典型の喋りとＭＣが誕生したのに……これまた惜しい……。

——＊——

「おい、景山《あんた》のほうが大川隆法より頭脳《あたま》はいいだろうに……」に景山先生、即座に手ぇ振ったネ。

「とんでもないですよ……」とネ。

この辺になると、ナンダカワカンナイ……。

でも景山民夫、立川八王子、全盛で死にやがった。誉めてやる、でも惜しい……。

奴に会ったら、まず家元《こっち》に何もいわせぬうちにまず奴からきっという。

「あのネ、今回の、あれ、間違い、失敗《しく》じった、え、あれは駄目、失敗、師匠も気をつけたほうがいいですよ……」

常に己れの行動を客観視して、それを相手に説明している処は家元によく似てた。

ジュゴンと仲良くなり一緒に泳いだ話。

オルカが仁義を切るハナシ。

〝ナマケモノは最高の動物だ〟という景山噺。あ奴に識らないものはなかったらしい。

将来正に落語の御隠居様になれたのに、「やかん」の先生になれたのに本当に惜しい……惜しみてもあまりある。合掌。

橘家円蔵

たちばなや・えんぞう（八代目）、落語家。昭和９年生まれ。本名・大山武雄。小学校卒業後、家業の紙芝居屋を手伝っていたが、落語家にあこがれて入門。昭和40年、月の家円鏡で真打ちとなり、57年より橘家円蔵。「うちのセツ子が……」で大当たりをとる。テレビ・ラジオでも、一世を風靡した。〔平成27年没。〕

昔々、家元がまだ若き頃、仲間に「月の家円鏡」という売れっ子がいた。

一緒に前座時代を過ごした楽屋友達、つまり「楽友」であった。

生まれは東京の外れは江戸川のほとりの貧民窟、貧乏故《ゆえ》に学歴は、小学校は四年で卒業？　満足に小学校にもいけなかったくらいだから字も満足に書けない。

本名を大山武雄というのだが「大山」はどうやら書けても、とても武雄はムツカシくて駄目、で彼の書く己れの名前は「大山タケオ」で、楽友は「タケちゃん」と呼んでいた。

タケちゃんは字が書けないくらいだから……何せ小学校は四年までだし……（もういいか……）数学どころか算数も出来ない、小数、分数など、とても〳〵で、やっと足し算が精一杯で、掛け算も二《に》×六《ろく》＝十二、までは出来るが、もう二《に》×七《しち》となると判別《わか》らない。

何度も教えたが覚えない、いや覚えられないらしい。

「オイ、タケちゃん〝二《に》×七《しち》は〟」と聞かれる度《たんび》に困るのだろう。でも何か答えないと馬鹿にされると思うのか、答えはするが、二十七といったり、八十といったり……つまり、何か数字をいやあ、ことによると当たるかも知れない、という涙ぐましきタケちゃんの努力なのだ。

でもタケちゃん電車にも乗ってくるし、バスにも一人で乗れるし、自転車は親父さんが紙芝居屋だったせいか、上手に乗りこなす。そば屋に入っても「もり」と「かけ」の区別も出来た。

一度西部劇を見せたら本気に「兄《あに》さん、インディアンは凄いネ、オレ、恐いからアメリカにはいくら金を貰っても行かないよ」といった。

アメリカではインディアンがまだ白人と弓矢で闘っていると素直に信じたのだ。ま、本当はいまだ闘っているのだが……。

タケちゃんは前座名《ぜんざな》を「竹蔵《たけぞう》」といったが、当然タケちゃんは「タケゾー」と書いた。

タケちゃんの師匠はやはり月の家円鏡といって、世の中にこのくらい下手な咄家を私は知らない。一口にいやあ落語音痴なのだ。

そのくせ楽屋ぢゃいつも前座に吐言ォいってたので別名を「吐言の円鏡」、頭の横にハゲがあったが、後年タケちゃんも月の家円鏡を襲名して真打ちになった後《のち》、円形脱毛症となり「タケちゃんは師匠思いだ」と評判が高かった。

先代円鏡の高座は全身これサービス、卑屈ともいえそうなサービスは幇間《ほうかん》上がりのせいか、あらゆる世の辛酸を舐めてきたせいか……。しかし後年家元もいくらか大人になったのか、吐言円鏡の人生観は他の咄家よりズンと共感がもてた。

ちなみにタケちゃんの兄弟子が三平さんで、これも吐言円鏡の弟子である。

でタケちゃんだ。彼の前座の頃の落語の酷さ、〝酷い〟なんてもんぢゃあない。何イ云ってるんだか解らない。解らないからどうにもならない。でも、そんな前座でも人手《ひとで》が足りなかったせいか楽屋は放っといた、放し飼いだった。

タケちゃんの芸人人生の途中ははぶく。気がついたら天下の人気者ンなっていた。落語も抜群に面白い。

　ラジオをひねるとタケちゃんの声のしていない局はなかった。

――＊――

　売れっ子のタケちゃんの姿をチラと羽田空港でみたから家元早速洒落にかかる。大声で怒鳴る。

「皆さーん、いま、この辺にメガネぇ掛けた下手な噺家がいませんでしたかアー」

　にタケちゃん出て来て、

「いる〳〵いますヨォー」

――＊――

　ヒコーキの中だ。家元持参弁当を食べてる。隣りの席が人気絶頂のタケちゃんだ。腹が空《へ》ってるのだろう。欲しそうな顔をしてる。勿論家元〝やるもんか……〟で、そのうち気がついた。つまり〝相手がどう出るか〟である。まづやりそうなことは、家元の食べてる弁当の上でクシャミをするに違いない。で、空いてた後方へ席を移して弁当の続きだ。恨めしそうに家元を見てるタケちゃん。〝ザマァミロ〟と家元。この後が凄い。タケちゃん俺の席の処にきて通路に座って小噺を二つ演《や》りやがった。で、弁当の残りを取られた。

　これがタケちゃんなのだ。タケちゃんは「兄さんには随分世話ンなった」というが、この際いっておく。家元タケちゃんには随分迷惑はかけたが、世話をした覚えはない。タケちゃんの実力で売れたのだ。

――＊――

一度だけ、

「オイ、タケちゃん独演会をやんなよ」

「でも……」

「きめてきたよ会場を、プロデューサーに山本益博というのを連れてきたから奴にまかせな、大丈夫だから……」で独演会を益博プロデューサーで続けたことがあった。

いつだったか、「兄さん、俺ネ、若い頃ネ、売れてる芸人《ひと》より売れない芸人を観察《みて》たんだ。〝何でこの人は売れないのか〟ってネ、これでどうすればいいのか判ったんだ」

彼とやったニッポン放送の『談志・円鏡歌謡合戦』はＤＪ《ディスクジョッキー》の大傑作である。私の落語観、人間論の根底はアレである。

その後のタケちゃんの消息を聞かない。何処かで生きているらしい。

早野凡平

はやの・ぼんぺい、パントマイマー。昭和15年生まれ、平成２年没、50歳。本名・松本光弘。コメディ劇団からパントマイムなどの芸で独立。「アイム・ナポレオン」「ハイル・ヒットラー」などといいながらフェルト帽をさまざまに変形させる珍芸で人気を得た。

〝ホンニャ、まァ〟の凡ちゃん、「帽子」の凡ちゃん、あの見ての通りの軽い芸の凡ちゃんだが、あれを創るまでの苦労、苦心は文字通り惨憺たるものがあったろう。やがて完成、それに飽き、次に「パンスト」「針鉄《はりがね》」加えて「笛」と「ビニールの管」の芸、次に「さて、何をやろう、何を創ろう」というときの死であった。

――＊――

若かった、早かった、天を恨み、やがて悲しみに代えるしか人間は手段がないのか。人柄はあのやさしい、シャイな姿と顔の反面に、芸に対する厳しき批判とロジカルな会話。日本人であるのに、何処かに反日本人的な生き様《ざま》がギャップとなり、〝凡ちゃんは酒ぐせが悪い〟という評判ともなった。

一《ひ》と口にいやあ理屈っぽいのだ。で家元と気が合った。気があったのではない、物事の処理の仕方に同感があったのだろう、というべきか……。

芸人は一つの芸で観客を中毒にさせる、という方法がある。その見本がショパン猪狩の「蛇」である。勿論ショパンにも他に多くの演目《ネタ》がある。けど観客はショパン、イコール〝レッド・スネーク・カモン〟であろう。

凡ちゃんも〝ホンニャマアー〟でも当然よかった。談志《わたし》を含めて凡ちゃんの帽子の中毒者は多い。

けど、凡ちゃん、それが嫌だった。だからこそ次から次へと、帽子を越えようと芸を考えた。だが凡ちゃんの帽子に優る芸は凡ちゃんの芸能人生にはなかった。無くて当たり前だ、あんな素晴らしい芸はそうは出来ナイ、いや、まてよ、パンストが帽子に近い出来であったが……。

「帽子」が出来る迄の凡ちゃんの悩みは計り知れない。

ギター漫談も売れず珍芸も駄目で、いつだったか〝トリオでも組むかい〟と鹿島蜜夫ともう一人女性を入れて誕生寸前までいったっけ……。そこに家元も一枚嚙んでいたっけ……。それもウヤムヤの間に消えたっけ。

その頃の芸人の稼ぎ場であったキャバレー、ナイトクラブでの芸は厳しく、酒と色気、つまり酒色の席で客とホステスを魅了するのは並大抵ではなかった。

余談だが家元もここで闘い、勝利を勝ち得た数少ない喋りだけの芸人の一人であることに誇りを持っている。

この種の場所に出演《で》ていた芸人は多くいたが、満場の笑いをかっさらう芸人はそうはいない。家元自慢じゃないが、キャバレーの屋根がぶっ飛ぶんじゃないか、と思う程の爆笑を勝ち得たっけ……。

凡ちゃんも、帽子の芸を創り、やがてどんな場所《とこ》でも受ける芸人になった、それもあの通りのシャイな演《や》り方で……。あの照れは凡ちゃんの本心、了見なのである。

その帽子のネタは、奇人パン猪狩から授かった、ときいた。ナニ〝授かった〟と書いたが、早い話、あのツバだけの帽子をパンさんに貰っただけで、あとは全篇凡ちゃんのオリジナルだ。

目をつぶると浮かんでくる、〝ホンニャマアー〟と〝我が輩はナポレオン〟、〝チャンチャン、チャチャンカチャーン〟と唄い鉄腕アトム、〝オーレ〟といって闘牛士、〝今日は赤ちゃん〟と赤ん坊。カウボーイ、鞍馬天狗、時にはチョイ無理な姿を演り、照れて笑った顔は最も凡ちゃんらしい瞬間であった。

けっしてギャグを強く入れない、そして追わない、優しい、上品な芸だ。「パンスト」を演ってて白いパンストを被って〝白人〟、黒に代えて〝黒人〟、赤にして〝人参〟、これがいい。このセンスが凡ちゃんの芸全篇にあった。よく、あんなに嫌味というか、〝押し〟の無い芸で観客を魅了したものだ。それはセンス以外の何物でもない。

凡ちゃんにとってセンスが全てであり、演技は二の次、センスに付属して出来上がってきたものであって、それを考え出した時が勝負であり、それを型として造り出す演出、方法はさほど苦しくはなかったのではなかろうか……。

これはあくまで推測だけど……。

——＊——

凡ちゃん生きていたら、この種のネタはいくらも創ったろう。その対象は「新聞紙」に「手袋」に「傘」に、ことによると「スパゲティ」でも出来たろう……。

家元凡ちゃんに、世界の名画や彫刻を演って貰いたかった。そのことは話さなかったが、「笛を吹く少年」、ドガの「踊り子」、ゴヤの「裸のマハ」「銃殺」「子を喰うゴヤ」、「考える人」「ミロのヴィーナス」または「ツタンカーメン王」、ロートレック、ミレー、セザンヌ、ゴッホ等の印象派の数々、または漫画のキャラクター、凡ちゃんなら、いくらでも作れたろう。それを酒と一緒に凡ちゃんと喋りたかった。

「レンブラントは無理かネ」「なんだか判ンなくボヤかして見せて〝ターナーだ〟とかサ」「モジリアニをどうしよう、どう処理しようか」……きっと家元の鑑賞に堪える芸を作ってくれただろう。器用な凡ちゃん、相反して全く不器用なボン・サイトも死んだ。彼の一人芸も、安定してきた絶頂の死で、凡ちゃん同様、それを芸人らしい生涯というには辛すぎる。

近頃、こういう一人芸に出合わない。原因は何なのだろう。芸人の質が落ちたのか、観客の要求が変わったのか、おそらく両方であろう。

薗田憲一とディキシーキングス

そのだ・けんいち、ジャズ・トロンボーン奏者。昭和４年生まれ。35年、ディキシーキングスを結成。ディキシーランド・ジャズの大御所として活躍中。日本の童謡から世界のポップスまでディキシーに消化してしまう腕は見事。ニューオリンズの名誉市民にもなっている。〔平成18年没。〕

とってもやさしい楽団《バンド》である。

〝やさしい〟とは〝優しい〟と書くべきか……、このバンドが醸し出す雰囲気《ムード》が〝やさしい〟のであります。

何なのだろう。バンド・リーダーの薗田憲一《そのちゃん》の人格か、加えてこのバンドのチューバ奏者の兄者《あにじゃ》の人柄か、代々集まってきたプレーヤー達は、それ〴〵の「個性」を持っていたにもかかわらず、ディキシーキングスのやさしさの中に溶け込んでいた。ま、それは個性といってそれぞれの楽団が持っていて、その個性がバンドの存在する条件ではあろうけれど……。

ディキシーランド・ジャズの根源を一《ひ》と口にいやぁチンドン屋である。

おっと「チンドン屋」はダメだそうで、近頃は「チンドンマン」というそうな……。世の中にこの位、バカバカしい改称はない。こう改《なお》されて腹が立たないくらいチンドン屋ってのはバカなのか。

よくいうよ、チンドンマンとは……。

もし家元が「落語家とは蔑称だ、〝大衆人民芸術家〟と称《い》え、の〝アカデミック・トーカー〟と称せ」といわれたら、俺はこの稼業をヤメる。むしろ「喋るチンドン屋」でいい……ま、いいか……。

——＊——

このバンド、いえ楽隊屋は、何とリーダーの本名《な》を市川船昇《せんしょう》といい、チューバ吹きの兄貴は鯉之介《こいのすけ》という。

理由は父親が大の歌舞伎好きであり、たまたま名字が市川だったからなのか、よくも付けやがったもんだ。

けど、この二人、純日本的名前に反抗したのかアメリカの音楽の世界に入り……（ナニ、それ程のものに非ズ）で、芸名というステージネームを弟の船昇が憲一、兄の鯉之介が祐司と、これまた日本の制度に抗っている。こういう例えを音楽屋でもう一件知っている。ハワイアンはウクレレの名人故山口銀次が兄、ギターの軍一が弟で、こちらは両名《ふたり》とも本名だ。

——＊——

後藤博とディキシー・ランダースに弟《てい》、兄《けい》の順に入り、後に日本のディキシーランド・ジャズの草分け、南里文雄の御子息のバンドに入る。親父は「ホット・ペッパーズ」、倅《せがれ》は「南里雄一郎とホット・シックス」。

やがてディキシーキングスを結成し今日までの四十年間に、このバンドでプレーをしてきた人達は、そのまま日本のディキシーランド・ジャズの歴史となる。

家元がディキシーキングスをきいてきた年間に、故人になったプレーヤーを含めて思い付くままに挙げてみる。

ドラムの五十嵐信一《ドブやん》は若くして死んだ。家元、クラの石川順三に、演奏中、眠り薬を飲ませたっけ。ペットは天才的な中川喜弘、ペットと歌の伊藤隆文《ターヤン》、〝アメちゃん〟こと、飴昭雲《あめしょううん》。クラは花岡詠二、有馬靖彦、杉村彰。

バンジョーは宮崎忠一、故吉野五郎。ベースと唄は城英輔。一人〳〵揚げていってもこの頁は埋まっちまう……。

——＊——

チンドン屋だからそのレパートリーは広い。本家ディキシーから、ロシア民謡、日本の童謡、民謡、つまり音楽の全部《すべて》が演奏の対象となり、このバンドの佳《よ》さは、マニアックになり勝ちな曲目ばかりでなく、家元のような素人の客のリクエスト、つまり落語でいうと「寿限無」のような曲でも気軽に引き受け、演奏《や》ってくれるのだ。

——＊——

ハワイはワイキキの浜辺で、〝遊び〟で演奏してた、という。当然客は集まってくる。次から次へとリクエストでやめさせない。

「困っちゃってネ」

「で、フィニッシュはどうしたの」

「仕方ないから、聖者《セインツ》奏《や》りながら行進してホテルに引き上げちゃった」

ディキシーキングスらしい暖かいエピソードである。
　これを薗やん、手柄噺でもギャグでもなくごく淡々と喋ったっけ。

――＊――

　ジェントルマンの集まりのようなキングスの現メンバーは、リーダーの薗田憲一（トロンボーン）、兄のチューバ。ペットの筒井政明と、クラは若く美男の白石幸司で、この二人は本名。バンジョーの永生《ながお》元伸とドラムの楠堂浩己《なんどうこうき》は芸名、余計なことだが楠堂の女房は露の五郎の娘。
　兄《あん》ちゃんは七十歳を超えた。若い白石と年齢差は四十《しじゅう》もあろうが、それが奇異に感じられないのは、ディキシーキングスに同化するからだろうか……。

――＊――

　家元あまり音楽は判らないから、プレーヤーとしての技術は知らない、けど好きなのだ。キングスを聴いてるとストレスが飛ぶ。ディキシーランド・ジャズも好きだが、それ以上にディキシーキングスが好きなのだ。

――＊――

　いつもパイプ煙草の薗ちゃんに、コペンハーゲンでパイプを土産に買ってプレゼントをした、だけで、何もこのバンドにしてあげていない。衣装も古くなったからメンバーに一揃い買ってやろうか、といまスポンサーを探している。

――*――

家元死んだらディキシーキングスにニューオリンズ・ファンクションを奏《や》って貰う約束になっている。曲は「ザッツ・ア・プレンティ」〝これで満足〟である。

ショパン猪狩

しょぱん・いがり、コメディアン。昭和４年生まれ。本名・猪狩誠二郎。32年、東京コミック・ブラザースを結成、「レッド・スネーク・カモン」のヘビ芸が大当たりした。のち、解散して東京コミックショウとなる。現在はひとりで活動する。〔平成17年没。〕

「レッド・スネーク・カム・オン」

世の中の芸で、これ程バカ〱しくって面白くって、一度見た人に永遠に残る芸も珍しい。

長《なが》年というか、大昔から、というか、エデンの園の頃から罰を受け、嫌われてきた蛇のヤツが、初めてショパン猪狩によって市民権を得たのだ。それも〝愛すべき蛇〟として……。

あの芸は人間共《ども》に見せるよりも蛇共に見せて蛇達《かれら》の意見を聞くべきであろう。

「オイ、あのショパンてえ奴のレッド・スネークとグリーン・スネークにイエロー・スネークな、あの態度、アレ、どう思うよオ。人間なんて下等な、動物にも劣る奴の機嫌をとってやがるぜ」

当然全蛇連《ぜんじゃれん》としても賛否両論があり、「冗談いうな、蛇のプライドを傷つけてる、人間なんぞと共存なぞするもんぢゃないよ……」という蛇《やつ》もいるだろうし、「あれいいよ、あれやろう、ああいう風に生きよう……」と態度を変えてくるスネークもきっと居るだろうに……いまからでも遅くない。ショパンの親父よ、一つ蛇共に見せてやって欲しいネ。

――＊――

けど、もう駄目なのだ。レッド・スネーク・カム・オンは幻の芸となった。あの芸を見た者だけが至福を感じることが出来たのだ。あれこそ「天の恵、神の声を聞いた」といえる。

——＊——

ショパンはクラブ、キャバレーの芸の花形であり、やがてそこからお笑いブームに姿を現したショパンは、その頃「東京コミックショウ」といったか、「東京コミック・ブラザース」だか「パン・コミック」といったか、ま、そういう、〝名称に対する雑な印象〟が家元にはある。相棒はコメディアンの鯉口潤一で、あの蛇の芸は彼の発案であり、二人で創った最高のショウであり、売り物であった。

やがて売れ、弟子もくる、レパートリーも増える。ところが、またメンバーが少なくなる。私達は、「東京コミックは、金廻りがよくなるとメンバーを増やし、仕事が少なくなると人数を減らしやがる……」などと陽気に陰口をいった。

だが、それは間違い、というかその内情は厳しい。その頃のクラブ、キャバレーの現実と、それを〝食いもの〟にする芸能プロ、〝そこで芸をやり遂げた闘争〟といっていいくらいの出来事が、彼の伝記『レッドスネーク　come　on！』と第二巻《そのつづき》『グリーンスネーク　come　on！』（三一書房）に詳しい。

——＊——

ショパンの名は、かの奇人のコメディアン「パン猪狩」の実弟で、パンの弟子でコパン、つまり、小パンが訛ってショパン、とあるが、小《こ》パンが小《ショウ》パンとなり、ショパンかも知れナイ。ま、どっちでもいい。

唯驚くのは、この自伝によると、あのショパン、〝世の中に恐いものなんざァ蛇を始め、何処にもない〟というお面付《つらっ》きなのに、あの姿に似ずショパンの人生に対する真面目さである。涙ぐましい程に真っ当に生きようとし、生きてきた。その最たるものが妻チーチャンに対する「愛」である。照れるが家元に似ている。チーチャンが患ったときも、〝もしチーチャンが死んじゃったら己れも死んじまおう〟というくだり、全く同感。チーチャンはショパンの愛に応えて、奇跡的に生き続けた。けっして死んでも不思議ではない病気《やまい》だったのに……。

きっと世界中のヘビが祈ったのだ。賛否両論が一致してわが代表のレッドとグリーン、加えて真ン中の細い縞のイエローに、彼等は人間とのコミュニケーションを頼んだのだ。そしてそれを仲介するショパンの最後の相棒となり、あのテーブルの下で蛇を使ったチーチャンの生命《いのち》を守ったのだ。

——＊——

「東京コミックショウ」のネタは数あるが……（また数ないと日本のショービジネスは許さないのだが）本来ならあの「蛇」一本でいい。

その芸の内容上での煩悶は、演者の問題であって、家元を含めた観客は、「ショパン、イコール、スネーク」である。あのターバンの姿、は蛇使い以外の何物でもない。

——＊——

チームという名の続行のむつかしさと、人間関係はさて置いて、やはり家元《わたし》には初期、というか、鯉口さんのヘビの動きが好きだった。つまり、いつも蛇が微妙に動いているのだ。鯉口さんと別れて、以後の弟子達の蛇にはそれが見られず、チーチャンには、いささかあったが、それを鯉口さんと競べるのは酷であろう。

でも、彼等の芸は映像に残ってるのかナァ、ナニ、ショパン大人《たいじん》ばかりに非ズ。「早野凡平」「ボン・サイト」「小野栄一のカルメン」「トミ裏二とロイヤル・スポーツ」「初代引田天功」、あげるとキリがない、もしなかったら、チーチャンの元気なうちに、もう一度、ショパンに頼もうよ、集まろうよ、歴史を見ようよ……。

「バカヤロウ、談志、俺はまだ演ってんだ」というのかなァ……。

——＊——

家元レッド・スネーク・カム・オンを見といてつく〴〵よかったと思う。感謝、多謝。

柳家三亀松

やなぎや・みきまつ（初代）、音曲師。明治34年生まれ、昭和43年没、66歳。本名・伊藤亀太郎。色気にあふれる芸風で、戦前はたびたびレコード発禁処分を受ける。三味線一本着流し姿の艶笑漫談で、昭和期を通じて長く人気を保った。投網とヒロポンと犬の狆をこよなく愛したという。

「御存知三亀松」と一枚看板に書かれた柳家三亀松は「天下御免の我《わ》儘《まま》」であり人気者であった。

「我が儘」と書いたのは、談志《わたし》もまだ若く、その傲慢の裏に同輩はともかく先輩、後輩達にどれ程気を配ったか、三亀松流の配慮の仕方に気がついてなかったためだ。

逆にいうと、あれ程人気があり、気を配ってたら、威張ってないとおかしい、不自然になる。ということを三亀松こと「池の端の御大《おんたい》」は身体で知っていたのだろう、きっと……。

家元《わたし》の知る三亀松は戦後であり、全盛は過ぎていたから、もはや仕事の処理としか思えない高座にさほどの魅力はなかったし、その舞台に全盛をオーバーラップをする気も起きなかった。

都々逸に、さのさ。阪妻、大河内、金語楼などの顔面模写や形態模写、その間に入る「艶っぽいこと無二」といわれた女の発声。だが、もう古かった。けど昔を懐かしむ客を含めて場内に爆笑はあった。けど、三亀松の芸のテンションはもはや切れていたのかも知れナイ……。

――＊――

「柳家三亀松」、チャキ〳〵の江戸っ子、職業は「川並《な》み」という木場《きば》のいかだ師だ。本名伊藤亀太郎。〝若い頃からのモテ方も半端じゃない〟のは自伝、他伝、とエピソードは山の如く書かれているが、談志《わたし》はその中で長谷川幸延が書いた『法善寺の人々』の中の三亀松がいい。つまりシャイなのだ。

その頃の悪口というか、仇名は「チャラ亀」とは上手い、目に浮かぶ。生来の美声が三味線を覚え、新内語り、それも新内流しだから、当然声色《こわいろ》が入る。

後にあの大看板の柳家三亀松となるのだから、そんなこたア、お茶の子サイ〳〵（懐かしい言葉だろ）。やがて高座に誘われ、大正の爆笑王柳家三語楼の一門となり、柳家三亀松。あっという間の売り出しは、吉本のドル箱となり、同じ三語楼門下の兄弟子の金語楼には〝兄貴〟と呼んだが、エンタツ・アチャコも、川田義雄も、石田一松も下に置いていた。

「オイ、藤木《ふじき》」とアチャコを呼んだ。くどいが、その陰にある配慮は充分すぎていた。

家元の好きな三亀松のエピソードに、北支だか中支だか、かの「わらわし隊」だか、慰問にいったとナ。列車は匪賊《ひぞく》来襲というのでいつ動くかも判らず、荒野に停まったままだ。列車といっても貨車に積み込まれた兵隊達、明日の命も判らずに、唯綿の如くに疲れ疲れて貨車の中だ。

「オイ、藤木、こい」

三亀松は愛用の三味線を持つと線路づたいに、貨車の横を、〝流し〟で歩いたという。

兵士にとってどれほどの感動だったか。明日の生命も定かでない大陸の荒野の貨車の中、そこに聞こえた新内の流し。

「えー、兵隊さん、三亀松です。アチャコも一緒にいます……」

この情熱、この粋《いき》さ、それらが全て引っくるめてのあの三亀松の横暴というか、三亀松像として語られてきた。


——＊——


また三亀松の金遣いの凄さの逸話も多い。

何しろこの師匠が東京駅に着くと、赤帽が全部勢揃いをして、〝送り、迎えた〟とかいう。その金は吉本興業の銭箱から、「平気で持ち出した」とか。勿論それが全部借金となり、吉本に縛られる結果となるのだが、三亀松そんな事屁でもない。


——＊——


若き談志は故牧野《まきの》周一《しゅういち》と漫談論争をし、「あの談志《やろう》生意気だから、ぶっ叩っ斬っちまう」と上野鈴本の客席の最前列で刀ぁ抱いて座っていた事がいまでも目に浮かぶ。それを含めて家元、あまり三亀松にいい印象がなかった。

くどいが若さ故の不覚だった。いや性格故、というべきか。

ハッキリいうと一番好かれていたのではなかったか。三亀松の胸ン中に飛び込んでいきゃあよかったのだ、甘えりゃよかったのだ。三亀松にとって己れの若き頃をそっくり談志にみていたように後から聞いた。

勿論あの大物、で、シャイ。己れからいうもんか。けど他人にはいったという。

談志《あやつ》を大事にしてやんな……と。

――＊――

病気《ガン》になり、食道を通さず、栄養物を胃に入れていたとき、「オイ、ちょっと寄こせ」と、その栄養液（？）を指で舐めて、「もう少し塩気だか、味の素だかを入れろ」とそれを入れさせ、また舐めて、「これならよし」。

当人味覚は関係のない状態なのに、この了見。これも無数にある三亀松咄の一つである。

柳家三亀松の葬儀の晩に開催された芸人の大会で、家元受けまくり（ワカルよネ）、何と帰りに、これまた三亀松亡き後の芸能界の親分《ボス》ディック・ミネ自身の運転の車で我家《うち》まで送って貰ったっけ……。家元芸人冥利に尽きたっけ……。

――＊――

昭和の佳《よ》き年代、やがて戦争、いやその前からも、三亀松には誰ぁれも逆らえなかった。それは芸と、三亀松の江戸っ子の了見か、それが相手に文句をいわせなかったのであろう。

〽弱虫が、たった一言、小《ち》っちゃな声で
　〝捨てちゃ嫌よ〟といえた晩

三亀松愛唱の一《ひと》つ節《ぶし》である。

沢登　翠

さわと・みどり、活動弁士。昭和27年生まれ。49年、松田春翠に入門。春翠亡きあとは、ただひとりのプロの活動弁士となる。平成元年にはアメリカで溝口健二「滝の白糸」を弁ずるなど、海外公演にも力を入れている。

最後の「活動弁士《かつべん》」といわれた、故松田春翠《しゅんすい》の弟子である。

師匠の松田春翠は上手かった。家元《わたし》は、彼の語る「己《おの》が罪《つみ》」（確か丸山定夫か……）の語りに涙したことがあった。

映画の内容ではない。〝春翠の話芸に〟であった。

――＊――

そんな頃か、春翠主催の無声映画の会で、前座を務めた若き彼女の説明を聞いた。画像は、唯、昔の東京だかの町を撮《うつ》した、というだけのもので、つまり現代《いま》いうスケッチだ。この何でもない、何のドラマも主題《テーマ》もない画面を説明している若い娘にセンスを感じたのだ。

〝この娘《こ》、よくなるネ〟と松田さんにいったかなァ……。いったようにも憶えているが……。

――＊――

家元の芸人を察《み》る眼はいい、凄いぞォー。キザだが〝人間を観る眼〟といってもいい……。

と書くと、仲間の陰口《こえ》が聞こえる。〝よくいうよ、芸の眼はともかく、後はダメだ、メチャメチャだ……〟と。

で、沢登翠、その通りに成長《な》った。その昔、サイレント映画全盛の頃、女性《おんな》の弁士がいたか、どうかは知らナイ、仮りに〝いた〟としても有名な弁士は一人もいなかったろう。もしいれば、染井三郎、土屋松濤《しょうとう》、徳川夢声《むせい》、竹本嘯虎《しょうこ》、国井紫香《しこう》、山野一郎、生駒雷《いこまらい》遊《ゆう》、津田秀水《しゅうすい》、静田錦波《しずたきんば》……等々、群雄の名が刻まれている、浅草は浅草寺の境内にある「弁士塚」にその名があるはづだ……（よく見るとあるかも知れナイ）。

——＊——

その弁士が、トーキーの出現と共にオール失業した中で、あくまでも無声映画を愛し、春翠自身が「映画説明」という芸を語り続けるためにも集めたサイレント映画の数は、〝よくぞ残した松田春翠〟で、その功績はどれほど褒め讃えても褒め足りない。国がやらなかった文化を松田春翠個人が仕遂げたのである。その名を「マツダ映画社」と称《い》う文化財である。

その春翠が〝己れに続いてくれ〟と祈るようにして最後に賭けた弁士が沢登翠であった。春翠にしたら、当然後に残すべき人材は男性であって欲しかったろう。

何故ならば、前述の如く、女性の弁士の成功の例はなかったのだから……。でも、他に居なけりゃ〝是非《ぜひ》も無《な》い〟、で彼女に託したのだろう……。それが成功したのだ、こんな例は珍しい。

家元の処のように〝一雨ごと〟に弟子志願がくるような処もあり、春翠の世界のような処もあろう。けど、まづはハズれる。で困っている。〝どうしたらよかんべぇ〟と、或る日、小室直樹先生に聞いた。先生曰ク「家元……（小室先生談志のことを家元と呼んでくれる）あなたは独裁者ぢゃないんですから、自分と価値観が同じ者だけを弟子にしたらいいのです……」。
〝ウーム、成程ォ〟であったが仲々現状はそうはいかない（こういういい加減ないい方は、先生に怒られるだろう）。
　松田春翠幸福《しあわせ》なことに、沢登翠がそこに来たのだ。

――＊――

沢登翠は過去の名人、上手、とリアルタイムに過ごしてはいない。けど、センスがよけりゃ、芸の取捨選択は出来るから、新しき己れの技芸は創れる。まして弁士が消滅をし、過去の全盛が一般に判らなくなったことも彼女にとっては利点であったろう。

――＊――

　一口でいうと素直な説明で、逆にいうと己れがない。昔なら売れなかったろうが、現代のメディアではそれが逆に幸いしているのだ。
　勿論彼女にも女性故の限界があろう。例えば歌舞伎の世界などは女性に向いてないし、苦手のようにも思える。
　しかし、それは伝統からの見方、判断であって、沢登翠の世界は存在し、観客を納得させているのだから、別に文句はない……。けど、やはり古典の芸を、つまり歌舞伎のセリフ、口調を勉強すべきである。

——＊——

彼女、いま乗っている。毎日〳〵が楽しいはづだ。日本のサイレント映画を世界に出向いていって、または招かれて紹介もしている。

——＊——

余談だが、十数年も以前《まえ》になるが、ベトナムはホー・チ・ミン市の映画館で弁士に出合った。その頃までまだベトナムの映画は弁士であったのだ。そのことを帰国して松田さんに教えてやろうと永六輔に話したら〝松田さん、亡くなったよ〟といわれた。

——＊——

サイレント時代があったからこそ映画は世界に通用したのだ。

家元思うに、映画も、サイレントと、トーキーと、二種類、一緒に育てばよかった。

現在無声《サイレント》映画の説明は彼女の一手販売である。

鈴々舎馬風

れいれいしゃ・ばふう（代数不詳、先代）、落語家。明治37年生まれ、昭和38年没、59歳。本名・色川清太郎。いかつい風貌から“鬼”とあだ名された。元祖毒舌。噺家の物まねでも人気を得た。

時事漫談を喋る噺家が居なくなった。ズバリいやあ家元一人である。

　家元の若き頃は鈴々舎馬風《れいれいしゃばふう》の独壇場であった。

「鬼」と渾名《あだな》されたあの傀《いか》つい顔と、体型でいて、得もいわれぬ愛嬌があったのは、人柄より、己れで創った芸の世界だろう。ついでにいうと馬風師匠は楽屋も己れの体型に合わせた芸風、というか、楽屋風、つまり芸人として己れを創っていた。詳しくいうと、己れの心と体型とのギャップを体型形……（妙な言葉だ）に創り上げた己れという、芸を確立したのだ。その証拠に、バクチとなると、その創った鬼の馬風に似ず、小心な部分が見えた。

　そんな事ぁ観客にとっては関係ナイこった、それより鈴々舎の高座だ。

　開口一番「エーッ、よく来たナァ」とくる。

「もう来ねえかと思ったら来たなァ、よくそうやって遊んでられるなァ……お帰りよ……嘘だい」

　これだけでもう客席は馬風の世界だ。馬風が高座に現われると「よく来たナ」と客がいうときすらある。こうなりゃもう馬風の世界を作らなくても即ＯＫだ。

　落語の一席と違って、漫談で客ぅハズしたらこんな始末のつかないものはない。噺なら落《さ》げぇいって降りてくりゃ済む、けど、漫談はダメ、一席全編受けてなきゃ駄目なのだ。〝何かいうぞ〟という期待と、〝その結果〟、その連続なのである。本当は噺とてその通りなのだが、ま、こっちのほうは伝統の技術《テクニック》で保《も》たせる、という手もあるが漫談にはない。で、それを創るのだ。つまり、己れの世界だ。本来は、これを「芸」という。で、出来上がったのが、馬風師の場合はいうなれば乱暴言葉という、この師匠独特の表現となった。

――＊――

「えー、何だい、この世の中てえのは……ねえ、こないだも新聞に出てたけど、なんだヨ、女房《てめえ》が気に入らねえってんで、亭主を〝薪割《まきわ》りで割った〟てんだが……」

本当に記事にそう書いてあったのか、馬風師の創作か、いずれにしろ、その表現、目の付け処が一流なのだ。

「いくら、気に入らない亭主だったたって薪割りで割るなよ……大体、亭主なんてなァ、薪割りで割るべき性質の物《もん》ぢゃぁねえや」

これがいい、〝亭主は薪割りなんぞで割るべき性質の物ぢゃぁない〟、は、いい、その通りだ……異議ナーシ。

で、馬風師匠追い討ちをかける。

「割る女房《ほう》はいいさ、割られる身になってみろい……痛えの、痛くねえの……」

書いてて、想い出して、笑いがこみ上げてきたネ。

――＊――

「自動車事故が多いや、こないだも〝安全地帯にいた人を轢《ひ》いた〟ってんだけど、安全地帯にいても轢かれりゃ世話ぁねえや。それからだ、〝この安全地帯は危険なり〟って書いてあったよ……」

　これは創り話だ、けど都電のいや市電の、安全地帯とは懐かしい。

　その都電も早稲田、三ノ輪間の一路線になっちゃった。ついでにいうと落語の「電車風景」とは、都電風景であり、いや、市電風景で、けっして省線電車（判るかなァ）ではない。馬風は続ける。

「そうかと思うと、こないだなんざァ酷ぇや、何とトラックが家ィ飛び込んできて〝奥で寝てた夫婦を轢いちゃった〟ってえ話があったけど、世の中にこんなバカ〳〵しい話はねえや。生命《いのち》に別条はなかったけど、轢かれた奴だってあまりにもバカ〳〵しいので〝他人《ひと》にゃあ喋れねえ〟っていってたよ、そりゃそうだい。

〝何処で車に轢かれたんですか？〟〝いえ、そのォ、家で布団にくるまって寝てて轢かれたんで……〟。いまにトラックが二階へ上がってくらァ……」

　そういやぁ、上野広小路で地下鉄の駅ン中に飛び込んだ車があったっけ……。

――＊――

　若き頃から人気のあった馬風師匠、家元ガキの頃から馬風のファンであったし、馬風の追っかけだった友人も数《かず》いる。

　物真似が上手く、一時は「物真似馬風」と看板にあったが、「物真似」という言葉はいい。後にロッパ（古川）が「声帯模写」と変え、それが定着しての今日だが、物真似、声《こわ》色《いろ》の方がいい。

馬風師の物真似の相手は、その頃の寄席の売れっ子を網羅していて、お爺さんの小勝〔六代目〕、四代目小さん、貞丈（先代）、山陽（先代）〔初代〕、若手の売れっ子桂文楽〔八代目〕、小文治（桂）〔二代目〕、春風亭柳橋、柳好（春風亭）、今輔（古今亭）〔五代目〕等々……。

この物真似は、軽く小噺を演《や》っての後であった。漫談のときは、「今日はこれでお終《しま》イッ」と演って降りた。

戦前《むかし》、馬風の使った「友よ、サラバ」のフレーズが流行し、女学生が使って問題になった、と聞いた。

——＊——

馬風師匠、中風で倒れ、再起、その闘病記を「ヨイ〱物語」として喋り、受けた。その録音《テープ》は残っているが、全盛の時事漫談の数々は一つも残っていない。それらのネタを物真似として家元には出来る。

馬風師匠には山の如くにエピソードがあり、それらは楽屋の歴史にあったのだけれど、それも遠くになりにけり……。

己れを含めて芸人の歴史を想うと懐かしきより、悲しい。

鈴々舎馬風、本名何と色川清太郎、という。

海老一染之助・染太郎

曲芸師。えびいち・そめのすけ。昭和９年生まれ。本名・村井正規。えびいち・そめたろう。昭和７年生まれ。本名・村井正秀。21年、新宿末広亭で初舞台。“頭脳労働者”の兄と“肉体労働者”の弟に役割分担。伝統的な古典芸をテンポの速さと独特な話術で今に伝えている。〔染太郎、平成14年没。染之助、29年没。〕

古い芸人である。おっと、そういう表現《いい》かたはイケナイ。古い芸歴を持った芸人……これもよくない。長い芸能生活、というべきか、何しろ家元が中学生の頃、この御両人はもう高座に上がっていた。それも堂々と寄席の中軸の出番であった。

だから当然前座となった家元は御両人にお茶を出し、下足《げそ》も揃えたはづだ。〝はづだ〟と書いたのは、前座の当たり前の仕事なれど、色物の芸人さんは、どこかで噺家に遠慮していてくれて、もっといえば未来の真打ちに気を遣ってくれていて、

「いいですよ。自分で出しますから……」

という風があって、そういう気配りを子供心に感じたものだ。

——＊——

兄弟（ホントの兄弟なのかなァ……ホントなんだよネ、でもホントかなァ……）の父は望月晴峰《せいほう》という、「噺家」から「鳴り物師」になったお方だから、この兄弟（？）は本業の曲芸の外《ほか》に、というより、日本古来からの太神楽《だいかぐら》という芸種に必要な江戸音曲、踊り、楽器は笛、太鼓、鼓、三味線と何でもこなし、そのこなし方法《かた》は粋《いき》よりダイナミックに感じた。

一《ひ》と口にいうと、これが海老一染之助・染太郎の全評価である。

子飼いの曲芸師（もっとも曲芸師は子飼いでないと出来上がらないが）……修得《おぼ》える曲芸の種《しゅ》としては、「撥《ばち》と鞠《まり》」「傘」「ナイフ」「皿」「籠まり」「五階《ごかい》茶碗」、そして曲芸師のもう一つの芸といっていい「茶番《ちゃばん》」等があるが、若き二人はこれらの芸を一《ひ》と通り覚え、やが

て弟である染之助が曲芸を演《や》り、兄者《あにじゃ》は後見《こうけん》に廻っての今日の姿《スタイル》である。

何を演っても見事だが、誰しもがいうのが十八番の「銜《くわ》え撥」であろう。

あの銜えた撥に鞠や土瓶《どびん》がまつわりつくように舞い踊る至芸は〝見事〟というしかない、さすりゃあ、御両人はサービスをしてくれる。

「いつもより、余計に廻していまース」

とネ。

何時頃《いつごろ》かなァ、まだお互い様《さま》若かった頃だ、そう、まだ二十代の頃か……。

染之助さんの土瓶を持ち、

「キヘエーッ、これを口で銜えた撥で投げて受け止めてんだ」

「そうだよ、それがどして」

「〝重たい〟なんて物《もん》ぢゃぁないや」

「まア、そうですけどネ」

とても常人では考えられない重量なのだ。それをあの、見ての如くに軽々と扱う芸の凄さ、そのときに染之助さんの云った言葉を覚えてる。

「まァ、三十代までですネ」

「第一、歯をやられますでしょ、入れ歯ンなったらもう駄目ですし、まして、この撥、前歯だけで銜えてるんですしネ」

そうなんだ、アレ、あの撥は前歯だけで支えていたのであった。〝凄え〟であった。でも染さん、平気で、三十代、四十代、五十代とこれを演じ、「お目出度う御座います」と陽気に今日《こんにち》につなげている。これも〝凄え〟。〝入れ歯じゃないのかなァ〟〝入れ歯でも出来るように完成《しあげ》たのかなァ……〟〝聞いてみようかなァ〟〝よそうかなァ……〟。

――＊――

曲芸の見事さに加えて、あの陽気な二人の掛け合いだが、掛け合いは曲芸師の本領だが、あんな陽気な騒ぎの掛け合いはそれまでの曲芸師にはなかった。

故柳朝（春風亭）は二人を称して「怒鳴り曲芸」といったが、〝いい当《え》て妙〟である。二人《ふたあり》受けたっけ、笑ってたっけ……。

――＊――

寄席生まれ、寄席育ちの染之助・染太郎も、寄席の高座を去った。寄席の高座を去ったのは家元のほうが早かった、が、談志《わたし》のほうは去るつもりはなかったのだが……。お互い会わなくなってもう十数年の歳月が流れ去った。

――＊――

昔々、お二人、ダーク・ダックスとソビエトで公演した、という。

「どうでした」に「指先で撥を廻すのに猛烈な拍手がきて驚きましたよ」。

ナイフや皿を投げる芸において、数を競ったら欧米のジャグラーには敵わない。けど指先の「撥捌き」と同様、「籠まり」「土瓶」の芸は絶対に出来まい。それが伝統の芸と染之助さんの技術である。

――＊――

普通《なみ》なら、この頁を書くにあたって現状を調べ、出演《で》てりゃあその場に見に行くべきだろうが、家元しない。チト怖いのだ、お互いに歳だ。まして体力をサービス一杯に使う海老一の曲芸を見て、もしも〝老い〟を感じたら嫌なのだ。

他人《ひと》の事など云えるもんか、この頃の己れの〝老い〟に衰えに、日々驚く事実がある。

――＊――

二人のギャグに「ソビエトではお茶は〝チャイ〟、コーヒーは〝コフ〟、どっちが好きです」「チャイ、コフ、好イ《すき》」。これソビエトで演って受けた、という、ホントかなァ。

仲の悪い兄弟だが、あれも売り物か。何とこの兄弟「海老一」ならぬ「お染ブラザーズ」という、名人にしてこの俗性。

ま、いいか、オメデトウ、ございまーす……。

横山やすし・西川きよし

漫才師。よこやま・やすし。昭和19年生まれ、平成８年没、51歳。本名・木村雄二。にしかわ・きよし。昭和21年生まれ。本名・西川潔。41年、コンビ結成。50年代後半には空前の漫才ブームの頂点に立つ。61年、きよしの参院選当選以降は個別の活動となる。

やすし・きよしは、第二期お笑いブームといわれた昭和四十年代に、もう上方の若手漫才として常連となった。そのブームが消え、次にきた漫才ブームという澤田隆治氏の仕掛けた時代の中心としてそれらを引っ張り、やがてやすしの凋落、そして死と同時期にそのブームの盛りも消えた。

第一期のメンバーにはトップ・ライト、三平、東京ぼん太、てんや・わんや、天功（引田）、Wけんじ、牧伸二、勿論我が家元も……。

――＊――

第二期のブームはツービートと紳助・竜介、ザ・ぼんち、B&B等々、これまた群雄割拠し、やがて消えた。

その双方の時代を生き抜いたのがこのコンビで、この漫才の内容は、二人の私的キャラクター……、もっとハッキリいうと、やすしの犯罪というか、暴力事件というか、つまり喧嘩沙汰、それと、常に、当然、相棒として、やすしの事件の都度《たび》に、世間に対して常識をもって詫びるきよしのスタンス、これに加えてきよしのワイフのヘレンの話、とこうなる。

味も、素っ気もない表現《いい》かたをすれば、二人の私的会話であり、この形式《スタイル》を一人で喋っている（部分をもっている）のがこの文を書いている奴である。

だが、本来、これらは伝統的には芸人のタブーとしてあった。それらがなぜ徐々に壊れていったのか、という、そのプロセスは違う場所で書くが、やすし・きよし、から、この私的事実、いや、実は三面記事としての世間の評判なくして、二人の漫才の技術だけではたしてあれだけの人気が取れたものか疑問である。ズバリいやぁあれほどまでには取れまい。

　けど、逆にいやぁ、世の中ぁ騒がしたり、事件を起こした為に逆に消えていった芸人もいるのだから、この二人、したたかな生《い》き様《ざま》と、それを表現する技術とセンスを持っていたのだ。

　もっと悪く勘ぐりゃ、やすしにやらせて、きよしはそれに反対し、一市民という良民の立場になり、やすしを糾弾しながらネタぁ売っていたのだから、祭りの境内などで、品物を売るあの野師《やし》に近い、近いどころか内容は同じだ。ということは、結果は全ては西川きよしの演出ということった。

　けど、これを芸人の了見というのだ。漫才の技術としてはこの二人、家元さ程上手《うま》いとは思えない。「並みの上」だ。よく聞いているとほとんどアドリブだから二人の会話の流れがギクシャクする。けど逆にいうとアドリブをあれだけの流れにしているコンビは他には居ない。

　しかしながら二人の私的行動を舞台で「遊ぶ」客観的表現は見事で、やすしは、彼の犯罪性をきよしという名の市民の代表に突っ込まれ、やられ、安堵し、己れをまた大衆という客の前に晒すことが出来たのだ。

やすしへの全責任をきよしがとっているのだろうからやすしを街に放り出して置いても安心だし、〝また面白いことをして楽しませてくれるだろう〟と大衆は期待した。やすしの芸人としての行動は、即市民としての非常識であり、それを常識者のきよしが制《せい》し、律《りつ》しているが如くだが、二人の本来は共犯でありそれが芸人という非常識に住んでいたという証《あかし》となり、成功につながった。

残念なことに、いえ、当然だが、その判断がやすしになかった。自分のやる事は、漫才師、芸人として当然と、居直り、エスカレートして、もはや、きよしの手に負えなくなったときに二人の漫才の終焉がきた。

それらのことは、やすしを持ち上げ、社会的にも一流人として、彼の特異な発言、正確にいうと、ある現象に対する文句は云えても、〝何故そうなるか〟という分解力は一つもなかったのだが、それらに囃《はや》されたやすしの果てはもうメチャクチャで、何せ、あの小室（直樹）先生に喧嘩ぁ吹っかけたのだ。それも当人は論理的のつもりで……。家元呆れ返った。そのときのやすしより、それを知ったときのきよしの顔がみたかった。

きよしはあの通りの利口だから、いっさい愚痴も云わない、説明もしない。

漫才とは両人がそれ〴〵の良さを二人で倍以上に仕上げての舞台なのだが、〝きよしがやすしを失う〟のと、その逆の場合を考えたとき、きよしは漫才を含めて人生を生きられるが、やすしはどうにもなるまい。漫才はもとより何も出来なかったろう。ということは成り行き通りの死であったし、現在のきよしの姿である。

――＊――

けど、二人の漫才は面白い、いま「やす・きよ」の漫才《ざいまん》をＶＴＲ（「爆笑王横山やすし・西川きよし漫才ベストコレクション」竹書房）で見るが家元笑う。家元が笑う芸なんざァめったにない。二人共若かったし、乗りに乗った頃の姿である。

芸人全盛で死ねりゃ一番だが、因果と生きる。芸の持続があればよしだがまづは無理だから、無残な姿ぁ晒す事になる。それも芸人の生き様だが見てて辛い。

やすし・きよし、いい想い出を多く残してその漫才生活を終えた。

売り出しの頃、二人が出てくる。いつもヤラれてる弱いイメージのやすしが、いきなりきよしをヤル。

「こら、お前、この番組あと何分あると思ってんだ。十三分あるで、残りの時間の覚悟はいいな……」

何ともいいセンスだった。

柳家小さん

やなぎや・こさん（五代目）、落語家。大正４年生まれ、本名・小林盛夫。明るい芸風で、「粗忽長屋」「長屋の花見」などの長屋物を得意とする。昭和47年から平成８年まで、長く落語協会会長を務めた。昭和58年、立川談志を破門。13歳から始めた剣道は、北辰一刀流七段の腕前。平成７年、人間国宝（重要無形文化財保持者）に。〔平成14年没。〕

懐かしい名前であります。破門だか、勘当だか喰って十余年、確か家元より歳上だぜ……こういう書き方を一番嫌《いや》がる御人《おひと》である。つまり〝ふざけてる〟〝馬鹿にしてる〟というのだ。で家元、そこをまたいじりたくなる。

二十一歳違う師弟であった。弟子十六歳の春、師匠三十七歳、柳家小さんにとって二番目の直《じき》弟子であった。

＊

真面目な師匠に、不真面目な弟子、合う訳がない、で、師匠《むこう》は泳がせていたつもりかどうか判らないが、弟子《こっち》は泳いでやっていたつもりであった。

つまり甘ったれてあげていたのだ。

ま、事実甘やかすだけ甘やかしてくれたから、他の弟子達にとって、何とも羨望であったろうが、「俺と師匠の仲だ」と思っていたから〝知るもんか〟であった。

最後は、突き上げられてのこの結果のようだが、ま、いづれはこうなったろう。

別に悔いはない、第一あの歳でそこ〳〵元気に生きて稼業をやってられるのは家元のお陰だ。

喧嘩のときにいったっけ、「師匠《そっち》は歳だい、どうせ先に死ぬんだい」に「喧《うる》せぇ馬鹿野郎、手前より長生きしてやらぁ……」とサ、家元が死ぬまで死なないらしい。で、その通りになりそうだ。何せ家元、前回も今回も救《たす》かったようなものの、「ガン」の気《け》があるし、あっちは毛もない。

嫌な洒落だ、又怒るネ、きっと……。

――＊――

柳家小さん、若き頃から嘱望され、その通りに育ち、若くして落語界の中心の一人となり、明治、大正と生きてきた人達は、この世とはおさらば、大正生れの小さん師匠一人が生き残ってる。

元来心臓が悪く、不整脈もいいところで、当人〝長生きしない〟、と思ってたのにそれが八十余歳だ。剣道とヘボ将棋は長生きにいいのかネ……。

何でも喰うし、あんまり物《もの》事を考えないし、喋らない、家元は喋ってないと参っちまう。

――＊――

家元不思議に思うのは、この師匠、〝若い頃に完成した〟と当人も思い、客も認めている演題《ネタ》が、一つも崩れてないのだ、ということはまるで変わっていない。

〝バカヤロウ変わってんだ〟というかなァ……。

「長短」「強情灸」「猫の災難」「笠碁」「粗忽長屋」「饅頭怖い」「大工調べ」「親子酒」等々、全ての噺が変わらないのだ、当然老いからくるインパクトは弱まってはいるがそれも少しなのだ……。

桂文楽と同様ともいえる。けどネタの数は競べものにならない。もっとも文楽師匠少なすぎた……。

　しかし、よく考えてみると、昔の噺家は一度創り覚えると変わらなかった。柳枝も、三木助も、柳橋も、柳好も、可楽も。唯それらの師匠の中で、円生、三木助、小さんは、新しく己れのレパートリィに入れようと、次の噺に取り組む態度が珍しくあって、円生師匠は死ぬまで噺を追いかけていた。おっと志ん生師匠もそうだった……。

けどそれ〴〵一度出来上がった己れの自信作には柳家小さん同様変化はなかった。

小さん師匠は五十代で、その創作という（この場合古典落語の掘り起こし、まだ手を付けてなかった演目《ネタ》に向かう）姿勢はもうみえなかった。もっとも創り上げた数が多く、それらのホコリを払っているだけで精一杯という見方も出来るが、やはり普段の高座は「おなじみのお笑い」の一言に尽きた。

　これが不満でよく文句をいった。

「駄目だい師匠、こんなこっちゃ」に時折変えてきた。

「どうだ」といわれる前に、

「いい〳〵、師匠、いいよ、そう演《や》りゃいいんだよ」と高座を降りてきた師匠小さんに家元平気でいったもんだ。

　ナニ〝相手は怒ったか〟って、怒るもんか、満面嬉しそうな笑みだった。ホントだよ、たしか場所は九州だったかなァ……。

——＊——

だってネ、家元が目白の小さん宅にいく。「オイ談志がきたよ、なにか持ってきな、ビールがいいだろう、飲んだら一緒にいこう近所へ一杯……」これお内儀《かみ》さんのセリフだぜ。泥酔《ベロ》ン〳〵になって師匠宅に泊まりだ。酔いつぶれた弟子の布団のエリを押さえて風の入らなくしてくれた師匠の思い出もある。

——＊——

現在《いま》あそこン家《ち》にいたら、人間国宝のことでまた喧嘩したろうに。

「よしな師匠、みっともねぇ咄家がそんなものになるもんぢゃあねえよ……」

「喧《うる》せえ、バカヤロウ、手前なんぞに理解《わか》るもんか」と、目に浮かぶネ。

それとも、「そうかい」と意外にいったかも知れないがネ……。

——＊——

「古典落語の伝統を現代《いま》に伝えてる第一人者は俺だ」と柳家小さん、今でもきっと信じてるはづだ……。

ナポレオンズ

なぽれおんず、奇術師。ボナ植木、ぼな・うえき。昭和27年生まれ。本名・植木康之。パルト小石、ぱると・こいし。昭和27年生まれ。本名・小石至誠。52年プロデビュー。カードやコインのマジックから大道具を駆使した仕掛けのマジックまで、オールマイティなマジシャン。〔パルト小石、令和３年没。〕

家元奇術が好きでしてネ、巴里《パリ》などに若き頃時折いったが、夜はいつもバーレスクの劇場《こや》通いで、その頃全盛のストリップティーズの幕間《まくあい》に出る芸人達を追っかけたもんだ。大きな処で「リド」「ムーラン・ルージュ」「フォーリィ・ベルジュール」、小さい場所ではシャンゼリゼ通りを凱旋門のほうから下ってきて、日航の処を右に入り、すぐ左に曲った場所《ところ》にあった「ＳＥＸＹ《セクシー》」、後に「ミリオンダイル」となる（逆《ぎゃく》かな）店がご贔屓で、田舎者スタイルが売り物の「ヨーロッパの夜」に出演《で》てた、何もしないマジシャンが好きだった。彼のＢ・Ｇ・Ｍ《バックグランウンドミュージック》は「ペルシャ・マーケット」。印度の服装の「ブラック・バックス」、いまは二代目とか、かの、手で造る影絵師。マレーシアハットの「ガリ〳〵」のチキン。あげていくとキリがない。ガリ〳〵と劇場の裏の階段のところで、片言の英語で、是非日本に来いよ、等々、ブランデーの酔《いきお》いでいったっけ……。

おっと「ナポレオンズ」の話だ。実はこの二人の生い立ちは知らない。が割りと育ちのいい面《つら》ァしてる。つまり苦労の無《ね》え、おっとりした姿でござる。

〝チョイと出て消えるんだろう〟位にしか見てなかったのは、名前があまりにもバカ〳〵しいので言葉通りバカにしてたし、実際たいした芸もやらなかった。いや、やってたんだろうが、家元《こちとら》が知らなかったのか……いや、やってりゃ耳に入る、入りゃ見にいくよ、だからやってないんだ。

実をいうとアダチ龍光を除いて、寄席の手品は色彩《いろど》りだけだから、面白かったのは一つもない。もっとも「毎日見てりゃあ飽きるワナ……」。これ龍光先生の口癖。そのうちに時折一緒ンなって彼らの手品を見る機会を持ったがやはりたいした事はない。でも喋ってることは面白い。いつだったか、〝新聞紙が変わる〟という並みの芸をやってたから客席から声を掛けた。「オイ、何《ナニ》か、ニューヨーク・タイムズがフィガロになるのか」に「いえ、聖教新聞が赤旗になるんです……」。

これは佳《よ》かった、うまいや、咄家にゃいえまい。こんなラリーが出来るのは家元だけだ。会話はそこ〳〵いけるが、マジックのほうだ。この二人上手いのかネ、知ってるかい、この二人の芸を……。

いつもバカ〳〵しい「コミック」というか「ネタバラシ」をやってるけど、カッパーフィールドみたいな芸《の》、あるのかネ、〝手先は器用なのかネ〟〝スライハンドが出来るのかネ〟、くどいが見た事がない。

そのくせ、ドイツのドレスデンからの世界のマジックショウに司会で出てやがった。ネタは相変わらずのいつもの通りのあのネタ……ったって読者は判るまい。

「人体浮揚」なんぞみたら、バカ〳〵しくって腹ぁ立てるよ。

「また、あんなものやってやがった」に「受けましたよ、アレ」だってサ。

家元怒らない。何故か、この二人が好きなのだ。何処かで信用しているのも不思議だ。きっと〝何かある〟〝何か持ってるはづだ〟と思ってるけどまだ一度も見た事はない。

それが奴等の芸なのかネ、そう思わせるところがサ……。

この二人の芸《もの》を見る目はチャンとしてる。これに家元騙されてるのかも知れナイ、何せあ奴ら二人はマジシャンだしネ。

——＊——

よくやってた「数字当て」、あんなもなァ家元出来る。いえ誰でも出来る。技術でも、ネタでもない、当たり前のことなのだから……。

「ねぇ、一度サ、コミックにしないで客を不思議なまま、理解《わか》らなくしてみせてくれよ」と頼んである。

つまり、バカ〳〵しいのを演《や》ってるのだが、一瞬物凄いことが起きるのだ。それを二人は全く知らないふりしてバカ〳〵しい芸を続けている……というやり方だ……。

——＊——

それにしても、チーム名を「ナポレオンズ」とつけてその後に〝個々の名が必要だ〟と思って芸名をつけ、「ボナ植木」に「パルト小石」は能がねえ。チームの名前と芸名は違うのに、早い話、「ビートたけし」「星セント」てなもんだが、もし、ナポレオンズでなく、マジック「リン」なんてことにしたらどう個々の名をつけるのかネ、「リ・植木」、「ン・小石」かいな。

家元妙なところに気を廻す。

その昔の「チャイニング・ボロック」、日本にも来た、A《アル》・パチーノの「ボビー・デアフィールド」に出ていた、バイオリンとマイムの「ノーム・ニールセン」、ああいう芸とはナポレオンズ関係がないのかネ。ないにしては売れ過ぎている。それも世界の手品師の中でも……である。

　何か見せて呉れやい、オイ、ナポレオンズよ。

「二人でウォーター・ローの戦い」でも見せてくれ。

どうも、この二人気になる。どこかで〝あっ〟と驚かす芸を持っているように感じるのだ。

　書いててこの文章、堂々巡りである。「ナポレオンズ」がこれからの日本の奇術界を引っぱっていくのは確かなのだが、そういう人間関係は面倒くさい、といいそうな二人でもある。

東　武蔵

あずま・むさし、浪曲師。明治26年生まれ、昭和45年没、77歳。本名・東常吉。13歳で真打ちとなり、少年浪曲師として活躍した。朝刊のニュースを夕方の演題に盛り込むなど、アドリブも自在にこなし、独特の武蔵節と相まって人気を得た。

　一番好きな浪花節語りだった。で、武蔵先生が千葉に隠遁《いんとん》した後も、お目に掛かりに二度、三度伺った、お邪魔した。その時の写真は大事にしてあるし、御子息とも不思議な縁があり、お世話になった。

　東《あずま》武蔵。何ともいい、たまらない芸だった。何というか、つまり、困ったなァ……江戸前に違いないんだが……なら初代木村重松と競べて江戸風《ふう》か、といわれてもなァ……。

　これ程変わった浪花節もなかろう。音楽的にはとても〱符にしようがない節なのだ。虎造節や梅鶯《ばいおう》節も、その昔の三河家円車のドン〱節も、後《のち》になっての村田節も曲に乗るが、武蔵は乗るまい。

　そういう処から武蔵を語るべきではないのかも知れないが……。

　家元いいたいのは、日本一変わった節であった、ということだ。

　早口の舌ったらずで、時折カン高い声を出す。ギャグをいう。アドリブを唸る。噛んで吐き出し千切っては投げ叩きつけるように語る。そのむづかしい武蔵の節を浪曲ファンはまた真似る。

　武蔵を真似《やら》ずして、何が浪曲ファンだ、というのだ。

「浪花節は誰が好きだい」と聞かれ「虎造だ、米若だ」といやぁ、バカにされたろうが。

　まず東武蔵といやぁ大丈夫だった。後《あと》は清鶴《せいかく》（春日）、伯猿《はくえん》（林）、楽浦《らくうら》（東家）、松太郎（木村）等、と答えていれば大丈夫、バカにされないで済む。つまり大舞台より小さな場所がその芸風に似合った、いわゆる「寄席読み」といわれた人達だ……。

――＊――

家元、その昔の全盛の浪曲というか、楽燕《らくえん》、楽遊《らくゆう》は知るすべもない。

その頃か、「節《ふし》の奈良丸（吉田）、啖呵《たんか》の辰雄（一心亭《いっしんてい》）、声のいいのが雲右衛門（桃中軒）」といわれたのは……。

けど、その「タンカの辰雄」といわれた一心亭辰雄が講談に転じ、服部伸と名乗り語ったのは聞いている。

――＊――

簡単に、浪花節の歴史をいうと明治にその黎明期があり、大正、昭和と全盛を迎え、虎造を筆頭にした盛りが続き、そして今日の衰微となるが、東武蔵はざっと、その三代を生き抜いていた。

文楽師匠が、東武蔵を見送って楽屋で、

「何しろ、古いよ、東武蔵《あちら》てえものは……。何しろあたしが前座の頃、もう真打ちでしたからネ……」といったのを家元前座で聞いている。

――＊――

気が短かそうだった。で、喧嘩っ早《ばや》そうだった。

〝シャキッ〟とした態度で、髪型は横を刈り上げたオールバック、ともいうか、上はバックにして、パーマをかけてたはづはないが、ウエーブがかかってたように記憶がある。背はさ程大きくはない……と書いても仕方あるまい、で感嘆詞にする。

「堪《たま》ンねえよ、武蔵は」これだけだ。

——＊——

その昔、新宿は武蔵野館の狭い楽屋で夢声達が暇つぶしに寄席ごっこをしたそうな。それぞれが多種《いろいろ》演る中で、井口静波《いぐちせいは》は万度《ばんたび》武蔵一辺倒であった、というエピソードを愉《うれ》しく読んだっけ。

——＊——

浪曲全盛の頃、浪曲ファンの中でも〝インテリ好み〟といえる連中に支持され、人気者としての人生だったろうし、その全盛を見て育った娘は後に青年座の東恵美子となる。

——＊——

武蔵師のファンであり後援者の田中睦夫氏が師の引退後無理《た》っての頼みで演って貰った、客なしの「明石の夜嵐」は最高の出来だ。声も張りがあり、東武蔵全盛を偲ばせる。いや、東武蔵の芸の集大成を家元は感じた。

「相馬大作」「高嶺《たかね》颪《おろし》」等よく聴いた。演題《ネタ》は多い先生であったが残っているのはＳＰレコードのみで、〝東武蔵を識りたくば〟いえ、〝浪花節を知りたきゃ〟この録音を聴くべきだ……と家元は、多くの友人、知人にこのテープを送った。

「結構でした」と米朝さん、「凄いネ」と我が家で一緒に聞かせた山本益博、〝うまいの何の〟っていったっけ。

浪曲のエッセンスといえる。

武蔵のファンのシビレるフレーズが入っている。

〽何処で呑んだか知らないが、あっち酔ったり、こっち酔ったり、八ったり歩きというヤツで、粋な声音《こわね》を張り上げて、昨日《きの》は北風、今日《きょ》は南風、明日《あす》は何方《いづち》に辰巳風《たつみかぜ》、立つは蠟燭、立たぬは年期、年期増すよとて喰べたい物は、土手の団子とォ、サツマ芋……。

とナンダカワカンナイ、けど、このフレーズが東武蔵なのだ。曲師は男性《おとこ》で富夫《トミ》さん(字が違ったらごめんなさい)。

——＊——

きっと若き頃、浪曲界には名人、上手が居並び、とてもぢゃないが、〝正攻法《まとも》ぢゃ敵わない〟〝若くして世には出られない〟、との発想から創り上げた武蔵節。その節の根底は、奇妙といってもいい節であり、それは己れの本質《なか》に有ったものか、はたまた、全く違う己れを創ってみたのか。少なくも〝苦しまぎれ〟と家元は見ているのだが、「変則芸が当たる」世にこれほど独創的なことはない。

本人にとって快感はない。

これを芸術という。

あした順子・ひろし

漫才師。あした・じゅんこ。昭和７年生まれ。本名・河野順子。あした・ひろし。大正11年生まれ。本名・大野寛。順子がマジシャンとして活躍していた頃、後見をつとめた司会のひろしとコントを演じたのがきっかけで、35年コンビ結成。夫婦ではないが、しゃべくりの息のよさは絶妙だ。〔あしたひろし、平成27年没。〕

いい漫才になったもんだ。いま一番いい漫才だ。その〝いい〟という基準は、寄席の漫才としていいということだ。

世情《せじょう》を斬ると意気込み、シャカリキに毒舌を浴びせ、声を大にして世の中を皮肉っているつもりが、ほとんどは唯のバカと、素人芸なのに、この二人、そんなこたァ何処吹く風の大人の芸だ。

二人の芸の形式は、あの歳の二人が軽く喋る大人の男女のやりとり、やがて、二人が演じる一つのシチュエーション、これが芸の力で歳の幅を拡げているのだ。つまり〝若さ〟も見せてくれるのだが。

けどここがむつかしいので、若さに未練を持って拡げると、これこそ救い様のないアナクロになる。家元は昔、それを牧野周一に見た。

したたかな芸歴の二人は、現代を喋ろうとして〝若さを求める〟ということをしたときにそのまま現代から遠ざかるのだということを、芸の何処かで知っているのだろう。これは偉い。

「そんなに褒められても困るワ、唯、演《や》ってるだけだし……」と順子嬢いいそうだし。

「そうなんですよネ、家元判ってますネ」とひろしさんはいうかネ。

——＊——

順子・ひろしのコンビの由来もキャリアも知らない。けど、この二人、多くの修羅場を潜ってきてることは確かで、その芸歴《キャリア》は古い。尤も芸歴なんざァ古きゃいいてえもんではないが……。

――*――

寄席にはこの場所の特徴である「落語優先」という無言の押しつけがあり、そこに色彩《いろど》りとして出演《で》ている他の芸、つまり漫才を始め、曲芸、奇術、音曲等と、相互関係でバランスよく成り立っているのだが、知らず〳〵のうちに噺家と色物の差が何処《ど》っかに出て来るし、またそれを示す奴もいる。二人は長年それに耐え、時には風に柳と流していたが、腹の立つことも多々あったと思う……。まして途中から入ってきた外様《とざま》の芸人であるし……。

地方《よそ》から入ってくる色物の芸人はそこで我慢し、己れの世界を開けずに唯の居候となり過ごすか、その空間からジワ〳〵と己れの芸を創り出すかの二種である。けど後者は仲々出来上がらない。順子・ひろしはそれを作り上げた珍しいケースともいえるし、いまやこの二人に芸の上で対抗出来うる噺家とて少ない。

――*――

ドサ廻りとは、可能な限りの己れを晒け出して、田舎《ドサ》という場での勝負の日々。結果そこで勝ったということは己れもその中に入っちまった、ということになり、これでもか〳〵と田舎っぺィを受けさせる芸が身についてしまう。で、それらを嫌ったのが寄席芸人であり、寄席のファンであった。

上手《うま》い、下手《まず》いより、ドサが嫌いで、〝下手は許すが、ドサはダメ〟、と決めていた。とはいえ、現実にはドロ臭い寄席芸人がどれほど多くいて、前座の私でもヘキエキしたっけ。勿論噺家の中にも……。

そのくせ、これらのドロ臭い芸というのが、根強く寄席に残っているということは、むしろ大衆の本音はドロ臭いのが好きなのかも知れナイ……。

逆に〝サラリ〟とした芸はよほど周囲が守ってやらない限り、寄席でとても商売にはならない。

余分が多くなった。順子・ひろし、二人が入ってきたときが、この感じであった。ナニ、この二人ばかりか、他の場から、寄席に入ると双方がこのギャップに悩まされる。

「やかましいやい、やめりゃいいんだい、こんな小っぽけな処なんざァ真っ平ごめん」と広い世界に飛び出す芸人もいるが、この二人、もう行き処がなくなったのか、寄席《ここ》に住みついた。

で、見事に変身した。いや、このくらいの芸当は、訳のないことだったのかも知れない。いや、そうでもあるまいよ……。

――＊――

寄席の漫才で家元のご贔屓は、十返舎亀造・菊次、リーガル千太・万吉、晩年の櫻川ぴん助・美代鶴、地下鉄の春日三球・照代、そして、このあした順子・ひろしである。

　聞いてごらん、早いとこ見といたほうがいいよ、確か家元より歳上だよ。

　順子の着てるケバ〳〵しい衣装も今や逆にイキでいい。勿論あした順子、承知で着てる。少なくも小林幸子よりはいい。松山恵子《おけい》ちゃんの境地だ。

――＊――

「ネエ、おねだりしてもいい」
「いいよ」
「買ってぇ」
「何ォ」
「ヨット」
「鉛筆か……」

　これがいい。これを〝時代が古い〟と捨ててはいけない。いえ、捨てないどころかこのフレーズを大切にしている処に、この二人のセンスがある。二人の芸のエッセンスがここに見える。

――＊――

　とに角受ける。で、二人はあまりギャグを押さない。この方法も寄席で受ける為に会得した手段なのか心にくいばかりに作りあげた。

と、書いて、順子・ひろしに家元、一言、二言。文句とまではいわずとも、注文はないのか……といわれたら……。

〝ナイネ、充分だよ〟、という。

ディック・ミネ

でぃっく・みね、歌手。明治41年生まれ、平成３年没、82歳。本名・三根徳一。立大相撲部、逓信省勤務を経て、昭和９年に歌手デビュー。「ダイナ」「黒い瞳」などが大ヒットする。元祖プレイボーイとも呼ぶべき存在である。

侠《おとこ》っぽくて、格好がよくて、喧嘩が好きで、人生に自信があって……女に死ぬまでモテまくっていた。

家元ミネさんに惚れてたから、よく尽くしたっけ、で大事にされたと自負している。

何しろ〝ミネさん〟なんぞと呼べた間柄ではないのにミネさん許してくれていた。そのミネさんは「こないだ野末（陳平）の奴ァ俺のこと〝ミネさん〟と呼びやがった。あの野郎、張り倒してやろうかと思ったい」。

談志はいいが、陳さんはダメだった。陳さんが〝ミネさん〟と呼ぶのは別に失礼ではないとは思ったが……。

本来家元も並みな呼び方で「先生」と称《い》うべきなのだろうが〝ミネさん〟とか、「大将」なんと呼《い》ってた。

とに角ダンス・ホールにまだマイクがなく、メガホンで唄ってたのだから歌の歴史は古いや。これ以上の人は、淡谷さんだけだ。その淡谷さんも、もうお亡くなりになりました……。

――＊――

喧嘩と酒と女の為に唄っていたような人生に裕次郎も憧れていたっけ。

――＊――

戦前の「ダイナ」からの一連のヒットは、「アイルランドの娘」「林檎の樹の下で」といった洋物の訳詩という、つまり時代の先端。モボ、モガに受けまくり、と同時に歌謡曲をヒットさせ、「旅姿三人男」「二人は若い」「愛の小窓」「人生の並木路」「或る雨の午后」。戦後は御存知「夜霧のブルース」「雨の酒場で」「長崎エレジー」は藤原千多歌《ちたか》と。

家元「或る雨の午後」と「長崎エレジー」が贔屓曲、「雨の酒場で」での〽小雨の道が遠いなら、せめても送ろう、そこらまで……はいい。作曲は平川浪竜《なみりゅう》。

――＊――

男性っぽいD《ディック》・ミネ、それもそのはづ、最も男らしい物が男らしく立派なのだ。ディック・ミネに敵《かな》う男は芸界にはいない。

これは古賀政男も認めてる。

学生の頃立教の相撲部でコンパの資金集めをするときに、ミネ旦那が一人五十銭で希望者に見せるのだそうだ。「光」だか「チェリー」だかの箱の中に入れて、それを膨らませてポンと破くと一円だそうだ……。

――＊――

便所で大将と一緒、つまり連れ小便《ション》だ。「ねえ、チョイと見せてよ」と隣りのミネ氏に……。

「いいよ、もう駄目だよ、歳だから」「いいぢゃないですか」とのぞきながら、指ィ伸ばしていま小便してるミネさんのチンボコつっついたネ、触ったネ。

「よせよ」

「いいよォ」

と、これだ、これが家元の偉い所以《ところ》だ、相手のプライドをちゃんと立てる……。


――＊――


ＴＶでいった。

「あの時のミネさんのチンボコネ」

「バカヤロ、ＴＶでチンボコなんていう奴があるか、ボコチンといえボコチンと……」

だとサ……。


――＊――

ついでに告白しとくか、ミネ氏のボコチンと淡谷さんのパイオツに触ったなァ、この俺様だけだ。淡谷さんの後から両手で両胸を握ったが、タワワに実ってて、とても掌に包みきれないほど充分の大きさであったっけ……。

――＊――


「ネエ、談志《あたし》と二人会をやってよ」

「いいよ、何処で」

「上野鈴本で」

「いいよ」

でやった。B・M《バックミュージック》は「薗田憲一とディキシーキングス」だから歌手D《ディック》・ミネ、文句ないはづ……だがここに問題が起きた。鈴本は寄席だから、靴を脱いでの舞台となる。

「駄目だ談志、俺、靴下で歌ったことがねえよ。不安定で唄えねえ」

「弱ったなァ、何か下に敷くかぁ……でも、なァ、鈴本《ここ》の高座で靴はなァ……三亀松師匠も足袋《たび》だしなァ……」

「判ったよ、いいよ、唄《や》ろうよ」

ミネさん、大好きな三亀松が足袋で高座なら俺も文句はいわない、ということだった。家元ホロリとしたっけ。

――＊――

そういえば昔東北は秋田の公演で、セコな旅籠《はたご》に泊められ文句をいったときに、「ディック・ミネ先生もここに泊まりました」といわれ、文句を引っ込めてその旅籠に泊まったことがあった。

――＊――

葬儀の日、薗ちゃんや、コンデ（レイモンド）さん等が楽器ィ持って遺体を見送ろうとしてた。生前「俺が死んだら、〝ダイナ〟で送ってくれ」といわれていたんだという。

「奏《や》れば」「坊主がグズ〲いってるらしいんですよ」「何いやがる坊主なんざァ家元《おれ》が引き受ける。奏ろうよ、サァ」

「ニューオリンズ・ファンクション」を演奏して「セインツ」、そして全員で送った「ダイナ」であった。

ディック・ミネの想い出は山の如くある。けど、いい最後を偶然にもお手伝い出来たことは、家元ミネさんに惚れてたから、神様がこんなプレゼントをしてくれたのだろう……。

我が家にミネさんからきた手紙があって「チンボコの大きい男より」とある。

宝物だ……。

高田文夫

たかだ・ふみお、放送作家。昭和23年生まれ。日大芸術学部卒業後、塚田茂に師事。ニッポン放送『オールナイトニッポン』の構成を皮切りに、フジテレビ『オレたちひょうきん族』など、数々のバラエティ番組を手がける。

こ奴は落語家名を「立川藤志楼《とうしろう》」と称《い》い、立川流落語会の真打ちでもある。

今回はこ奴の紹介をする。

一と口にいうと、こ奴ぁ唯のバカである。馬鹿なくらいだから大学を卒業した、この辺にも家元との違いがある。ちなみに家元は高校一年までしかいっていない。

生まれ、氏素性は当然定かではないし、当人もいわないが家元は知っている。父親は誰だか判らないが母親はベトナム系の売春婦で確か本名を「グエン・パン・パン」といい、奴の妹も母親と同職で「グエン・ション・ベン」といったはづ……と以前にこ奴と景山の二人の本（『あのころ君はバカだった 民夫くんと文夫くん』角川書店）の解説に書いた。是非読むヨロシ。


——＊——


ボートピープルの初期か、日本にたどり着き、何処でどう生き延びたか、今日あの姿で生きている。

よく見ると判るだろうが、奴の目はやたらに大《でか》く、四里四方《しりしほう》が見通せるから、その範《はん》疇《ちゅう》に落ちている物は全部判る、で、拾う。何でも拾う。「ハズレ馬券」「ボールペンのフタ」「スリッパの片っぽ」「ビールのセン」「使い切ったテレフォンカード」「使用済みコンドーム」「パンの耳」。それらは何に使うのかは判らないが、パンの耳は隠れて喰っていたのを見たことがある。おまけにあ奴の目玉はフクロウの如く、夜目がきくのだ……。

景山民夫が死んだときに一番喜んだのがこの「高田のバカ」で、三日三晩踊りまくった。それを昇太と松村《デブ》が目撃している。でこの二人も一緒に踊ったというのだから〝バカが固まった〟のだ。

——＊——

「家元、景山の遺言知ってます？」
「知らねえよ、お前知ってるのか」
「知ってますよォ、〝熱っち、チィ……〟てんですよ」
呆れたネ、このバカにゃ……。
こ奴を焼くべきであった。こ奴の目ン玉の中に火のついたタバコ押しつけて「目玉焼き」にしてやろう……。

——＊——

たけしに取り入り、ニッポン放送を騙し、私物化し、日暮里に高田堂とかいうギャラリーを開き、イカサマ物を陳列し、銭ィふんだくる。つまりイカサマ師。いつだったか鳥羽僧正の書いたミッキーマウスてのが画廊に飾ってあった。確か七万円だった……。

——＊——

東京中のカラスに〝もっと鳴け〟〝もっと騒げ〟と煽ったのも奴の仕業で、夜明けと共に東京中を駆け廻り、カラスの応援をしていたが、よく見ると、あ奴ぁカラスにどっか似てる。

——＊——

こないだも家元の処に来て、〝山手線《やまのて》をもう一本作る〟といった。〝あれ人が一杯乗ってますから、もう一本作っても儲かりますよ〟だとサ。

——＊——

人に聞くと〝高田文夫先生は〟……先生だとサ、笑わせやがら……。〝作家ですよ〟とサ、嘘にきまってる、あ奴に本《もの》が書ける訳がない。

——＊——

たけしをブレーキのきかないバイクに乗せたのも奴。

風船おじさんの綱を切って空に飛ばしちゃったのもこの野郎の仕業だ。

油断のない眼で人のスキを盗んで悪事を働く姿は、どこかグラウチョ・マルクスに似る。

——＊——

ところが人間ホラぁ吹いているうちに、それなりに様《さま》になり貫禄がついてくるから世の中ぁ不思議だ。結構若い演芸人は「高田のバカ」の処に集まって、「ＴＶ、ラジオで観客を騙す法」というのを教わると聞く。「ウソの館」というべきこ奴の城が安定してきたのだから物凄い。

世の中まともに勉強する奴ぁ段々居なくなる訳である。

会うとバカ話と駄洒落ぇいってるのは、きっと他人に云えない過去と秘密の中で生きている葛藤を、見せない為の手段であろう。「手段の母だ……」、ナンダカワカンナイ。

――＊――

何でこ奴を弟子にしたのかよく覚えてないが、〝ゴルバチョフが喰ってる塩鮭が旨いですよ〟と、持ってきたのと、都バスの回数券に騙された。

思い出したが奴の本名は「クォダ・フン・フー」という屁みたいな名で、これを日本語に当て字にすると、「クォダ」は「コォダ」で高田《コォダ》・文《フン》・夫《フー》と発音《いえ》ないこともない。

――＊――

アメリカを敗かした世界一のベトナム人にとって、日本人なんざァ騙すのは赤子の手を捻じるよりいとやすきと、「フン・フー」の奴ぁ、五年後に日本中をあっと驚かす仕掛けを考えているという。

――＊――

だが、日本語も、スペクター程度に喋れるこのベトナム人の落語は面白い。並の咄家共よりゃズンといい。で、真打ちにした。たまに会うと「チャイコフスキーに安来節を聞かせたかった」とか、「綿アメで人を殺す方法」とか、「生きているオバQにこの間会った」とか熱心に語る、が信用出来ない。

——＊——

〈追記〉結果こ奴あまりのバカなので破門したが、結局、三十万円の罰金とステーキ三枚で許した。家元、判らないのは、その三十万円は志の輔が拵《こしら》えたという……、ホントかネ。

松井錦声

まつい・きんせい、声帯模写。昭和３年生まれ、平成２年没、62歳。本名・松井輝清。吉田茂から佐々木更三まで、政治家の物まねで知られたが、むしろその芸の神髄は、浪曲や講談の声帯模写にあった。

松井錦声の物真似は上手かった。それも家元好みなのだ。ということは松井は家元に受けさせることを第一としていて、談志に褒められるのが生き甲斐の如く見えた。いえ、自《うぬ》惚《ぼ》れといわれようがホントの話で、またその内容、真似をする対象が家元好みなのだ。

松井はもと〳〵講談が売り物であり、己れの趣味でもあったせいか、貞山（一龍斎）、貞丈（一龍斎）、貞吉（邑井《むらい》）は絶品で、これを故森繁《もりしげる》（有名なプロデューサー）に聞かせたところ、〝気がイキました〟といったっけ。余談だが、この森さんと老後ゆっくり二人で芸能を語るつもりでいたのに……。

芝居、落語、浪曲、講談、演劇、ストリップ、映画、歌舞伎、歌謡曲、邦楽、と知らないものはなく、この森さんと色川武大の兄《あに》さんと、それらを語りながら、生きていこう、と決めていたのに二人共、先に〝逝って〟しまった。一人は何と交通事故だけに痛恨としかいいようがなく、森さんの棺の前で家元、彼の大好きな浅草の唄を一人歌った。

〽強いばかりが、男じゃないと
　いつか教えてくれた人……

唄ってて滂沱《ぼうだ》の涙で、家元松井の物真似をこの三人で一緒に聞きたかったのに……。

絶品の貞山、貞丈、貞吉、そして馬琴（先代）〔五代目〕、如燕（後の四代目伯山）、家元が最も好きだった五代目小金井芦州（先代）、いまの山陽〔二代目〕もよく模写《に》てた。

そして当然の如く、この頃の有名人達、役者、芸人を網羅していて、中でも小汀利得《おばまとしえ》、細川隆元の対談は抜群で、家元その対談の真似が出来る。

無着成恭《むちゃくせいきょう》、右太衛門、阪妻、大河内、月形、上田吉二《うえきち》郎、伴淳《ばんじゅん》、アチャコ、エノケン、ロッパ、大辻、千恵蔵、勝新、辰巳、島田、東野英治郎、等々……。

金馬、柳橋、志ん生、今輔、馬風、文楽、円生の咄家群、これらはたいした事はなく、ま、柳橋がよかった程度であとは並み。浪花節が上手く、声がいいので友衛、松太郎、武蔵、国十郎、相模太郎等……よく聞かせて貰ったもので、酒が入ると「何か演《や》ってくれよ」と家元。松井は偉い、「あのォ、やらせて貰ってよろしいんですか……」で、延々と、家元《こっち》が飽きるまで演らせる、いえ演って貰う。いやはや贅沢そのものの酒と夜だ。

家元、次から次へと注文を出す。勿論松井が乗ってくるように、席が盛り上がるように、の注文だ。つまり、〝家元に受けりゃ、世間は受ける〟という松井の心意気である。で、最後は替え唄で、といっても歌うのでなく、ホラ、あのオ、歌舞伎の声色《こわいろ》であるでしょう。〽山寺の和尚《おしょ》さんは、とか、〽あまり辛気《しんき》臭さに、棚の達磨さんを、ちょっと下して……と声色師が寄席などで演った物真似のセリフ、後年ロッパは、それを炭坑節で演ったっけ。

〽月が出た、出た、月が出た……とネ。それを何と家元〽オマンコさす蟲《むし》、どんな蟲、頭丸くて、目が一つ、イキな鉢巻きチョイと締めて、根元に毛のある変な蟲……。

あれで演らせた、いえ演って貰った、これは受けた、受けたの何の、もうメチャ受け。

この録音が残ってなかったのが残念、いや無念にも……。

松井は〝さす蟲〟を〝突っつく蟲〟とやり、〝目が一つ〟を〝一つ目で〟〝変な蟲〟を〝サナダ蟲〟と演った。

ま、どうってことないか、実はあるんだよなァ……。ま、いいか。

どんな状態になるか、考えてみてごらんなさい。イヤハヤ、どうも、そのバカ〳〵しいこと、涙が出るくらい笑った〳〵……。

後に政治家の物真似を売り物にして「声帯模写」ならぬ「政界模写」と銘打った位だから。吉田、池田、角栄、美濃部、三木、福田、大平、竹下、善幸《ぜんこう》、ミッチー、佐々木更三、春日一幸《いっこう》、大出《おおいで》俊、中曽根、これらすべて抜群《グンバツ》なのだから凄え、参る。それが〽オマンコ突っつく蟲、どんな蟲、と、アドリブで演ったのだから堪らない。角栄で、三木で、美濃部で……。

家元、松井のこのネタも再現出来る。何処《ど》っかで演ってみせようか……。

——＊——

松井はアマチュアのラジオの賞金稼ぎからプロになった芸人で、物真似とか、手品の芸人は素人の了見が多くあって、で、何処でもすぐ芸を演りたがる、只でも見せちまう、聴かせちまう……。しかし、これが本来の芸人の了見なのだがネ。

松井も最後まで素人了見であったから、高座も素人芸で、〝受ける〟ということでは長さん（桜井）に及びもつかなかったが、家元の前で演る芸はよかった。実は長さんも、本当は二人《さし》で演ってくれるときがいい……。

　白山（雅二）さんも同様である。

「素人っぽい芸」とは、唯〝似てる〟という部分が強くて客受けがしない。で、そこ〳〵の演出、つまりギャグを入れる、これが松井下手なのだ（本当はそれでいいのだがそれに不安を感じてしまうのである）。

——＊——

　一度、ＴＶで〝百人の真似を十三分でやってみろ、下にテロップで名前を流してやるから……〟。で演ったが見事であった。もっと松井錦声を演出してやればよかったといま思う。鏡屋が本職で、軍隊帰りの錦声は、協会（芸術）に入り、〝プロになれた〟と喜んでいた矢先、糖尿病で誕生日に死んだ。

　彼の作ってくれた鏡が我家《うち》に残ってる。

ミッキー・カーチス

みっきー・かーちす、ロカビリー歌手。昭和13年生まれ。本名・加千須ブライアン。４歳から７歳までを上海で過ごす。ジャズ喫茶や米軍キャンプで歌っているところを認められ、33年、第１回ウエスタンカーニバルでデビュー。以来、爆発的なブームを呼び、テレビ・映画に引っ張りだことなる。

「ロカビリー三人男」の生き残りだ……。おっと失礼皆それ〴〵生きている。山下敬二郎《やまけい》と平尾昌晃《ひらお》。ついでに書いとくと、その一つ前の「ウエスタン三人男」がジミー（時田）と寺本圭一《テラケイ》に小坂一也《こさか》である。

彼の全盛？　日劇ウエスタンカーニバルで演じた落語には度肝を抜かれた。いやはや、驚いたの何の、今輔（古今亭）師匠に喋《い》わせると「おー驚《ど》れえたねぇ、まァ」という師の売り物のお婆ぁさん（「峠の茶屋」）のフレーズになる。ロカビリーとはヒルビリーにロックを入れてロッカビリー、つまり、ロカビリー。これを創ったのが、Ｅ《エルビス》・プレスリー。

それを出発点としてのミッキーは、映画にＴＶに売れまくり……やがて飽き、楽団《ドンバ》、「サムライ」を引き連れて世界へ放浪の旅となる。己れが納得する〝己れの発見〟と〝見直し〟らしい。〝新しい音楽《おと》の発見〟の為の行動、と巷間伝えられているけど、どうなのかネ、〝己れに飽きた〟のか、〝売れなくなってきた〟のか……ま、両方だろうが、そのバランスは当人にいわせりゃ、前者であろう。ま、そういわないと己れで救われない。いや〳〵失礼、アイ・アム・ソーリー……。

で、外国にも飽き、いえ外国で売れなくなって……またまた失礼〳〵ゴメンナサーイ……。

——＊——

ある日、或るとき、ある会場で一緒ンなった。日劇で落語を聞いて以来のことだ。ということはお互いの存在は知っていたが何とその間四十年《しじゅうねん》出会っていないのだ。

「ミッキーのあの時の落語よかったよ、凄かったよ」

「そうですか」

「そう、あれ、やれよ」

「ウーム、ねぇ……」

しばらくしたら「やる」とサ。

で、立川流落語会の弟子ンなってミッキー亭カーチス。

いやはや、この男の熱心なこと噺家共に見せてやりたい。もと〳〵好きだったのだそうだ。若き日は暇があったり、疲れたりすると新宿は末広亭へと通ったそうな……。

結果、家元のガキの頃と同様にあの伝統のスタイルに憧れ、あの顔で着物を着、自分よりズンと年下の噺家連中を〝師匠〟といい、〝兄《あに》さん〟と呼ぶ。つまりこの世界の伝統が大変お気に入りらしい。

昔のエピソードに、TVで落語を喋ることになり、紋付きを着せられたミッキーはTVが終わっても紋付き《それ》を脱ぎたがらずハシャいでスタジオを飛び回っていた、というのを家元覚えている。


――＊――

しかし、ウエスタンカーニバルで演《や》った恐いもの知らずの若きミッキーとは年月が変えたのか、元々そうでなかったのか、落語への対応が違っていた。つまり本格的（？）な落語への挑戦、試練とみえる。

「よしたほうがいいよ、どっち道毛色が変わっているんだから」

「判ってますよ」

というけれど。

家元の中に、「メチャクチャ・ミッキー」の若き日の日劇の落語が強烈にあるもんで……。

ま、どちらでもいい、というより本人の演りたい方法《ほう》しか人間やれまい。


――＊――


「ミッキーと落語」は書いたが、彼の本業《ミュージシャン》としての活動も活発で、加えて音楽《レコード》のプロデューサー、また、俳優《やくしゃ》としてのミッキーの評価は高い。何せ、助演男優賞を貰ったという（他に居なかったのかネ）。

で、多忙の日々と聞く。

そりゃ、そうだ。音楽に役者、それに落語が加わり、その間に女房《かみ》さんの機嫌もとらにゃあなるまいし……。

おっと失礼、細君《ミカ》ごめん〳〵……。


――＊――

ミッキーのことは景山民夫が書いた『チュウチュウ・トレイン』（角川書店）に詳しくある。

多才であると同時に物識りでもあるが、家元や仲間と一緒のときは、あまり自分から話の中心になるように仕掛けない。高田文夫《バカ》と違って、ジェントルマンなのである。
ミッキーと居ると、その「ほどのよさ」に感心をする。とに角紳士だから邪魔にならない。毒蝮みたいに騒々しくないし……。

――＊――

そのミッキーも齢《よわい》六十と相成った。で、「監獄ロック」ならぬ「還暦ロック」という歌を、高田文夫《バカ》の詞で出すという。「なんでもやってくれ」であります。
彼曰ク「いま旬《しゅん》なのだ」そうな……。
両親共《とも》日英のハーフなので彼もハーフ、本名ミッキー・ブライアン・ナポレオン・アリストテレス・ベートーベン・カーチス。

――＊――

彼のような男に惚れられた家元はやはり偉い。いえ〳〵失礼〳〵、「ミッキーのような紳士であり、素晴らしき芸人に信用されて家元は幸福です」と、こう書かないと日本では一般に通用しない。

――＊――

ミッキー亭カーチスを立川流落語会の真打ちにした。落語をミッキーのキャリア、人格に託して真打ちという手形を切った。不渡りにしないこと。

桂　三木助

かつら・みきすけ（三代目）、落語家。明治35年生まれ、昭和36年没、58歳。本名・小林七郎。16歳で家業の床屋を継いだが、噺家志望やみがたく、入門。戦後、ＮＨＫラジオ『とんち教室』に出演してのち、人気に火がついた。

昔小島政二郎先生が「名人・桂三木助」という小説を週刊誌に書いた。

で、先生に聞いた。

「三木助は名人なんですか、それともこれから名人になるのですか」

確か答えは、

「名人だよ、名人になってるよ」であったように覚えてる。

どっちでもいい、「いま名人」でも「これから名人になる」でもいい、いづれも不満であった。三木助師匠が名人なら「他にいくらも名人はいる」というのがその頃の談志《わたし》の言い分で、曰ク、桂文楽、三遊亭円生、三木助の弟分の柳家小さんのほうが資格がある、と思っていた。

その違いに気がついたのは小島先生が亡くなって後《のち》である。

つまり、いま家元がいった人達がそれぞれ造り上げた作品の総合点は三木助師匠より上であり、勿論三木助師匠の「独参湯《どくじんとう》」もあるが、そういういい方をしても他の師匠のほうが十八番と称する作品数は多い、で家元の不満となった。

違うのだ、三木助師匠のみが、何といったらいいのか、文学的とでもいうのか……ロジカル……とも違うなァ…マイナー、とでもいうか。

演じる咄の中の会話を裏から攻めたり、攻める為の技芸の方法《やりかた》が多彩で、それまでの咄家にない攻め方なのだ。その手段はむしろ漫才の名人横山エンタツにあり、浪曲の広沢菊春にあった。

それらの集大成である三木助作品の代表が「味噌蔵《みそぐら》」「へっつい幽霊」「宿屋の仇討」で、「崇徳院《すとくいん》」「化物使い」「饅頭怖い」などにその才能が見える。

と書いても、それらを見たり聞いたりしてないと判らない。家元実演出来るのだが、さァて書くとなると……なァ……。


――＊――


はたして判るかなァ、とは思いつつ書いてみる。

「宿屋の仇討」で宿屋の番頭に江戸っ子が啖呵《たんか》を切るが、隣室《となり》の相手が二本差し《さむらい》と聞かされ、急におとなしくなる。で、番頭は云う、

「先刻《さっき》、あなた、〝矢でも鉄砲でも持ってこい〟って、威張ったでしょう……」

「矢だの鉄砲とはいったけど、刀とまではいってねえ……」

このセンスである。「作品を裏から攻めてる」という云い方は如何《いかが》かなァ。

漫才で表現《いう》と、突っ込みに対するボケ、その「ボケの逆襲」といえる行為を咄家という突っ込みが主で、「ボケの逆襲」を喋ったとしても演者自身の了見は突っ込みであるから三木助師匠ほどの細心と迫力はない……。段々判ンなくなってくると思うので止《よ》すよ。アト・ランダムにそんな場面《シーン》と文句《フレーズ》を書いておく。

「饅頭怖い」で、

「だからいったろ大蛇《うわばみ》程ぢゃあないって……」
「程ぢゃなさ過ぎるよ」

――＊――

「蛇含草《じゃがんそう》」では、
「口のきき方が下手だと餅を他人に喰われて眺《み》てなきゃならない……」

――＊――

「へっつい幽霊」では若旦那が熊さんにいう。
「あのォ、どうでもいいんですが、割り前の五十銭はどうなっているんですか……」

――＊――

「味噌蔵《みそぐら》」ではしわい《けち》屋の大旦那が鯛を見せられて、
「これが鯛だ、里方《さとかた》でいま見たからよかったんだ、初めて見りゃ目ぇ廻すよ……」
と書いても判るまい。是非これらの落語を聞いて欲しい、全篇聴くとよく判る。

――＊――

三木助師匠の若き日は、大阪《かみがた》で師匠の先代三木助に可愛いがられ、正岡容《いるる》が訪ねたとき、昼ぅ過ぎても師匠の家の二階で弟子の分際で平気で寝てた、という。
「いくら何でもよくないよ」に、
「昔は正午《ひる》ンなると大砲《ドン》が鳴って、目が覚めたンだが、いまは大砲を打たなくなった。

大砲《あれ》え打ってくれりゃあ目が覚めるんだけど……」

　本気であり、ユーモアでもあったのだろうが正岡先生驚いた、と彼の本にある。

　そのくらい大事（？）にされていたのに、後年バクチ場通いで仇名が「隼《はやぶさ》の七」と称《い》われ仲間から毛嫌いされた時代があった。やがて元の師匠の柳橋（春風亭）の推薦で『とんち教室』に出演《で》るようになり、人気者、そして後年の名人芸となるのだが、何で中間のバクチ暮らしになったのかは判別《わか》らない。

けど、この時期に人間の非情さを知ったのだろう。このことは志ん生に似てる。

あれだけ周囲《まわり》から嫌われりゃ人間というものの姿、実情が観察《みえ》てくる。

この修羅場ぁ潜ってきたのは近世ではこの二人であろう。

だが三木助師匠、安藤鶴《あんつる》夫におだてられて演じた「芝浜」はよくなかった。当人は落語に美学を入れたつもりだが、これがキザで、加えて落語の本質に反していたっけ。

　そのことを含めて、いや、むしろそのことを誉め、「桂三木助名人也」と小島政二郎先生いうのならば、家元不満である。先生間違っている。いや、落語における価値観が違うというのであろう。

トニー谷

とにー・たに、漫談家・司会者。大正６年生まれ、昭和62年没、69歳。本名・大谷正太郎。きざな眼鏡にちょびひげ姿、そろばん片手に「さいざんす」が、うけた。37年から日本テレビ『アベック歌合戦』の司会を担当し「あなたのお名前なんてえの」が大流行した。

戦後に咲いた毒々しいばかりの仇花《あだばな》だ。

「トニーズ眼鏡」と呼んだあの黒い枠だけのメガネ、白塗りの顔に描いた眉毛とチョビ髭。戦争に敗け、茫然とする間もなく飛びついた「民主主義」を嘲笑《あざわら》うが如く、何の臆面もなく口から出まかせ、弾丸の如く飛び出す「合いの子英語」、いや「ニセ日本語」か。

「レーディース、エンド、ジェントルメーン、お父《と》っつぁん、エンド、おっ母《か》さん、グド・イーブニング、おこーんばーんワァ……、アイ、アム、トニー谷ざんすー」

――＊――

「ネチョリンのドキリンコン、家庭の事情でハベレケレ、大変なーんざんすぅー……」

――＊――

「敗けたンざんすよ、ジャパニーズ。アーミー、ネイビー、全滅オール、オァ、ナッシイング、馬っ鹿ぢゃなかろか、この姿……」

日本国民は、アメリカの押しつけ民主主義を受け入れたくせに、そのアメリカをどっかで軽蔑しているが如きのトニーの一人喋りに拍手を送った。

一《ひ》と口にいうと「卑屈」以外の何物でもない、と思えたっけ。そのくせ、その頃まで続いてた山の手族の使った「ざあます言葉」を完膚なきまで下品に落とし、この言葉を消滅させた快哉《かいさい》もある。トニー谷以来山の手の連中「ざあます」を云わなくなった、〝ザマアミロ〟であった。

トニー谷、算盤《そろばん》を抱えて「ご破算で願いましては……」とウクレレか、ウォッシュボードの如くに掻き鳴らして喋り唄う。

〽ざんす〳〵さいざんす

ワタシはアンタにアイ・ブラ・ユー

駄洒落と風刺がイリュージョンの如く交差して、それがフレッシュな芸になっていた。

何せ今迄に日本人が見たことも味わったこともない芸だ。

その芸の集大成の如き舞台を家元東横ホールで見ている。題して「幸福を売る男」。

黒のズボン、黒のトックリのスェーター、たしか真っ赤なベレー帽姿と記憶している。

例の如くトニーグリッシュといわれた、チャランポラン英語を駆使しての社会風刺は見事でありました。

――＊――

トニー谷はアメリカ芸人の司会者から、ジャズの司会、日劇Ｍ・Ｈ《ミュージックホール》への出演、つまりコメディアン、やがて独り芸、ラジオ東京の『東西アルファベット読本《どくほん》』で当たり、歌に映画に天下を取ったが、まだ日本人の心に残っていた、「日本人」という形式、内容を大事にしてた人達に嫌われ、それが伜《せがれ》の誘拐事件で、何の罪もない被害者のトニーは怨嗟の的となり、人気凋落、ＴＶの『アベック歌合戦』でカムバックしたが、番組終了と共にブラウン管からも、世の中からも消えた。結果いかにもトニーの芸に似たハワイの住人となる。

——＊——

家元トニー谷が大っ嫌いだった。日劇M・Hに出演《で》ていたときに、自作、『笑点』のゲストを頼んだもんだ。そのときのトニー、

「何で、俺がお前と一緒に出演《で》なきゃならねえんだい」

「ならいいよ」

売り言葉に買い言葉だ。

その後、落ちぶれたトニー谷と会い、銀座のたった一軒の家元の常連の酒場「美弥《みや》」に誘ったところ、野郎土下座ぁしやがった。

「談志ちゃんだけだ、本当の俺が判ってくれるのは……」

泣きやがった、呆れた。「何だい、こ奴ァ、一体全体」……であったっけ。

売れてるときはこれ以上ないくらいの傲慢が、落ち目となると恥も外聞もあればこそ……。

けどなァ、トニー谷、芸は伊達ぢゃあない。何とこの変テコ日本人生粋の江戸っ子だ。セリフが明瞭《たっ》から芝居がいける。歌、勿論OK、長唄、義太夫といった古典音曲まで器用にこなす。

喜劇人祭の「最後の伝令」のトニーは佳かった。のり平と共に場内を攫《さら》った。

なのに、なのに……何なのか、何だろうか。あの土下座の姿ぁ……。

「己れをメチャ〱にしたい」という心理でもあってくれたら理解《わか》ったのに……。トニー谷自身、己れでも理解《わか》らないのだろう。人間自分で判らないことなんざァ山の如くある。いえ、ほとんど判らない。

で判らない己れの中身を、判りやすい、世間一般が判り得る傲慢と、土下座という行為で表現《あら》わしたのかも知れない。段々ワカラナクなるネ……。

――＊――

「消えたトニーをもう一度」と彼の芸と全盛の片鱗を再現させようと永六輔がカムバックの舞台を作り、それが成功しかけ、当人も喜んだ矢先の死であった。と聞いた。

――＊――

〽ざんす、ざんす、さいざんす、と唄った曲は確か「恋をするのも家庭の事情」だったか、はたまた「さいざんす・マンボ」であったか、その相手、つまりデュエットした歌手が、若き日の宮城まり子である。

立川志の輔

たてかわ・しのすけ、落語家。昭和29年生まれ。本名・竹内照雄。明大卒後、劇団昴に入団、のち、広告代理店に就職し、ＣＭ制作にたずさわる。ＮＨＫテレビ『ためしてガッテン』など、テレビ・ラジオでも活躍中。

昭和五十八年に創設した立川流落語会の「最初の弟子」であり、初の真打ちである。立川流の真打ちとは「家元が認めた」という一点に尽きる。

「最初の弟子」と書いたが、現在《いま》ビートたけしの軍団《ところ》にいるダンカンもその頃の弟子である。

あ奴ぁ家元に馴染まず、というより落語家が理解《わか》らず、奴なりに悩んで「たけしさんの処にやってください」といいやがった。「いいよ」とたけしに頼み「談かん」から「ダンカン」になり、ＴＶに出て幸福そうな面ぁしてケツカル。

ついでに書いとくと入門してくる半分以上はいなくなる。

理由は何なのだろう。一と口にいやあ己れが想像した世界と違う、ということだ。で、どう違うのか、これだけ情報が流れている時代だ、だいたい判断《わか》りそうなものを……。

「判断《わか》ってはいたが、違う」というのかネ。なら、どう違ったのか。もっと快適、もっと楽に、もっといやあ、何もしないで売り出せる、と思っているのである。

加えて家元の良さ、凄さが解らない。

ま、それは無理か……。

で、志の輔。

落語《この》世界でいう「中年からの弟子」であるが、家元別に年齢なんざァどうでもいい、そ奴の芸に対する執念だけが勝負であり、その執念さえありゃ志の輔ぐらいにゃなれる。〝志の輔ぐらい〟と書いたが、その程度とて噺家にゃいない、結果志の輔、何処へ出しても頭角を現しての今日《こんにち》だ。

流石《さすが》ぁ家元の弟子だ。「落語とは何だか」を知っている、ということは家元から学んだ。

永六輔は志の輔を誉め、「談志はいい弟子を持った」と書《い》ったが、「冗談いっちゃあ不可《いけ》ねぇ」逆なのだ。

「志の輔はいい師匠に恵まれた」のである。もっともいくら師匠がよくても弟子がバカなら駄目だし、当然この逆のケースも存在《あ》る。

―＊―

志の輔の落語の技術は並みである。とはいうが、並みの噺家《やつら》とは違う家元のいう並みなのだ。「並みでいい」と判断《おも》っているのだろう。それより問題は落語の捉え方、内容の把握なのである。

志の輔、見事にこれが出来てる。一度奴の「千両みかん」を聞いたが現在《いま》まで聴いた他の誰の「千両みかん」よりよかった。一番いい、つまり内容と主題を練り上げていたのだ。

新作もいける、題名は忘れたが家元感心した作品があった。駅の切符売りの話であったが作者は別にいる、と聞く。ブレーンがしっかりしているのだろうが、それを集める能力とそれらが集まってくる魅力があるのだろう。

ＴＶの司会もやってるが、あんなものぁ誰でも出来る。それより司会という仕事を得る能力が大変なのだ。

――＊――

志の輔に別に咄を教えたこともない。

ま、〝教えた〟という事実を作ってやるために、一、二度前座の頃に喋ってやったことはあるが、けど、これはどの弟子にもやっていることだ。

これも近頃面倒ンなりそれもやらなくなっちゃった……。

なにせこの頃の弟子は、唯〝家元ン処にいればいい〟という……何というか、「職業的身分保証」としての入門と弟子生活なのだから……。

――＊――

志の輔がどんな生活《くらし》ィしてるか全く知らないが、家元よりはいい暮らしはしてるはづ。もっとも家元よりセコい生活をしてる芸人はいまい。世間にいささか名を知られりゃ、家元とは段違いの暮らしだろうに……。

それほど家元の生活《くらし》は質素である。でも家は四軒あるが全部ボロ〳〵、汚れ放題汚れてる。ま、いいか。

問題は経済的な生活より〝芸人としての生き方〟という暮らし方のことだ。

ＴＶに出ている連中と同様な生活をすることが「芸人の暮らし」とは志の輔思っていま

いが、下手ぁすると芸人それに流される。

家元としては志の輔の現状《いま》より次へのステップで、つまり「何に魅力を感じてくるのか」ということに興味がある。

それは他のジャンルへの挑戦ということもあるだろうし、本来は、落語という芸の内容をどう捉えてくるか、それを捉えようと、どう変化し、進歩をさせるのか、家元のいう「人間の極限状態」を語り、人間が造った〝生きる為の常識〟という「学習の無理」を揶揄し、最後にゃ「イリュージョン」にまでいってしまう家元に、どんな発見をみせてくれるのか、眺めてる。

家元は常々弟子にいう。「お前らとりあえず家元みたいになんな、それが嫌なら越えていきな……」とネ。

――＊――

「ネェ家元、家元の今日の成功の理由は何ですか?」

と聞かれ、もし、現在《いま》の状態を成功というならば、こう答える。

「教えた連中《やつ》の間違いに気がついたからだ……」

志の輔、そうなりゃいいのだ。

――＊――

ヨオ、志の輔、〝富山が産んだ最大の有名人〟。

山野一郎

やまの・いちろう、活動弁士・漫談家。明治32年生まれ、昭和33年没、59歳。本名・山内幸一。活弁士としては、徳川夢声と人気を二分し、弁士廃業後、一龍斎貞寿を名乗り講談を演じる一方、新宿ムーランルージュやエノケン一座でコメディアンとしても活躍した。

活動弁士から俳優、そして家元が見た頃は寄席で漫談を演《や》っていた。

山野一郎の漫談の中で無声《サイレント》映画の頃を語る部分で、弁士を評して「徳川夢声……あれは天才でして……」とあるが、夢声の説明振りは、「この草原、ここはワイオミングであります……牧童《カウボーイ》が牛を、馬を追っている。そこに見えます小さな家、ここには……」と説明《やら》ず、「……これを〝平和〟というのであーる」とやったのだろう、これが夢声の映画説明基準にあったのではないのか、と家元勝手に解釈している。だが山野一郎著『人情映画ばか』によると、それは生駒雷遊《いこまらいゆう》のように書いてある。

山野先生は、その惚れた夢声と一緒に映画説明から、役者（「笑の王国」など）そして漫談と芸歴を重ねた。

一時は、噺家になろうと、夢声と一緒に三代目小さんの家を伺《たず》ねたが「あなた方はもう一家を成しているのだから、わざ〳〵噺家の弟子になることはない」と諭《さと》された、というエピソードが残っていて、そのときに三代目は「時に夢声さん、映画というものはもっと明るい場所《ところ》で上映《やれ》ないものですかネ」といったという……。

――＊――

「活弁物語」「双葉山」「浪曲あれこれ」等よく聴いた。早口で語尾が余計に早くなり、次の会話に入るので、客の笑いはあまり取れず、それを夢声評して「山野クンの話芸は中途半端で吹っきれずに終わった」といった。けど、喋る内容に興味があった家元にはご機嫌な芸であり、人柄も明るく、気さくで、若い人達にも活弁調というか、山野節というか、高座と同じ調子で接してくれて嬉しかった。

〽老いたる者には再び戻り来ヌ青春の……若き人には遠く過ぎ去りし……云々と喋《や》るトップ（コロムビア）さんのフレーズは、その昔文化放送で毎週放送された『活動より映画へ』の司会者山野先生の創り語った文句である。

容貌は丸顔で、どちらかといえば二枚目だが、笑いの部分を受け持っていた故《せい》か、〝笑わせ役の間抜けな悪人〟とか、時にはお婆さんなども演じ、その映像は残っている。

どこか風貌が千恵蔵（片岡）に似ているというので一緒に旅したときに仲間は、「オイ、千恵蔵が居る、千恵蔵だ、千恵蔵だ」と当時の銀幕の二枚目、千恵蔵に仕立てたら、山野さん、困って、うつ向いて〝何もいわず〟の汽車の旅だった、という話がある。

——＊——

山野一郎の漫談は、あまり現代を喋らなかった。己れの年齢と現代とのギャップを埋めるようなことをしなかった。己れの過ごした年月の中での出来事をあまりカリカチュアもせず、そのままチョイオーバーに再現していたのが若き家元のお気に入りであり、その分現代《いま》というその時代《とき》とのギャップを感じた人もいたはづだが、ここが芸人むつかしい。ハッキリいやあ、センスがよけりゃ、人間ちゃんと生きてりゃ、時代もクソもあるもんか、むしろ妙に〝現代が理解《わか》る〟と気どり始めたところから、逆に客の興味はなくなってくる。

〝ギャップを埋める〟という演者の作った、無理、嘘に客が気づくのだ。
それが山野先生にはなかったから、現代《いま》に録音を聞いても充分楽しめる。
といって山野一郎けっして懐メロ屋ではない。喋る話題は彼の過ごせし日々の出来事や、社会現象からの演題《ネタ》ではあるが、語る演者に人間を、社会を、観据える目があり、観客は山野一郎の人格と、芸の格の中に語られている出来事、それも過ぎし日のこと、とか、知らぬ昔の物語にも山野一郎の語る世界に没頭出来るのである。

――＊――

唯、世の中の人達は自分が生きていなかった時代は〝オレ知らねえ〟と云い、演者が昔話をするだけで、それを唯単に「古い話」「知らねえハナシ」と頭からきめ、己れの知ってるその時代のことのみ受けるので、〝それに準じる芸人がほとんど〟となるが、結果それが芸人の命とりになるのだ。
つまりマスコミに準じるか否か、ということった。
山野先生、活弁時代が一番の想い出であり充実していた時代に思える。それを語り相手が受け止めてくれたときの芸の輝きが、他の題目《ネタ》と違っていた。

――＊――

山野先生、後年一龍斎貞寿と名乗って、紋付き姿で（どうもあまり衣服《なり》を構わないお人のように見えた）、本牧亭《ほんもくてい》に時折講釈師として出演していた。

きっと人気者のころ六代目（貞山）の一門《うちわ》で、客分としていたことがあったのだと思う。で、演ってましたよ。正直いって上手くない、いえ、下手でネ。おまけに内容が己れの話でなく、講釈のネタだから、ツマラナイ。でも山野一郎の一龍斎貞寿を見といてよかった。

山野先生の「芸格」の一部を知り得た、と思っている。

――＊――

知性のある人なのに、メチャクチャの人生を送ったように思えるのは、やはり夢声の影響であろうか……。

でもそれは夢声とは違った〝庶民的なメチャクチャ〟であった。

田中　朗

たなか・ろう、シャンソン歌手。昭和７年生まれ。戦後、友人に「これからは英文学よりフランス文学だ」とけしかけられて、フランス語の世界に。シャンソン歌手歴も四十余年に及ぶ。

古手のシャンソン歌手だ。

〝古い〟といってもシャンソンの歴史なんざァ家元《あたし》が知る範囲ではごく新しい。ルネ・クレールの「巴里《パリ》の屋根の下」であり、ダミアの「暗い日曜日」あたりで、それが、戦後フランス映画が戦前の作品を含めてドッと輸入《はい》ってきて、一斉に花が咲いた。

その流れの中で日本のシャンソン歌手が数多く生まれた。場所《メッカ》が銀座の「銀巴里」と申すシャンソン喫茶。

――*――

田中朗はその初期の一人で、その頃芦野宏、戸川昌子、丸山臣吾〔美輪明宏〕、小海《こかい》智子、工藤勉《べん》、中原美紗緒、チト古手に石井好子、ビショップ節子……。

この人達の唄う唄は中にはオリジナルもあったろうがほとんどはあちらの歌の日本語版で、そのあちらの歌い手とは、「ダミア」であり、「ピアフ」「トレネ」「モンタン」「ベコー」「アモン」「グレコ」「アンリ・サルバドール」「ブラッサンス」等々で、家元「ジョルジュ・ユルメール」が贔屓であった。

フレール・ジャックというコーラスが〝パリの香り〟だよ、といわれ聞きにいったがよく理解《わか》らなかったっけ。

――*――

で、田中朗、早稲田の仏文科の卒業《で》だそうな……我々仲間は「朗《ろう》さん」と呼ぶ、つまり田中朗《たなかろう》。朗さんはいま書いたシャンソン喫茶で唄ったり、ジャック滋野のピアノでクラブで唄ったりしてたっけ。

朗さんの舞台は軽い、唯々軽い。

自己勝手流のピアノを弾きながら、勝手気儘《きまま》に唄ってる。誰にも習ったわけでもないのに平気で弾いてケツカル。

ピアノなんてなァセンスがありゃ習わなくても弾けるらしい。してみると笹みどりの「下町育ち」に、〽三味と踊りは習いもするが……、とあるが、あんなものも習わなくても出来るはづ……。

ポロロンと……（古いネ、でもいいネ）弾きながら、〽桜ンぼ、実る頃……えー、志ん生が品川のお染という女に……など手前《てめ》えに聴かせて喜んでいる、というか、退屈しのぎに客の前で唄っているような姿が朗さんのスタイルなのであります。

シャンソン歌手ってなァ、中流家庭意識とでもいうか、憧れの国フランスを唄うせいか、どこかキザで気取ってニセ物臭い、いやニセ物だ。しょせん仏国の産物だし……。

けど田中朗は己れの世界を持っていた。あちらのヒット曲をヒットさせなかったせいか……つまり後の丸山明宏の「メケ〱」のように、中原美紗緒の「パリのお嬢さん」のように、ジルベール・ベコーや、ジャクリーヌ・フランソワのヒット曲を唄ったのではなく、いえ、唄ってはいたが自分流の唄にしちまう。で、田中朗の作る世界はフランスの唄ぁ利用しての「弾き語り」で、その内容は落語と己れの愚痴のＭＩＸの如きものであるが、田中朗の「セ・シ・ボン」であり「パリ・カナイユ」であり「枯葉」である。「セ・シ・ボン」なんて、題名をいわずに唄われたら「これ、何だい、何の唄……？」ってなもんだ。朗さんの舞台はあまり唄わない、喋っている、つまり「語ってる」。もっとも朗さんあまり声量がない。

何とその頃は「あたし、声が悪いからシャンソン歌手になったの……」等々平気でいってた女《やつ》がいたっけ……。

――＊――

「シャンソンの盛り」などすぐ消えてなくなり、皆ンな散り〳〵、朗さんフランスの言葉が達者なせいか、イヴェット・ジロー婆さんに連れられて日本中を廻ってた。ま、通訳兼司会者てなもんで時折知人のクラブなどでも唄ってた。つまりシャンソン歌手ったって、定席が無くなっちゃった。無くなるくらいだからシャンソンの人気なんざァ屁みたいなもんだったんだろうし、で、現在《いま》は独り我家《うち》で映画観て暮らしているらしい。

「勿体ねえよ、何とかなんねえのかネ」に、「ま、よござんす」など朗さんいってるけど〝よかない〟。この人一見マメのように見えるが実は不精なのか。不精という事では、ジミー時田とどこか似ている。いえ、臆病か……。

昔の寄席にはこういう芸人が多くいたっけ。つまり己れから売り込むようなことは一切やらない。いえ出来ない、シャイなのであろうが、裏ぁ返せば傲慢なのである。

——＊——

昔パリに二人で出掛けた。大使館や、商社から「是非食事を一緒に」とくる。で行く。飲んで家元が喋り、朗さんピアノで弾き語り、相手は喜んだ。そりゃそうだごく当たり前、で、二人でピガールに……いえ、……まァ〳〵……。

——＊——

朗さん女性にもてたから、逢う度に相手が替わっていて、ある時など仙台に出演していた家元ン所に朗さんの女の父親が来て……いえ〳〵ま、いいか。

ちなみにかの全盛を誇った渡辺プロダクション《ナベプロ》の契約第一号がシャンソン歌手田中朗である。

田中朗の唄う「風のささやき」や「かもめ」はいい、抜群である。いえ、唯一である。

三橋美智也

みはし・みちや、歌手。昭和５年生まれ、平成８年没、65歳。本名・北沢美智也。北海道出身。５歳から母に民謡の手ほどきを受ける。29年の本格デビュー以来、張りのある高音と切々たる歌唱が、ファンを魅了してやまない。58年には、歌謡史上初となる、レコード総プレス枚数１億枚突破を記録した。

三橋さん戦後最大の男性歌謡曲歌手であり、ちなみに女性は美空ひばり、でその基準はヒット曲の数である。

——＊——

もう少しいうと、戦後しばらくは男性《おとこ》は岡晴夫《おかっぱる》、女性《おんな》は笠置シヅ子で、二人の専属楽団《バンド》は「ニュー・スター」と「クラック・スター」と家元記憶してる。で、三橋、美空の後は知らない、もういないし、もう出現《で》ない。時代が違ってきたのであろう。森進一も五木ひろしも、ヒット曲においてはケタが違う。

その三橋美智也の最大の欠点は「己れは大歌手なのだ」という自覚がなかった、の一言に尽きる。だからこそ談志《わたし》とも遊んでくれた、ともいえる。

この文章《こと》は三橋さんの追悼の記事にも載った（朝日新聞）。

——＊——

波乱に富んだ三橋さんの一生だが、簡単にいうと、子供の頃芸人（津軽民謡）だった若者が上京、綱島温泉でボイラー焚きをしながら高校（明大中野の夜間部）に通い、やがて美声を認められて歌の吹き込み、即当たり、後は順風満帆、そして声の衰えと共に、下り坂、その間に事業に手を出し、ことごとく失敗、で、死……。

何しろ出す歌〳〵、片っ端からヒットをするのだ、で、そのヒット曲ぅ唄ってりゃあ客はワンサと押しかける。

あまりにも簡単な人生に、〝飢え〟と、〝寒さ〟という「貧乏」を味わった三橋さんとしては、人生があまりにも軽く感じたのではなかろうか。で、己れが何かを創り出すことの苦労、その人生を味わう為に、あの「事業欲」となったのではないだろうか。

もっと判りやすくいやあ、歌は楽だが事業は大変だから事業に挑戦した、ということである。

で、宝石屋だ、ホテルの経営だと……。

加えてあのお人柄、利用されるだけで、駄目ンなるのは誰にも判別《わか》るのに……。

春日（八郎）さんにいったっけ。「ねぇ、先輩として注意《い》ってやったら……」に春日さん「云《い》ってるんだけどネ、聞かないネ」。

――＊――

よそうネ、亡くなった人に対して悪いよネ、でも家元残念でならないのであります。

――＊――

雪の室蘭で公演が終わり、したたか呑んだ。外は風と共に吹雪が捲き込み、舞い上がる。

「ナーニ、吹雪なんざぁ屁だい」と家元上半身裸体《はだか》。たしか鳳楽《ほうらく》（三遊亭）が一緒にいたか、この姿でホテル、フロント。フロントの奴ァ驚いた……。

「電柱にネ、三橋美智也のポスターが張ってあったけど」

「ＨＯＴＥＬ《うち》に泊まってます」

「さあこい」と夜の一時を廻ってるのに三橋さんの部屋のドアぁ叩いて起こした。人が好いから起きてきた。ビールを取ってくれて歌謡談義《うただんぎ》。その間に家元、〝あの唄〟〝この唄〟と御託ぅ並べるは、歌うは……で三橋さん最後にゃ三味線弾き出しての伴奏と歌だ。何が贅沢って世の中にこんな贅沢が二つとあるもんか……。

マネージャーが「あのォ、明日吹き込みなんで……そろ〳〵」。そりゃそうだ夜は三時を過ぎている……。

素面《しらふ》になって三橋さんに詫びた。

「でも、起きてこないと、何イ云われるか判らないしネ」と笑ってたっけ。

――＊――

「飲みに行こう」と三橋さん、三橋さんは談志《わたし》を〝兄弟〟といった。

「兄弟飲みにいこう」

「いいネ、でも新宿末広亭が出番《ある》から、それ演《や》ってから……」

で、楽屋に……。家元上がる前に、

「前座ンなって座布団をひっくり返してきてよ」、で出ていったよ。客は判らない、で三橋さん、座布団、引っくり返したり、叩いたり……客は妙な顔してた。天下の三橋美智也に似てるけど、まさか、末広亭《ここ》で前座姿の訳はない……で〝判らず〟だった。

一度なんざァ、高座から客に

「あのネ、ここに三橋美智也を出したらどうする」

客はナンダカワカンない……。

で、出した、出て貰った。〝ウワァッ！〟なんてもんぢゃあない、楽屋にいたアコーディオン弾きの伴奏で「古城」ときた、末広亭の席亭《おやじ》がすっ飛んできた。

翌日楽屋《ネタ》帳みたら「古城、三橋美智也」と記《か》いてあった。


——＊——


何せヒット曲が多いから、一《ワン》ステージでは唄い切れない。ヒット曲そのままお蔵入りなのだ。で三橋さんに〝あれ唄ってよ〟となるけど御当人もう忘れてる。そこでこっちが本人に、本人の歌を教えたっけ。「雨の九段坂」「僕は郵便やさん」「帰る日が楽しみさ」「民謡酒場」「幸福《しあわせ》さん」「月の峠路《とうげじ》」「みれん峠」。ちなみに「みれん峠」は三橋さんの歌謡集のＶＴＲに家元一緒に唄ってる。

　家元三橋さんの大ファンであった。その人と一緒に過《すご》せた時間、芸人冥利に尽きた。三橋さんのことは玉置宏《たまさん》がよりくわしいので彼から聞きいろ〱と教わる。

三橋さんが亡くなったときの新聞の見出しに、「郷愁の美声ついに戻らず」とあった。

中村勘九郎

なかむら・かんくろう（五代目）、歌舞伎役者。昭和30年生まれ。本名・波野哲明。34年、「昔噺桃太郎」で初舞台。代表的な舞台に、「元禄忠臣蔵」の内記、「夏祭」の団七、「髪結新三」の新三、「鏡獅子」など。テレビドラマ、バラエティ、ＣＭなど、活動範囲は広い。〔後に中村勘三郎。平成24年没。〕

「何という爽やかな、ほどのいい若者だろう」というのが勘九郎に対する第一印象であった。

それは現在《いま》にまで変わらない。

――＊――

「一度俺ン家《ち》に来ないか」に、来たネ。

我家《うち》の鉄の柵をガラ〳〵ッと開ける音がしたので、二階から見たら勘九郎一人ＴＡＸＩできた。

――＊――

飲んで、喋って、酔って、

「踊れよ」

「何ィ踊ろうか」

「高坏《たかつき》がいいや」

「下ぁジュータンだよ」

「いいよ」

で踊ったよ、勘九郎が。

また飲んで〝彼女に電話ぁ掛けようか〟と二人の意見で電話した。相手はいたネ。「二人で何してんの」。彼女《あいて》の名は太地喜和子。

銀座のＢＡＲ（美弥《みや》）で今夜もベロ〳〵、田端義夫《バタヤン》の曲がかかった。勘九郎、踊ってくれた。

〽あれォ、ごらんと指さす方にィ

——＊——

六本木でベロ、行く処がなくて、二《ふた》ぁ人《り》で屋台のラーメン屋、勘九郎の奴ァラーメン、家元コップ酒。

「どうしたんです、こんな処で、二人して……」と同じ屋台のサラリーマンの弁。

——＊——

二人泥酔、姉君の家で又呑んだ。勘九郎二階の階段から落ちてワインぶっ欠いて絨毯駄目にして、ざっと三十万円の損害。と後で久里子女史の弁。

勘九郎送ってきたが、二人酔って道端に寝ちゃった。で、

「明日ぁ俺ヌキだ。代わりにいって客に謝っといてくれ」

いやはや家元乱暴だ、翌日は自分の会だ。題して「談志の夜」なのに……。でも翌日は勘九郎朝から歌舞伎座演《や》って国立演芸場に来て客席に謝ってくれた。

「今晩家元が喋れないのは私の責任で……云々……」

客席から「イヨォ、中村屋ァ」。

——＊——

勘九郎に「喜怒哀楽の表現なんざァ、いとも簡単に出来るだろう、けど、それは歌舞伎という型の中での表現であり、それを突き抜けたとしても、家元の落語同様伝統芸の枠での抵抗だろう。そうでない表現、己れの中にある衝動とそれらが観客の常識と一致しないが、それでなければ己れが治まらないというときがくるよ、絶対にくるネ、そのときが面白いネ。それは歌舞伎全体の芸の問題《こと》でもあるが、それを背《しょ》負わされるのは中村勘九郎一人だろうネ……」に、珍しく真剣な眼をしてた。

　でも、それらを含めて勘九郎なら何でも可能のようにみえる。

　くどいが問題は、世間では狂気としかいいようのない己れの本性と歌舞伎との葛藤である。それは芸の形式、内容共に含めた、「勘九郎歌舞伎」の世界を創る、ということ。いえ、それしか己れへの納得はない、ということ……。

　もういいネ、くどいネ、「何とかなりますよ」と勘九郎いいそうだしネ。

「人生成り行きですよ」と家元のフレーズをいうかも知れない。

——＊——

「文七元結《ぶんしちもっとい》」を演るという、役は勿論長兵衛。家元人情噺なんざァ馬鹿にしてるから、「何で文七なんて演るんだい」に勘九郎、「いいじゃないですか」。

――＊――

島で雨ン中「俊寛」を演った。マイクを持ったバカが「もう勘三郎を越えましたネ」に勘九郎、

「莫迦なこといっちゃあ不可《いけ》ません」

何ともほどのいい声音《トーン》だった。

この調子が軽くて何ともいい、相手が腹ァ立てず勘九郎のペースになる。これ一体何なのか。〝持って生まれた〟訳でもあるまい、育ってきたプロセスでの当人の自然の内《うち》での取捨選択《チョイス》なのだろう。

――＊――

昔、松竹で、東劇バーレスクの踊り子達《ストリッパー》と歌舞伎役者との合流のパーティがあり、彼女達が興に乗ったか、演出通りか裸身《はだか》で踊った。

何とその輪の中に飛び込んで一緒に踊ったのが勘三郎であったという。

客の中から「中村屋御乱心」と声が掛かった、という嬉しいエピソードを勘九郎に話した。

「この話知ってる」

「知らない」

「いい話だよな」

「いいですネエ」

勘九郎の前記の行動の中にこのエピソードからのサジェスチョンがあったのかも知れない。

そのことは、己れの中に滾《たぎ》る芸人の衝動を否定する名門故の学習。それを何処かでまた否定する……いえ、学習なんぞではとても治まらない芸人の了見、根性が勘九郎の心の奥《うち》にあるのだ。

勘九郎の未来は全て開かれているが如くに見えるが、当人にいわせると「松竹」という営業、いわゆる形式との葛藤も加えて、「役者稼業も楽じゃないですよ……」とサ。

三遊亭円楽

さんゆうてい・えんらく（五代目）、落語家。昭和８年生まれ、本名・吉河寛海。41年スタート『笑点』（日本テレビ）の初代メンバー。自らを星の王子様と称して人気を得た。53年、師・円生とともに落語協会を脱会、師亡きあとは大日本落語すみれ会（現・円楽党）を結成。〔平成21年没。〕

何だか訳の判別《わか》らない奴である。

起きてりゃパァ〳〵知ってる限りの知識……てぇ程のものでもないが……それを喋る。喋ってないと不安なのだろう。現代人が持つ「空間恐怖症」という山藤章二画伯の言葉の最たる奴である。

あとはミン太郎（ワカルかネ）喰《くら》ってルーネ、とござる。

ウト〳〵とパァ〳〵、唯それだけ。おっと書き忘れたが、パァ〳〵の識ったか振りにホラが加わる。これが円楽。

もう何も書くこともない。ハイ、これまで、これで終わりィ……。


——＊——


困ったなァ、もうないもの、何もないよ、書くこたァない。何もない。全《まった》くない、全部ない、全然ない、ナイナイナイナイナァーイ。

落語のことだって、どっち道ホラの延長、唯のパァ〳〵に時折上手《うま》がって下品なドスの利いた声を出すだけ。

あとは地方《いなか》を廻って百姓脅かし、「立ち上がれ我が農民よ、共産党に幸あれ、天皇陛下万歳」などと叫ぶ。

で、結構《そこそこ》のギャラをふんだくる、というからサギ師の了見もあるのだ。

物の良し悪しの判断がつかないから、困ると大口ィ開けて笑ってる。

「バカだよ、あれぢゃあ」といったら、「照れてんだよ」だとさ、云やがったネ。

家元はァ奴の昔のことをよォーく知ってる。

洗いざらしのズボンにドタ靴、スリ切れたシャツに戦闘帽ォかぶって落語協会に転がり込んできやがった。協会にはお慈悲深い方が多勢いたから、あっちの掃除、こっちの使い走りで、パンの切れっ端ィ貰って喰って、公園の水道の水ゥ呑んで、細く短く命をつないでいたもんだ。

それが、どこを、どう生きたか、人間並の生活《くらし》をするようになり、一人前に牛乳も飲めるようになったと聞いた。

その間に、土地を騙し取り、下町に寄席を建てたが、結果、客は正直だから来なくなり、席は潰れたが、金の勘定だけは出来るとみえて、すぐ取っ払って長屋ぁおっ建てて立派な家主《おおや》さんになっちゃって……。

そういやぁ、円楽の奴ぁ、賭け麻雀の常習だったから、計算だけは出来ると聞いた。

けど、それはソロバンでもなきゃ、計算機でもない、全部点棒で計算する。

己れの千社札に「名人円楽」と刷《つく》り、いつ殺されてもいいように墓も建て「名人円楽ここに死す」と墓碑銘を彫ってあると聞く。

もっとも出身《で》は寺だから早い話が手前ぇの家だ、自分の家の庭に墓ぁおっ建て手前ぇの勝手《ごたく》ぅ並べただけだ……。

「どんな音楽にも心を動かされない者は最も略奪に適した奴である」と西洋《あちら》の諺にあるが、その通りの奴で、そのくせ運動神経はゼロである。

……ナニ？　……「昔一緒にいたんでしょうから、少しは円楽さんのいい部分《ところ》も書いてください……」。

そうか、そうかい、ならどっか褒めるか、何かあるかなァ……。そういえばあの大将は落語なんぞにあまりこだわらないし、気がおおらかだから、弟子ィ平気で全員真打ちにした、という偉大さもある。

世間の悪評なんぞ、気にしないらしいところは人間が大きいのであろう。

本当《じつ》はバカ……、いえ、バカに肥ってきたから、そこが又偉い、何となく偉い。

ＴＶで日曜ともなると、一人で芸の出来ねえ連中を集めて遊んでやってる姿なんざァ偉いの何の……神々しい位で座布団をやりたい。

――＊――

確か昭和八年の生まれだが歳よりも若くみえるし、この師匠の人情噺は「技神《ぎしん》に入り」己れで己れの芸に酔い、涙ぁ滂沱《ぼうだ》と流す姿は自称する通り「名人の姿」であろう。

円楽先生の偉さは〝自分が偉い〟ということを照れずに平気で云えることである。

若い咄家はこれからも円楽師匠の偉さを鑑《かがみ》として芸道に精を出し、行く〳〵は円楽師匠のように立派な咄家にならないといけない。

これだけ褒めりゃあ文句はなかろう。この文章を読んで円楽先生が〝我が意を得たり〟と喜ぶ顔が眼に浮かぶ……。天晴れ〱、甘茶でカッポレ、汗顔の至りで汗ばむな、恐《きょう》惶謹言《こうきんげん》お稲荷さんでござんす……ナニ読みながら寝ちゃったァ……お父っつぁん咄家なんてなァ罪のないもんだ……。

――＊――

このところ、いい塩梅《あんばい》に円楽から電話がない、奴から電話なんぞあると、ロクなことはない、以前も電話があったトタンに停電になりエレベーターが止まったし、水洗便所の流れが悪くなったりした。

早い話、この世の疫病神みたいな奴だ。

でも時折、時間かまわずだし抜けにいらっしゃって「満州を貰いにいくために協力してくれ」等いう。

〽ハアー
　またも雪空、夜風の寒さ
　遠い満州が
　エー
　満州が気にかかる
ナンダカワカンナイ……。

千葉　茂

ちば・しげる、プロ野球選手。大正８年生まれ。昭和13年から31年まで、巨人の二塁手といえば千葉だった。ベストナイン７回。王貞治の出現まで、１シーズン105四球の日本記録を持っていた。23年の対大陽戦での１試合６得点の記録は、いまだ破られていない。引退試合も、千葉が第一号である。〔平成14年没。〕

少年野球ファンだった談志坊やの憧れはＧＩＡＮＴＳの背番号「３」、〝三番セカンド千葉〟であった。

「猛牛」と仇名された千葉茂だが、子供心に繊細なる神経《センス》を感じた。


――＊――


千葉茂、散々嫌な球ァ右に左にハジキ飛ばす、つまりファールにしちまう。千葉はその行為を楽しんでいる様にも見えた。

現在《いま》みたいに、〝相手投手に何球も投げさせて疲れさせるのもチームプレーのうち〟なんという不文律のない頃、〝別にファールにしたって効果はない〟、という頃だ。勿論千葉茂は己れの好きな球がくるまで、相手投手が根負けするまでファールで粘って好球を待つのだが、そのプロセスのファールを面白がっていた。相手投手を嫌がらせると同時にそれを観客にアッピールしている感があった。ファールなんて何本打ったって別に観客は喜ばない、〝早くヤレー〟の頃なのに、とうとう千葉はそれを見せ物、売り物にしてしまった。当人曰ク、「ファールなんざァ一日中でも打ってられる」とは青田昇自伝『ジャジャ馬一代』にある。

一日中ファールしてられる技術があるのだから送りバントなんざァ屁みたいなもんだ。

なのにそれにシグナルを送る、野暮の見本みたいな水原茂をバカにして、「判ってる、こちとらプロだ、状況判断は出来てる。余計な指図をするな、サインなぞ出すな、黙って職人の仕上げを見てろ」てなもんだが、水原にゃその了見が判らないから、サインをまた出す。癪にさわる千葉はわざと二度失敗《しく》じり、水原のにがり切った顔を見て、見事にスリーバントを決める。

千葉茂三割バッターであるが何せ守備は名人だ。家元苅田名人の現役も見てるし、いまも健在で文通をしているが、これまた本物のダンディーだ。さすが横浜《はま》っ子、水原や、鶴岡、川上等と違って栄誉なんざァサラ〳〵縁がない。

ま、いいか、で千葉だ。

千葉が二塁《セカンド》を守備《まも》ってたから川上は守備は放っといて打撃に専念出来た。一、二塁間のゴロは全部千葉が捕っていた。なのにワンバウンドでも放ろうなら川上は捕れない。

「プロなら捕れ」と千葉。

「プロならちゃんと投げろ」と川上。

これは有名なエピソードだが、これは川上が悪い。どう放ろうが捕るべきだ。

で、晩年にゃ、面倒ンなって、一、二塁間のゴロのうち川上のエリアは捕らなくなった、という。

——＊——

球場が盛り上がる、で治まる、と、その一瞬をついて二盗を決める。こういう芸当も千葉はやったのを子供心に覚えている。

——＊——

「何で引退したんです」

「打った球が延びないで、御辞儀をするんだよ、これで、もう駄目と思ったネ」

といった。ま、誰しもが思い、語ることだが家元は千葉さんからこの話を聞いた。

——＊——

後に請《こ》われて「近鉄パールス」改め、猛牛千葉にあやかって「バファロー」の監督になった。

結果のべつ敗け。たまに一つ勝つと喜んで、選手はいうそうな、「これで当分敗けられる……」。

——＊——

「監督、先発は誰ですか」

「投手《ピッチャー》集まれ、ジャンケンしろ」

で、敗けた奴が先発投手だとさ。

「この話本当ですか」に千葉さん、

「誰が先発でも同んなじだということったよ」

——＊——

「大阪はダメだよ、〝又も敗けたか八連隊〟ってくらいだし、第一大阪には銀座がねえし……」

これもエピソードの一つ。

——＊——

後楽園球場だか神宮だったか、野球見てたら天丼が届いた、「何ィ、天丼?……」ったら、運んできた女性《ひと》が、「あのオ、千葉さんからです」。
名人千葉茂から天丼差し入れて貰ったのは俺様ぐらいではあるまいか……。

——＊——

千葉さんの喋り方はモソ〳〵して口跡は悪いが志ん生に似てる。己れを放り出し、ついでに相手もこきおろし、その話術と内容はたまらない。
我家《うち》に千葉さんと、中上（英雄）さんをゲストに喋った宝物の録音がある。
川上なんざァ、ボロクソだよ……つまり、了見が違うのだから仕方ない。

——＊——

よく、下駄履きで後楽園球場にきてたが、この頃はどうしてるかなァ、オールド・スタァ戦のユニホーム姿を新聞で見たから元気なのだろう。
千葉さんの打撃、守備を語るとキリがない位であり、家元千葉茂の打撃の真似が出来る。
ちなみに家元のオールスタァは、①長谷川良平②古田敦也③飯田徳治《とくじ》④千葉茂⑤宇野光雄⑥苅田久徳⑦高田繁⑧福本豊⑨毒島《ぶすじま》章一かイチロー、である。
家元にとって背番号「3」は長嶋でなく、千葉茂なのである。

大地真央

だいち・まお、女優。昭和31年生まれ。本名・多田真裕美。59期宝塚生、48年初舞台。57年から月組の男役トップスターに。60年、宝塚退団後は女優として幅広く活躍中。「風と共に去りぬ」のスカーレット、「マイ・フェア・レディ」のイライザなどが当たり役。

家元迂闊《うかつ》にもこの人を識らなかった。名前は知っていた。何せいつも、どこかの劇場の外の壁に大きく主役の写真があり名前が出てる。

でも顔は覚えてない、鳳蘭の顔は知っている。

大地真央を知らなかった、ということは〝この人に興味がなかった〟ということ。何故興味がなかった、といわれりゃ、〝たいした芸人でもなかろう〟というこった。

その理由《わけ》は宝塚のショウはいいが、芝居はついていけないし、そのショウとて、愛してやまなかった〝N・D・T《日劇ダンシングチーム》の魅力には敵《かな》わない〟と勝手に決めていた。いやS・K・D《松竹歌劇団》にも敵うまい……とも決めていたっけ……。

宝塚を観たのはどのくらい以前《まえ》か、「清川はやみ」の三枚目を覚えていて、他は有馬稲子、八千草薫か……。ま、いい。大地真央のこった。

何かのハヅミで日生劇場へ、そう宝塚の女優に誘われたか、誘ったか……。

大地真央みて、ぶっ魂《たま》げた。うめえの何の、可愛いの何の、家元ケイ・ケンドールを想い出した。

華麗ではあるが、むしろそれより技芸という実力が優り、したがって確実、そしてオーラがある。出し物は「洋物」というのか、ヨーロッパか、アメリカだかのミュージカル。

家元その種の作品《もの》は肌に合わない、というか軽蔑すらしてるからまづ見ない。「日本人に出来っこないよ」である。

一度友人の高平哲郎が演出した、場所も同じ日生劇場の「雨に唄えば」を見て呆れ返った。

失礼だ。ドン・ロックウッドに、コズモ・ブラウンに、キャーシィー・セルドンに、そしてリナ・ラモントに……。で高平に絶交するといった。結果は帝国ホテルで奢《おご》られてそれっきりくされ縁は続いている。

いけねえ大地真央だ。

その舞台の演出の下手さ、脚色というか、セリフを書いた奴の酷さ、見るも無惨、聞くに堪えないような舞台を見事に際だたせ、大地真央、踊りに入ると戦慄さえ覚えたのだ。

その夜の感想は、「この舞台のギャラは全部彼女が貰うべきである」……と。

他の役者にゃ不要《いら》ない。ついでに威張ると、端席《はせき》の真打《トリ》ちをとったときの家元と同様であろう。

これは家元《わたし》がいったのではない、客の声であった……。

大地真央、何と可愛い舞台よ、一所懸命で、健気で、家元のように〝どうだ〟というポーズもなく……。

——＊——

家元如何《いか》に彼女を知らないか、というと、大地真央の年齢も知らなかった。精々、三十歳チョイかな、とすら思って観ていたのだ。

二十五歳、といっても納得したろう。彼女に年齢なんぞない。

ついでにいうと家元越路吹雪は駄目であった。作為がありすぎた。造りすぎていた。

と、いうこった。


——＊——


家元翻訳物《あちら》は嫌い、というのは変わらないから、「ステップ・イン・アウト」も、「エニシング・ゴーズ」も当然観ない。大地真央でも観ない。もう充分彼女が理解《わか》った。

そして大地真央にはこの種の芸種が一番合うのだろう。何故ならば、日本にゃ、歌舞伎を除《のぞ》いてミュージカルなんてなァ、ないし、出来っこないと思ってる。早い話「歌舞伎」というのはミュージカルであろうに……。その歌舞伎が今日の姿になるまで、どれだけの試行錯誤をしたことか。嗚呼《ああ》、それなのに、日本のミュージカルというものは……。

つまり、彼女を書こうにも、この舞台しか知らないのだ。でも書いて置きたくて書いてる。

で、他の例を出しちゃあ、それをケナして彼女を褒めてる。日本人が嫌いなパターンである。いや、本当は好きなのだが礼を失する、というヤツだろう。


——＊——

大地真央は出来上がってるから、もう新しい発見はあるまい。まして芸人というより稼業上は役者だから、会社、作家、に準じなければなるまいに……。ま、そのワクの中で己れを出すのが役者であろうが。

なにせ最高の観客動員をしてるのだから……。

一方、「大地真央なら何でも当たる」ということで、それらの企画に対する彼女の自我はどうなのだろうか。

「何でもあたしがやれば出来ちまう、当たっちまう」という自尊心が先にくるか。

勝手な想像だが、それも判る。〝さァ、来い〟〝何でも来い〟〝あたしに任せろ〟、というヤツである。

役者自身が好きな台本をやると失敗《しく》じる例のほうがむしろ多いのが今迄の芸界の歴史でもある。

「大地真央、結構」この一言でいいのに、ページを埋める為にムリをした。

「彼女を書くよ」といったらこのページの画家が、同じマンションに住んでたのに、挨拶一つしたことがない、こっちは、その用意があるのに……。つまり描きたくないらしい。そうだとしたら、それも彼女凄いや。書いてるうちにチョイ会ってみたくもなったネ。どんな彼女でも文句はない。

三笑亭可楽

さんしょうてい・からく（八代目）、落語家。明治31年生まれ、昭和39年没、66歳。本名・麴地元吉。受け口の巻き舌で、江戸前の芸風。酒乱の話が十八番だった。

「苦《に》が虫ィ噛み潰したような顔」とは可楽の為に存在《ある》ような言葉であろう。

長唄「勧進帳」の出囃子に乗って……とは、とてもいいにくい出方で〝ヌウーッ〟と無愛想に高座に現われる可楽、頭の文句はきまっていて、

「えー、ようこそのお来場《はこび》さまで……」

あとは語尾をのみ込むのか、当人喋ってないのかよく判らない。

子供の頃聴いた可楽の演題《ネタ》は「今戸焼《いまどやき》」、寄席で可楽を見る度《たんび》、このネタだ。いささか、どころかいい加減飽きた。

もっとも他の噺家とて、同様ではあるが可楽は酷すぎた。で聴いてるうちに何気なく覚えちゃった。何気なく覚えた「今戸焼」は全篇そっくり、そのまま覚えちまったのである。

その「今戸焼」は現在《いま》でも演《や》れる。

内容は一口にいうと「愚痴」、唯愚痴である。その愚痴の基本は映画俳優や歌舞伎役者に対する噺家という己れの稼業の卑下だ。

何が嫌だったって、己れの稼業を卑下する奴ァ最低だ、嫌なら廃業《よし》ゃいい。ま可楽の愚痴《それ》は〝笑い〟をとるための手段が先行したうえでのことだろうが嫌だ。

原因にはその頃まで残っていた〝「芸人」という卑屈な稼業〟という、一般認識もあったろう。

余談だが、家元《あたし》が二昔《ふたむかし》以上前に参議院議員に当選《なっ》たら、先代三遊亭円遊師匠に泣きな

がら手を握られた。

「嬉しいよ、本当に嬉しい、我々の仲間から国会議員が生れたんだから、この商売もバカにされずにすむ……」とサ。

――＊――

可楽の「今戸焼」はいう、「役者ってえと正月の羽子板ンなりますナ、噺家にゃあない」という捨て台詞は何処《ど》っかに金語楼の影響を感じた。片や無愛想で売れない芸人と全身サービスの超売れっ子金語楼だが、可楽の中の何処《ど》っかで笑いをとるべき手段《てだて》を考えていたのかも知れナイ。

「今戸焼」に戻す。

羽左衛門と菊五郎の二人立ての羽子板は売《あ》っても可楽と歌笑の羽子板なんざぁ売れやしない……。

聞いて〝冗談いうな〟と思った。天下の人気者歌笑と可楽なんざァ一緒に出来るもんか、という反発《もんく》である。歌笑が死んだ後は志ん生といった、これまたフザケンな、可楽と志ん生一緒にされてなるもんか……と。

――＊――

役者ってえと綺麗に見えますな、噺家ってえと何か汚ないようで……ナニ、別に汚なかぁない毎晩湯に入《へえ》ってますから……。

これにも驚いた、「ヘエー、噺家てのは毎晩湯に入るんだ……」という驚きで、戦後の我家《うち》では銭湯にいけるのが週に一度であったのだ。

それも電車に乗って三つも、四つも駅をいき、そしてお湯屋まで五分、十分と歩くのだ。

——＊——

可楽師匠は舌ったらずで陰気だから売れない芸人の見本みたいなはづなのに、この「今戸焼」で笑いをとり、技芸のむづかしさからは逃げ、安直で判り易《やす》い芸風を作った、というのが家元の可楽評であったが、可楽を贔屓《ひいき》にする芸人も多く、北村英治さんなどその先鋒で、芸風ばかりか、その内容、彼らジャズメンのいう「フレーズ」に〝参った〟というが、「ヘエー、そんなフレーズを可楽師匠は演《や》ってたの」。

北村さんに教《い》われた人間を捉えて絶妙なフレーズとは気がつかなかった。けど、そのフレーズの凄さに可楽師匠は気がついていないと思う。

「そんなことがあるもんか」と北村大兄から反論を喰いそうだが……。

——＊——

「三方一両損」「二番煎《せん》じ」「親子酒」など売り物にしていた演題《ネタ》より、文化放送の専属となり、普段《いつも》のネタだけでは間に合わなくなり仕方なく掘り出してきたような作品にむしろ〝キチンと覚えているナ〟、という芸の骨格を感じたっけ。

すげえ物判りがいいとこもあり、目茶な処があり、いつだったか東宝演芸場でTV中継があり、「可楽師匠、出演料《ギャラ》は後ほど送金《おくり》となります」というTV局員に猛烈に怒ったのをみたが、あれ一体何だったのか、別に怒るにゃ当たるまいに……。〝演ってすぐ金ぇ呉れないと嫌だ〟、という了見が分からなかった。やはり昔気質の芸人というべきか……。

——＊——

可楽師匠はその頃いう本格派でもなきゃ、売れてるでもない、けど、何というか、〝渋い〟とでもいうか、大幹部であった。けど当時流行《はや》った「落語会」からはお呼びがなかった。つまり本格、本流でない、ということだった。

だが、この〝本格〟と〝本格《そう》でない〟判断もいいかげんなもので、とりあえず文楽、志ん生、円生、三木助、小さん、と本格で、あとはそれに準じる若手、つまり、この俺様とか、同様に若き志ん朝、円楽などであったが、家元それらに納得承服出来ない姿が今日のポジションであり、論理である。芸とはその芸人のパーソナリティ以外の何物でもない、とすりゃ、三笑亭可楽、絶妙の芸人といえる。

あんな無愛想な姿はそうはいまい。

駄洒落に「可楽の行水」というのがある。

同様の「可楽なぜ泣くの」よりはいい。

松旭斎すみえ

しょうきょくさい・すみえ、奇術師。昭和13年生まれ。本名・杉田静子。８歳の時からマジックのステージを踏む。33年、サン・パイン・シスターズを結成、デュエット奇術で若手奇術界の売れっ子に。その後も積極的に芸域を広げ、「胡蝶の舞い」などの古典奇術にも定評がある。〔令和５年没。〕

子飼いの芸人である。それに天分が備わっていた。

少女の頃から彼女の喋り、リアクションにえもいわれぬ可愛さがあった。そのくせドキリとする毒舌を吐くのだ……。

後の夫君となる腹話術師花島三郎の人形「おしゃべりセイちゃん」の相手をしているときなど、相手は腹話術の人形なのに、その人形を〝活ける者〟とし、〝時には人形〟としてのリアクションの見事さに驚いた若き家元であった。

「こりゃ凄ぇや、この芸人《おんな》並みはづれてやがる」

そういう意味での彼女の才能の発見は御亭主はさて置き、立川談志が一番早かったのではないか……と自惚《うぬぼ》れている……。

彼女どんな芸種の芸人になっても成功する、と思い、そのジャンルを奇術に求めたことを〝勿体ない〟とすら思った。いま若くいたらＴＶを席捲《せっけん》したろうに……。


——＊——


それにしても日本における奇術の評価は低すぎる。話芸と違ってマジックは世界に通用する芸種であり、そのレベルが日本は高いのに……。

その理由《わけ》の一つに、寄席で演《や》る手品、特に女性の手品は「添《そ》え物」の感がある。つまり「落語の寄席」という基本の〝流れ〟を中断《とめ》ず、〝若く可愛い女が出ればそれでよし〟という要求が強かったことである。

もし、そこに豪華絢爛や、〝アッ〟と驚く芸を奇術師が演じたら寄席側はおそらく歓迎すまい。

アダチ龍光先生のスタイルがベストであり、すみえちゃんも、自然とそれに準じているのだろう。

何せ芸人の娘《こ》だものネ……。

——＊——

ヨーロッパのマジシャンの如く、己れで一つの場面を仕切る、というスタイルが日本にはなかった。

クラブの芸も、サーカスも、それらを求めなかった。

パリには、人差し指一本で逆立ちする芸人、何十皿も一度に回す皿回し、両手の指で作った二つの輪っかがはずれなくなるというバカ〱しいことで、何と十五分も観客を引きつけ笑いの渦にたたき込んだ芸人もいた。

凄かったゼ……。

——＊——

そのくせアマチュアのコンクールとなると見事な創作と技術《テクニック》を披露するマジシャンが日本には多くいる。

ところが、これらの奇術師がプロになると、あの昔からの〝一《ワン》、二《ツー》、三《スリー》、ハイッ〟のスタイルと、故伊藤一葉、マギー司郎のスタイルであるネタばらしとなり、そのマギーとて、キチンと出来るのに、観客のレベルに合わせ家元の鑑賞に堪えなくなる。

ズバリいう、「奇術はアマチュアがいい」。

で、彼女も才能はその場においても感じはするが、所詮寄席の手品、並の女手品師であるのか、と、その伝統の鎖を恨んだ。

まして子飼いの芸人は家元《わたし》も同様、芸人のくせに、芸人とその世界を嫌った、いえ呪った。

で、芸人以外の正常人というか、普通の人に憧れたすみえちゃんも、きっとそうではなかったか。

その結果が芸人のくせに、あまりそれらしくない、むしろ「学校の先生」という感じすらあった、花島三郎に惚れ、世帯をもったのではなかろうか……。〝なかろうか〟とは家元の珍しい遠慮で、「そうだよ、そうに決まってる」と書きたいところであります。

――*――

そのすみえ女史が世界のマジシャンと交流となると、また一味違う芸をみせるのである。

理由は先に書いた通りなのだ（そろそろ決めつけ出した）。

何せ松旭斎すみえというと、お客を舞台に上げて客の身体を縄で縛って、カーテンの中に二人で入り、本人とスリ替わり、というアレしか知らない人も多いはづ……。

「違うのも出来るんだ」に、
「出来るワヨ」だとサ。

——＊——

有名な逸話《エピソード》を一つ。海老一が、つまり染之助《そめ》さんが、
「すみえ《あちら》さんは、種があるんです。曲芸《こっち》はタネも仕掛けもありません。奇術《あっち》は種がありまして……」に、後に高座《あが》ったすみえちゃん、
「曲芸はオットセイでも出来ます、手品はオットセイには出来ません……」

——＊——

すみえちゃん実力よりも人間性が優先するのか、請われて現在《いま》日本奇術協会の会長サンである。
会長ってなァ、よほど己れを無能、というか、お人好しに見せないとなれないのに……。その辺の葛藤をあまり感じないところは家元と違って己れの人生の役どころを識っているのか……。としたら、勿体ない。

——＊——

ガキの頃から一緒に育った仲良しの内海好江《よしえちゃん》に死なれて松旭斎すみえ《すみえちゃん》、何かこの頃淋しそうにみえる……。

曽我廼家十吾

そがのや・とおご、喜劇俳優。明治24年生まれ、昭和49年没、82歳。本名・西海文吾。昭和３年、二代目渋谷天外らと松竹家庭劇を結成、おばあさん役がうけた。23年、松竹新喜劇を結成したが、天外と袂を分かち、31年、退団。

曽我廼家十吾、本来は吾《われ》の上に十郎（師匠である曽我廼家系の元祖曽我廼家十郎）あり、というので十吾《じゅうご》なのだろうが、一般には「トオゴ」といい「ジュウゴ」と呼《い》う人も当然あった。

何といったらいいのか、どう説明したらいいのか、本来この種の説明は喋り屋の家元、形態模写、声帯模写は出来ても、とても書けない。

痩せた、どこか素っとぼけたようなあの顔、あのしわがれた声。飄々《ひょうひょう》としていて、そのくせいい場面になると〝ヒョイ〟と攫《さら》われてしまう兄貴の芸には参った、と天外（渋谷）は書いている。

若き頃の天外は、〝九州にいったら「文《ぶん》やん」に会ってきな〟といわれ、その頃、「茂林寺文福」といい、「永井茶釜」相手の仁輪加《にわか》芝居をやっていた十吾と会い、その後の松竹新喜劇の誕生となる。

家元、戦後ではあるがこの劇団の芝居を観といてよかった。

十吾、天外を頭に、明蝶、五郎八、若き寛美、デブの松本秀太郎、千葉蝶三朗、長谷川実（後の稔）、高田亘《わたる》等々、彼等の起用に適材適所の感があり、女優陣には、浪花千栄子は退団していたが、石河薫、今も健在の酒井光子を始め、滝見すが子、宇治川美智子……等々。

十吾の売り物に「お婆ァさん」があったが、家元むしろ普通の男の役どころが好きだった。これは後の藤山寛美にもいえ、アホ役より寛美は二枚目というか、アホではない役がいい。

――＊――

「桂春団治」の池田屋（酒屋）の小僧、「河内だんじり囃子」の振られる男、とか……。

その若き寛美と十吾のコンビの「燃え残りのコークス」はよかった。加えて二人を相手どるのが渋谷天外なのだから……。

後にこの題名は〝難解《わか》らない〟ということで「夜明けのスモッグ」と改名されたが、たいした効果はなかったし、なら「燃え残り……」でよかった。

――＊――

この十吾から「泣かせ」の技術《テクニック》を寛美は盗んだ。現在《いま》これが出来る役者を知らない、ついでにいうが家元《わたし》はうまい。

水谷八重子が名人であり、十吾と双璧と家元は決めていた。

つまり、そのォ、何というか、サリー・フィールドが、これのニセ物みたいなのを演《や》り、その程度でオスカーを二度取った。島倉千代子もチョイトだけ。十吾は瞬間に泣かせの芸に入り、観客が泣くと即、大爆笑に変える。これが新喜劇の骨頂で、つまり笑いと泣きの人生。ついでにいうが、これにあきたらず渋谷天外は脚色物に挑戦したが、「桂春団治」

を除いて家元好きになれなかった。曰ク、「みみずく説法」「糞尿譚」「三等重役」「おやじの女」等々である。

――＊――

むしろ曽我廼家劇は古くさい、といわれたが、仁輪加の楽しさ、ナンセンスは堪らなく、「手」「お祭り提灯」など、機会があったら若い人に是非観ることを推める。

数年前、高田次郎、文童、現在《いま》の天外で演ったが、作に忠実結構であった。文童は見事に五郎八をパクッた。

――＊――

十吾、何せ、あの顔だ。で、あの顔を利用し、演技する。ところがそのうちに観客は十吾の顔を忘れ、役にのめり込まされる。勿論そこに十吾は居る。まして、あの顔なのに……わかりにくいだろうが、家元書こうとしていることは〝役者当人が消えて、そこに役の人間のみが浮かんで来る、これが名人〟などということをいっているのではない。そんなこたァ出来る訳がないのだ。しかし、どこかで観客はこの状態を希望《のぞ》むというのは一体なんなのだろう。これも一つの「芝居の学習」とでもいうべきことなのか……。

――＊――

お婆ァさん役が絶品といわれた十吾、その傑作が「アットン婆さん」である。

内容にはそれ程感心はしなかったが、ここで演じる十吾、天外のスラップスティックが見事で、処女である婆さんのアットンを口説く主人の天外、手を握られてビックリ仰天のアットン婆さんと天外が、〝スパッ〟と上《かみ》・下《しも》に飛ぶのだ。で顔を見合わせそれぞれの驚きのアクション、場内を爆笑に捲き込んだ。

十吾が己れの姿を映画で観、失望し、役者を廃業《や》めて何と映画の監督になろうとした。「兄貴頼むからやめとけ」と天外の忠告もあればこそ……。

天外には知性があるが、名人にはないのだろう。〝十吾先生の芸談を聞いたが、一つも判らなかった〟、と劇団の役者に聞いたことがある。この辺長嶋と似てる。

結果失敗、新喜劇《もと》に戻らず「家庭劇」を創るが素人とオールドタイマーを集めた集団でこれも失敗。ここから育ったのは高田次郎だけ……由良路子がいい味出していたがすぐやめた。

——＊——

その後二人が南座で「アットン婆さん」を出した。家元東京からそれ観に走った。けど、あのシーンにもう二人は飛べなかった。

曽我廼家十吾、名人にして奇人なりと聞く。

ペンネームは茂林寺文福。山の如くに作品がある。ちなみに天外は「館直志《たてなおし》」……。

海原お浜・小浜

漫才師。うなばら・おはま。大正５年生まれ、平成６年没、78歳。本名・梅本君子。うなばら・こはま。大正13年生まれ。本名・田中桃江。小浜の舞台にお浜があこがれて、コンビ結成。ボケと突っ込みのコントラストが絶妙だった。お浜の引退により、昭和53年、コンビを解消。〔小浜、平成27年没。〕

家元、お浜・小浜のファンでした。

特にお浜さんとは彼女が亡くなるまでお付き合いがあり、盆、暮れに贈り物の交換をしてた。お浜さんの贈り物はきまってサントリー・リザーブであり、家元J&Bのソーダ割りのファンだが、お浜師匠のリザーブは有り難く飲んだ。

――＊――

このコンビ、角座《かどざ》の常連であり家元この二人と「小円・栄子」が御贔屓で、お浜さんも栄子さんも、己れの不器量を売り物にしてたが、よく考えると女性《おんな》として仲々出来ることじゃあないし、よく〳〵考えると、〝女性であるのに己れの不器量を売り物とするのは漫才の世界だけであろう〟と改めてその凄さに驚嘆したっけ……。

――＊――

小浜さんがお浜さんの顔のことをいう。客がそれに同調して爆笑《わら》う。と、お浜さん観客に向かって、「コラァ、いま笑った奴ァ、戸外《そと》に出ろッ」と腕ぇ捲《まく》っての啖呵、これがいい。観客はまた爆笑、こんな芸当誰にでも出来るもんか、キャリアが物《モノ》をいってるのだ。「小円・栄子」の夫婦漫才も、二枚目の小円師が三味線を弾き、栄子さんが唄い、いい雰囲気となり、愛のポーズを……という処で顔を見合わせ、〝グエッ〟とばかりに顔をそらす小円師の苦い顔、これも爆笑だ。これも凄いや、いくら漫才とはいえ、二人は実生活の夫婦だぜ……。

――＊――

「お前〝コモロ〟知らんのか」とお浜さん。
「知らんな、何やそれ」
「お前阿呆《アホ》か、〝コモロ〟知らんか」
と散々いうが小浜さん判らない、結局、〝コモロ〟ならず、〝コロモ〟つまり天ぷらの粉のこった。これがおかしい。

――＊――

「城を枕に討ち死にぢゃ」と小浜さん。
「大きな頭やな……」とお浜さん。
「お前アホか……」と小浜さん。

――＊――

「旧婚旅行」も楽しかった。新婚旅行を再現したお浜さんの体験を喋る。勿論台本だが、妙なリアリティがあった。

――＊――

このコンビ、相棒の〝突っ込み〟の芸の海原小浜の上手いの何の。お浜さんはどちらかというと素人っぽい芸で（それも芸であり、それを売り物にしてるのだが）、小浜さんの達者と見事なコントラストで、お浜さんのボケにより逆に小浜さんの上手すぎが調和される。

そういえば、この海原小浜、そして今喜多代、吾妻ひな子、等々……大阪にはミス・ワカナの系統があるのか、その土壌があるのか、素晴らしき才能の女芸人が出現する。

――＊――

お浜・小浜のコンビを家元が東京にTV出演で呼んだ（家元プロデューサーの才能がある）。

お二人恐々《こわごわ》来てくれた。何せ〝初めての東京だ〟という。で、一日早く入ってくれたので、「昨日はどうしてました」に二人《ふたあり》、

「はとバスに乗りました」

すっごく可愛いかった。

――＊――

引退（お浜さん）してからも一度来て貰った。何度も断られたが結果来てくれた。

心配そうな二人は楽屋で稽古だ。何と、この大物二人が楽屋でネタ合わせ、それも心配そうに……。

「大丈夫ですよ、東京の客なんざァ」

「でも、なァ……久し振りの高座やし……」

で、登場《あが》った二人、恐々《こわごわ》がほんの数分、いや数十秒か、自信が蘇ってきた。あとは二人のペース。東京の観客に〝お浜・小浜ここに在り〟であったっけ……。

――＊――

想えば漫才の全盛であった。その殿堂であった道頓堀は角座に出演《でる》ことが、大阪の漫才師達のステータスであった。

蝶々・雄二は中央に出て来ていたが、まだその他の人達はNHKラジオの上方演芸会の司会の雁玉《がんぎょく》（芦乃家）、十郎（林田）を除いて東京には馴染が少なかった頃だ。

「ダイマル・ラケット」「五九童《ごくどう》・蝶子」「捨丸《すてまる》・春代」「柳枝・喜代子」「奴《やっこ》・喜久奴」「右楽・左楽」「ラッキー・セブン」「歌楽・サザエ」「松枝《まつえ》・菊二」「玉枝・成三郎」「文雄・美智代」若き「かしまし娘」「ワカサ・ひろし」「三人奴《さんにんやっこ》」「菊春・太郎」「Aスケ・Bスケ」等々、など〳〵……まだ〳〵書ききれない群雄割拠の時代であった。まだ「洋之介・喜多代」「唄子・啓助」は最初口《サラくち》に出演《あが》ってたっけ……。

嗚呼懐かしき大阪の角座よ……。

――＊――

お浜・小浜の弟子がご存知「千里・万里」で、これまた若く才気、才能のある二人だが、その頃はまだ姿もない。

漫才師の名前を並べりゃいいってもんじゃあないが、家元も、お歳ゆえ、執念みたいに書き綴っている……。

——＊——

大阪の難波花月の吉本本社にある、上方資料館でお浜・小浜のＶＴＲは見ることが出来る。

書いていて、奥眼のお浜師匠が目に浮かぶ。勿論お二人の高座姿も……。

デーブ・スペクター

でーぶ・すぺくたー、タレント。1954年米シカゴ生まれ。幼少時は子役として活躍。昭和47年、上智大学に留学。ＤＪ、雑誌編集長、テレビ脚本家などを経て、米ＡＢＣプロデューサーとして再来日。『笑っていいとも！』出演をきっかけにテレビタレントとしても活躍。

「変な外人」という言葉が日本人の中にあるがデーブはこの言葉にゃ当たらない。

「ちゃんとした外人」なのである。もっとも昔から「変な外人」といわれていた連中も、それなりにシッカリしているのだが、商売上、「変な外人」を売り物にしているだけで、その分日本人を「軽蔑」していた。デーブもこのパターンに入る。

〝デーブ・スペクター、妙な外人〟で、奴もどこかで日本人を馬鹿にしている。

もっとも、「変な外人」という言葉の中には、「外国人のくせに日本のことが判る」ということがその基準にあって、日本とあまり関わりを持たない外国人である場合は「変な外人」といわない処をみると、外国人が日本語を喋り、日本の風習をチョイと覚えると「変な外人」と称し、〝自分達の仲間に入った〟〝入れた〟のだが、毛色が変わっている、ということで「普通の外人」と「変な外人」と、こう区別をする。こんな面倒にいわなくてもひと口にいやあ、「日本が判る外人」のことをいうのであって、けど、本質的には違うし、違うくらいだから日本人を理解《わか》ってない。それは外人《あいつ》も同様であろう。

で、デーブに中間《あいだ》に入って貰って、家元落語のＶＴＲに英語のスーパーインポーズを入れて出した（「ＤＡＮＳＨＩ！〝立川談志〟落語ライブ英訳字幕版」竹書房）。演題《だしもの》は「粗忽長屋」と「紙入れ」で、この主題《テーマ》は「日本」と「アメリカ」、基本的には〝理解《わか》らない〟ということを〝判ろうネ〟ということである。

このＶＴＲを立川流《うち》のマネージャーがウッディ・アレンに手渡した、が返事《リアクション》はない。

つまり、Ｗ・アレンにも理解《わか》らない、ということか……、いや、捨《す》てちゃったかな……。ちなみに家元の落語を訳したのが「イアン・マクドゥーガル」といって、スタンリー・キューブリックの日本語訳をした人である。

——＊——

デーブは嘘か本当《まこと》か、アメリカのラジオだか、ＴＶだかのプロデューサーという。けど、奴のプロデュース作品など、知らない、見たこともない。つまり嘘である。

流れ〳〵て日本にきた。エトランゼというと、日本にゃ響きはいいが、いわゆる「流れ者」、舶来の乞食みたいな、奴である。

「お前日本生まれだろ、日本に捨てられた米兵の子供だろう。そうでなきゃ、こんなに日本語の上手《うま》いわけがないし、日本を知ってる筈がないよ」にデーブ、

「違いますよ、日本が好きで勉強したんですよ……」とサ。

でも奴あ、よく芸能を知っている。アメリカの芸能界、その歴史など家元と話が合う。

「スチーブ・アレン」が、「フィル・ハリス」が、「ボブ・ニューハート」が、と彼等のジョークの話に花が咲く、勿論日本語で……。

——＊——

昔から、この種の芸人（?）は日本にいて、明治の「快楽亭ブラック」に始まり「アール・ボンベイ」戦後の「Ｈ・フォン・タクト」と寄席芸人であり、タレントは山の如くい

て、「Ｅ・Ｈ・エリック」「ロイ・ジェームス」「ジョージ・ルイカー」から「サンコン」に至るまで（サンコンどうしたかなァ……）数多くいる。けど、くどいがデーブは抜群、字の通り群を抜いている。ま、早い話が頭がいいのだ。けど、この外人完全に日本のＴＶの住人の体質となり、会うと駄洒落や、セコなジョークをいう。「殴るぞ、この野郎」だが……、ヤレＴＶの、ラジオの、でそれらをやりまくり、その延長に〝会うとダジャレ〟が残るのだ。

〝それをしていないことの不安〟〝それをすることによる安心感〟という「俺はマスコミの最前線にいるんだ」という現代のＴＶそのままの姿である。

だが、デーブ・スペクター、書いたように、馬鹿ぢゃあないから、家元や周囲《まわり》の連中の嫌な顔付きをすぐ感じとり「普通の外人」となるが、ちょい気を許すと「ＴＶに出る変な外人」と相成る。

ま、それをやらねば〝ＴＶでは生きていけない〟という判断なのだが、この判断は不快だが当たっている。

デーブがどこまで日本と同化しているかは知らない。つまり、「祭礼」だ「お経」だ「朝顔」だ「菊人形」だ「納豆」だ「大根おろし」だ「歌舞伎」だ「盆踊り」だ、と日本の生活様式に、どれほどの入れ込みがあるのか……精神まで日本人に近づこうとしているのか、仮にそれがあっても無理である。

日本人がいくら「NO《ノー》といえるようになれ」といっても所詮無理だし、それがいえたときは国際人というより無国籍者になってしまう、のと同様である。

——＊——

デーブより、エリックやロイのほうが日本人である（もっともエリックは本名岡田泰美といって日本人だし、ロイ・ジェームスは日本生まれである）。

デーブ・スペクターも知性で日本人になり、日本人を安心させての商売繁盛だが、このアメリカ人の本心は判らない……。

その理由《わけ》は〝デーブ・スペクターはアメリカ人である〟という一点である。

桂　米朝

かつら・べいちょう（三代目）、落語家。大正14年生まれ。本名・中川清。大学在学中に正岡容門下となり、寄席、演芸を研究。上方落語の危機を痛感し、昭和22年、四代目桂米団治に入門。以来、桂米朝を名乗り、上方落語界の復興に貢献した。『上方落語ノート』全４巻ほか、著書多数。平成８年、落語界２人目の人間国宝に。〔平成27年没。〕

上方落語「中興の祖」である。もし、この世に桂米朝なかりせば大阪落語に今日の隆盛はあるまい。これは断言出来る。

死にかかった上方落語、それは吉本興業に代表される漫才の台頭、全盛。その逆に衰退、滅亡の落語界。三木助、円馬、染丸と亡く、わずかに残った松鶴（五代目）、春団治（先代）（二代目）、文団治《ぶんだんじ》、花橘《かきつ》、米団治《よねだんじ》、円都等、彼等の生存期間と若き米朝のほんの短いクロスタイムに、この古老達の芸の形式を吸収し、そこに「現代」という感覚を入れ、脚色、演出といいたいが、そのほとんどは米朝作、といっても過言でない「上方落語リバイバル」であった。

ダメ押しでいやあ、現代《いま》演じている大阪の噺家の演題のほとんどは桂米朝のモノである。だから先にいった如く、〝もし米朝なかりせば上方落語の今日の隆盛はあるまい〟とこうなるのだ。

演者でありながら、よく、こんな面倒なことをやり遂げたもんだ、と思う。

ま、家元にも、いくらか、こういう了見があるが、それは気まぐれ。己れの落語人生のまわりに縁のある、ふと興味が湧いた落語の場合にはその噺の面倒をみ、分解したり建て直しをしたりする（その一つの例が『新釈落語噺パート2』―中央公論新社―である）。

けど、米朝さんの如く、その行為が上方落語全般に及ぶというのは一体何がその動機になっているのだろう。ま、頭の何処かに、己れの人生を託した上方落語の衰退の現実を知っていて、それを何とか盛り返すべし……という行為、つまり、〃自分の芸の中での処理〃の範疇ではあろうけれど、それを拡大し、ターゲットを「上方落語全体」に決めた、という事実は、何処から、何時《いつ》ごろから始まったのか……ま、自然天然と発生してきたものであろうが、よくも、まア、こんな物凄い、巨《おお》きなものと対決をしたものだ……。待てよ、桂米朝にとっては、さ程のことではなかったのかも知れない……。

でなきゃ、ああは出来まい、やるまいに……人間、出来そうもないものに本気でぶつかり、「努力で解決」なんて嘘である。才能もないのに、巨大なものに挑戦する奴ぁ唯のバカで、結果バカだから駄目に決まってる。

してみりゃ、「ナーニ上方落語なんざァ、米朝《おれさま》がチョイと手を染めりゃ、すぐにでも活性化すらあ」とやったのだろう。だから、あの結果となったのだ。

それにしても、東京落語ならいざ知らず、相手は上方落語だ。郷土色が強く、クセがありすぎ、落語の内容もさることながら、鳴り物《はめもの》という問題、「軒《のき》付《づ》け」のように咄の背景《バック》に入る義太夫、つまり〃現代とはあまりにもかけ離れた処にある物を運んでくる〃という行為。それらは「伝統芸」という名の実は「郷土芸能屋」にも、〃現代を生きている〃という芸人（たとえば、三枝とか、鶴瓶とか）にも出来っこない代物《しろもの》なのだ。

——＊——

いやネ、このくらい云っとかないと桂米朝の評価が低すぎる。人間国宝には、この評価が入っていない。〝役人なんぞに判るもんか……〟である。ついでに家元らしくワル口をいやあ、東の「小さん」にやったから、西からも……ということだけである。

そんなことよりもっと〳〵上方の咄家共、ファン、全てが「桂米朝に感謝をすべし」なのだが……米朝さんのような人柄は素人にゃ受けない。理由は一つ、〝利口だから〟である。ロジカルで知性はあるが、狂気が見えない（大きなお世話だがネ……）。

しかし米朝さんの落語観と家元の考え、目指している落語とは又違う。しかしその違いとて、落語という一つの型があったから、その型を借りた上での内容の違いということになるのだから、米朝さんの功績は、下手あすりゃあ〝影も形も無くなっちまう〟とこにまできてしまっていた上方落語を、影から形にし、それを活かして今日を築いたのだから、何度褒めても褒めたりない。

こんな当たり前のことが桂米朝の評価にないのだ。〝全くない〟とはいわないが、全然足りない、物足りない。それは批評家にとって米朝の存在は大きすぎ、またそれをいうと〝今更何をいうか、桂米朝に失礼ではないか〟とでも思ってる節《ふし》も見える。

判らないでもないけれど……。

と書いているが、これまた一方的な判断《みかた》で、あちら様には「冗談いうな」という弁もあるはづ。しかし、人間の評価なんざァ相手が決めることでもあるし。ま、いいや、褒めてるんだし……。

いつだったか、米朝さんと関西での二人会、その二夜目を、一夜目の夜に「ざこば」の馬鹿野郎がきて、こ奴に家元酒が呑めないのに無理に脅迫《おどか》され、飲まされてダウン……で二日目は家元ヌキ、「米朝一人会」となった……で、それっきり会ってない、謝ってもいない。いや、何《ど》っ処《か》で会ったか、ま、その程度。

「若き上方落語の星」も齢《よわい》七十となったはづ……もう、天が桂米朝に託した事は全部やった。後《あと》はその余生でいい。

後は後輩達の責任であろう、けど、その責任をとっている噺家が上方に見当たらナイ。

「オイ、鶴瓶、お前がやれ、お前が……」

色川武大

いろかわ・たけひろ、小説家。昭和４年生まれ、平成元年没、60歳。52年『怪しい来客簿』で泉鏡花賞、53年『離婚』で直木賞受賞。阿佐田哲也のペンネームでは、『麻雀放浪記』を著した。豪放無頼な生き方と独自の私小説的作法で、幅広い読者を得ていた。

立「兄《あに》さん、しばらく……」
色「ガンだって」
立「そう、再発」
色「まだ、娑婆《そっち》に居るべきだよ」
立「ま、成り行きでさァネ」
色「そうだネ」
立「兄さんに死なれて困ってるよ」
色「そうかな」
立「そうだよ、困るよ、兄さんが持ってた〝オモチャ箱〟まだ全部見せてもらってないのに持ってっちゃったんだもの」
色「ごめんネ」
立「本来ならこの頁、兄《あに》さんが書く場所なんだよ」
色「でも、いいよ、ちゃんと書いてるよ」
立「そうかなァ」
色「小半治（柳家）とか、松鯉《しょうり》（神田）さんとか書いてよ」
立「ハイ」
色「こないだ、〝和助《わすけ》（泉）〟を書いてたネ、あとは誰書くの……」

立「困るなァ、正邦（乙彦）さんは生きてるけど、兄さんほど家元《あたし》は観てないし」
色「大丈夫だよ」
立「〝他に書けるのが居ねえ〟と思ってるから書いてるけどネ、兄さんに死なれてネ、心底困ってんだよ俺は。山藤さんもそういってたよ。だって兄さんは優しいネ、〝芸人と同ンなじ悲しさ〟っていうのか、そういうものがあったしネ」
色「……ウン……」
立「このあいだネ、藤浦敦《とんさん》から山茶花究《さざんかきゅう》の話を聞いたんだよ、兄さんもことによると知らない話かもネ」
色「どんな話」
立「川田義雄《さん》と別れて坊屋三郎《さん》と、益田《キートン》さんが新興演芸にいったとき究さんを入れたのではなくて、究さんは残った川田さんのグループに入ったんだって。それがその後、坊屋さん達と一緒ンなって、で〝あきれたぼういず〟となるんだが、川田さんのほうは『ミルク・ブラザーズ』、そこの最初のメンバーの一人に山茶花究はいて、そこから引っ張られたんだって……この話知ってる」
色「知らなかった、そう……おもしろいネ」
立「それよりネ、兄さんの、人柄、人生に対する態度、全ていいんだよナ、田辺茂一《せんせい》を失ってから、その後《あと》兄さんに頼んだ〝人生の相談役〟がいなくなっちゃったでしょ、ま、兄さんは長生きはしないと思ってはいたけどサ……、俺の書いた兄さんへの文章というか……『怪しい交遊録』の後書き読んでくれた？」
色「読んだよ、有難う……くすぐったいけどネ、うれしいよ」
立「いまも、お化け出るの？……」
色「出るよ、同んなじだよ、けど、何かゆとりがあるネ、もう死なないからかな……」
立「そうだよ、そうだ、きっとそれだよ……〽お化けは死なない……関係ないか……」
色（笑い）
立「コレクションは一関の市役所にあったよ、あれ、もっと何とかならねえかなァ……俺が買うべきだったかなァ……」
色「ま、いいよ、そんなもんだよ、それより談春と志らく、どうしてる」
立「ちゃんとやってますよ、二人共〝真打ち〟にしたしネ」
色「真打ちパーティにやっぱり出られなかったネ」
立「二人が〝二つ目〟になったときそういってたもんネ。〝あたしは、この二人が真打ちになるのを見ることは出来ないけど……〟っていったんだよネ。けど、そのとき〝そうかなァ、そんなことはないはづなのに……。あと長くて十年なのに〟と思ったけど、兄さんのいう通り、亡《いな》くなっちゃったネ。あのとき判ってたの……」
色「まあネ、何となくだけどサ……。それより家元《あにさん》の芸がよくなったネ、でも、あまり演《や》ってないネ」
立「才能を発揮する場がないの」
色「ゼイタクなんだネ」
立「そうかなァ……」
色「原稿もいいけど喋ンなきゃあネ」
立「ウン……」
色「でも予定通りだよ、いや、もっとよくなってるネ」
立「よくなってると思うよ、家元《おれ》は……」
色「……そういう所は変わらないネ」
立「変わらないものを性格という、正確だろう……」
色「うまいネ」
立「うまくないよ、嫌だなァ……で普段何してんの、まだ未練はあるの……」
色「もうないよ、未練をなるべく持たないように生きてたしネ、あとは任せるよ」
立「困るなァ……、でも、仕方ないか、兄さんが居ねえんだものな、でもネ、逆にいうと、兄さんが死んだから、こういうモノを書くようになったのかも知れないし」
色「そんなことないよ、生きてても書くよ」
立「書くかなあ……」

色「いいよ、別に気にしなくても」

立「兄さんはやさしいネ、いい人柄だネ……」

色「……嫌だなァ……困るよネ」

立「生きてるときはいえなかったけど……」

色「いわなくても感じて照れてたよ……」

立「またきてネ……」

色「ウン……」

小林のり一

こばやし・のりかず、コメディアン。昭和26年生まれ。本名・田沼則一。父は喜劇役者の、故・三木のり平。早くから舞台に立ち、のり平劇団やコマ喜劇で活躍する。父のり平の当たり役だった桃屋のアニメCMの声は、現在のり一が引き継いでいる。〔令和4年没。〕

こ奴はいい、偉い。何が偉い、誰が偉いって今の世の中でこ奴と我家《うち》の伜《せがれ》が一番偉い。何せ、この二《ふた》ぁ人《り》、何もしないで生きている。我家の伜が与太郎で、のり一が道楽者の若旦那、勿論その成《な》れの果《は》てだが……。

この二ぁ人の存在が家元の落語論を立証してくれている。

我家の伜は置いといて、この「のり一」、本名は知らないし、年齢もさだかではないが、童顔で三十そこ〱のお面付《つらつ》きとござる。昔から時折、やってくる。来るとフワ〱と何か喋ってる。で帰っちまう、それっきり。

で、またフラっとお出ましになる。いつ会っても同ンなじ、一口にいうと優雅。定職もないのに貧しい感じはサラ〱ないし、喋る話題も家元のように〝政府を怒ったり〟〝巨人軍《よみうり》を罵倒したり〟〝長嶋の監督としての無能さ加減をコキ下したり〟、そういう下品なことはしない。「こないだ、夜ネ、月がネ、落ちそうでネ、電信柱に登ってみたんだけどネ……やっぱり心配だな……」など、いっている。

「のり一、お前、何になりたい」って、TVの番組で……アレッ、こ奴、昔、時々TVに出てた、でも、こ奴が出るとその番組は〝まづ潰れる〟という噂だが現にそうなる。家元の番組もそうなった……。そう〱、雑種《いろいろ》いた、レギュラーというか、有象無象に聞いたときだ。その有象無象とは上岡（龍太郎）、内藤陳、毒蝮《まむし》、中尾彬などで、そこにのり一も一緒にいたっけ。

それぞれが「何になりたい」をいったときにのり一「カキ」だとサ。

「何だ、そりゃ」に、

「カキのネ、あの殻の中に入ってネ、……で、ネ、おっと……ネ、ホラ、だからネ」

「長いよ、早くいえ、この野郎」

「でもさ……、あのネ、カキの中にネ……」

これがいい、何とも妙な奴だ。そんじょそこらの奴にゃ、家元を含めたこの有象無象を相手に、こんなこたあ喋《い》ってられない、で、皆ンなに頭あ殴られてる……。


——＊——


「オイ、のり一、家元《おれ》の独り会の前座で何か演《や》れよ」に、出たネ、着のみ着のまま。つまり普段着で高座に出てきた。手帳出して見てやがった。「あっ、これ、これ面白いや、これ演ろう……」だとサ。で演った、面白くも何ともないから客は受けない。

「面白くないかなァ……そうかなぁ、あっ、ぢゃあこれがいいや、これは面白いや、これはいいなァ」とまた演る。これも受けない。「ダメかな、ぢゃあネ、〝お婆さんが鮫を撃つ〟ってのを演ります」とサ。で、立ち上がって敷いてた座布団背中に背負《しょ》って、オモチャのピストル出して客席を海に見立てて、パン〱……これで終わり……。

「やりやがったな、のり一」であった。粋なんてなもんぢゃない。乗り越えてケツカル、理解《わか》る奴にゃあ堪らない。けど、一般にゃ受けるはづがない。当人も承知だ……。

——＊——

のり一、もれ聞くと、「いい家《とこ》のお坊ちゃん」だ、というし、「元華族」だ、とも聞いた。

——＊——

昔、家元が渋谷のガード下を歩いていたらのり一がチラシを配っていた。

——＊——

デモ隊の中にいた。何のデモだったか……なア……。

——＊——

最初《はな》のうちは親からの仕送りもあったらしいが、これもとうの昔に、へたえ、果ぁてえたァ……。

——＊——

女房も居たらしいが、何せこの若旦那の成れの果《は》て、物入《みい》りがないからどうしたろう……もう居ないだろうなァ……。

——＊——

人生なんてたいした意義もない、けど、意義《それ》がないだけに人間は持ちたがるものなのだろう。

で、その人の意義が人間の為になった、というのを「偉い人」とかいったが、むしろ〝ないほうがよかった〟と思えるこの文明の氾濫の世の中である。

それを語っている落語、その信憑性を実存と共に示してくれている奴がのり一である。

そんなことより、のり一……そうだ思い出した、名字が確か、小林……そうだ、小林だ、奴の真《まこと》本名は「小林のり一」だ、でも、のり一ってのも、はたして本名か、渾名だか偽名だかさだかではない。

これを読んだ人、この頁《ページ》を見た人はこの似顔《かお》を覚えといて、街で、のり一を見たら、声をかけてやって何か御馳走して、小遣いの二万円もやって欲しい。

「のり一が生きている」ということが現代の日本において最大の問題提起なのである。いえけっして洒落や冗談でいっているのではない……。本当の「人間の問題」なのだ。

誰よりも〳〵人間らしく、己れに忠実に生きている、のり一……。

いけねえ、あんまり褒めると、来そうだなァ……「なに、来た……」もう、来やがったか……。

小金井櫻州

こがねい・おうしゅう、講釈師。明治10年生まれ、昭和36年没、83歳。本名・上野正吉。40歳で講釈界入り。宝井馬秀から五代目芦州に。33年、櫻州に改名した。世話物に味があった。

家元講談を聞くのが遅すぎた。

小学校五年位から寄席を知り、落語に想いを入れ、揚げ句の今日の姿だが、その頃講談を聞いていたら立川談志は講釈師になっていたろう。

その講談とは小金井櫻州、当時宝井馬秀から小金井芦州《ろしゅう》になったこの先生のことである。

〃講談とは、こんなに知性が高いものか〃、ということは、庶民の求めた〃いい芸人〃とはこんなにざっくばらんで、知識があって、シャイで洒落てて……もっともこれらのことが判断《わか》るのには聞き手としてのキャリアも必要であろうけれど……。

けど人間には「感性」というものがあるから、「ひと目惚れ」という言葉もあり、若き落語家の感性が「小金井櫻州」、その頃の「芦州」を初めて聴いたた本牧亭《ほんもくてい》の高座にそれを感じたのでありました。

演題《ネタ》は「鼠小僧」だったか、「相馬大作」はたまた「小夜衣草紙《さよぎぬそうし》」か……。カルチュアショックであった。

——＊——

その頃先生は七十代であったろうか。小柄で顔艶はよく柔和な顔で、家元《わたし》のように客を追いつめていくような芸ではサラ〳〵ない、といって淡々と喋る、なんていう言葉で済む芸ではない……また困ったなァ……。

「……この女、これが鄙《ひな》には希《まれ》な〝いいーッい〟女でござんす……ナニ、そんなに力ぁ入れて語《い》うにゃあ及ばない。いい歳ィつかまつって御免なさい……謝るくらいなら云わねえほうがいいんだが……」等『談志楽屋噺』にも書いている。

――＊――

故有竹修二氏の『講談・伝統の話芸』（朝日新聞社）、ちなみにこの本は落語立川流家元立川談志の「座右の銘」ならぬ「座右の書」である。

この中に小金井櫻州を称して、「晩年は〝世《せ》話《わ》講談《こうだん》とはこういうものだ〟と思わせてくれた……」云々……、「その通りだ」と思う。

――＊――

櫻州先生は中年からの講釈師で、たしか〝三十代半《なか》ばであった〟と聞く。その頃の三十代からのプロ転向は仲間では軽蔑《ばか》にした。

確かに状況だけいやぁそうもいえる。まして芸人は〝子供の頃から修練の世界に入るべし〟、としてた頃だ。少なくとも十代でなければその入門は〝遅い〟とされた。けど先生は違う。名人「秋元《あきもと》の芦州」を追いかけ〳〵の末の執念のこの道だったのだ。

その秋元の芦州とは、渾名を「間伸《まの》び」といわれた顔だが天下の名人で、本来なら三代目伯山（神田）を継ぐはづが、あまりのズボラ、つまり酒と女とバクチで高座を平気で抜く。でも客は怒り〳〵つめかけた。という逸話《エピソード》があり、子母澤寛が「私の小説《ほん》の中で雪の描写がいいと褒められることが多々《たた》ありますが、これは芦州のお陰です」とある。その芦州をそっくり継承《つい》での櫻州の芸だ。釈場《しゃくば》の古老《客》達はこの先生を愛した。

勝手な想像だが、『巷談本牧亭』の主人公、故石井英子さんは、この先生に死なれて、張っていた気がプツンと切れて、最後の砦の講談定席の終焉であったのだろう。

加えて、邑井貞吉《むらいていきち》、神田松鯉《かんだしょうり》、桃川若燕《ももかわじゃくえん》等の死であった。

——＊——

……貞吉先生、松鯉先生の釈場での素晴らしさ。これまた、どう残そう、これもＶＴＲで喋り、物真似を入れて置こう……。

——＊——

そのくせ、これらの明治を生きてきた諸先生は、当時の名人達から競べれば、ごく下のほうであり、名人、売れっ子は多くいて、曰ク、典山《てんざん》（錦城斎《きんじょうさい》）、芦州（秋元）、貞山（六代目）、伯山（三代目）、松鯉（初代）、馬琴（小金井三次郎）、若き伯龍（先代）〔五代目〕、山陽（先代）〔初代〕等々……。

そして、その人達の技芸、華麗《かれい》さを継いできたのが昭和の馬琴（先代）〔五代目〕、貞丈（七代目）となるのだが、家元《わたし》にとっての講談は、櫻州、貞吉、松鯉、そして南鶴（田辺）、若燕などその頃のワキ役の人達で、ズバリいやぁ、明治の名人達の残骸の如き人達の芸のほうが、それを継いだ人気者達よりケタ違いに若き落語家の胸を打ったのだ。

――＊――

で、冒頭の「講談を聞くのが遅すぎた」となり、一つはもっとガキの頃から、七ツ、八ツの頃から聞かせて貰ったら、明治の名人達の誰かを……少なくも伯鶴（大島）、貞山（六代目）、伯龍（先代）は間に合ったし、芸人になってからも、何故もっと早く櫻州先生を聞いとかなかったのか、が悔やまれる。勿論松鯉先生にも……。

――＊――

今回の、この頁、小金井櫻州のことはほとんど語っていない。けどそれでいい、いや、仕方がない。唯、談志《わたし》の歴史の中で、紹介して置きたい〝惚れた芸人〟であった、という一点に尽きる。

我が家に櫻州と浪曲の春日清鶴《かすがせいかく》とのリレーで「小夜衣草紙」がある。まだ、誰か、何処かでファンが持っているかも知れない。有ったら是非知らせて欲しい……。

家元、小金井櫻州を追っかけの頃があったのだ……。

爆笑問題

ばくしょうもんだい、漫才師。太田光、おおた・ひかり。昭和40年生まれ。田中裕二、たなか・ゆうじ。昭和40年生まれ。日大芸術学部の同級生。昭和63年、コンビを組み、平成５年、ＮＨＫ新人演芸大賞、６年、テレビ朝日『ＧＡＨＡＨＡキング爆笑王座決定戦』10週勝ち抜き初代チャンピオン。『爆笑大問題』などのベストセラー作家でもある。

家元ＴＶのお笑い芸人というのをほとんど知らない。原因《わけ》はＴＶをあまり見ない、ということである。

聞く処によると浮塵子《ウンカ》の大群の如きにお笑いタレントは居るという。

けど例外というべきか、この二人は知っている。その訳はまだ売れてない頃から時折立川流の高座に出ていた、ということで事務所が使っていた、ということか……。

結果今日の売れっ子となった。売れっ子とは一と口にいうと〝ＴＶの番組に多く出てる〟というだけのことである。

けど、この〝だけのこと〟だが、〝だけのこと〟になるには当然理由があるが、その理由がチト判らない。判らないとは〝何でこの二人が売れてるのか〟ということなのだが、〝駄目な芸人のくせに売れてる〟のではなく、〝キチンとしてる芸なのに売れてる〟ということが判らないのだ。

二人の技芸は、まア、「並みの芸」で、家元に云わせりゃ、「素人に毛の生えた程度」だ。けど内容はいい。センスはいい。だからいった如く、〝センスのいい芸人は現在《いま》のＴＶはお呼びでない、なのにこの現状があるのが不思議〟なのであって、ことによると技芸の下手さが彼等のセンスの良さをＴＶ的に救っているのかも知れない。妙な時代だ。

戸塚宏ヨットスクール校長は、「ＴＶのタレントは見る側にとっては擬似友達なので、そうなりゃ出てる連中のレベルはTVを見てる若者と同じ程度か、それより低くないと愛されないし、友達にはなれない、で、あのTVの現在、とこうなる」というが、同感である。

――＊――

「爆笑問題」、家元が聞いてて、一つも面白くない、けどイヤらしくない、聞いてはいられる。けどネ、家元の如く、この世界に四十年近くもいる芸人にとって〝これはいい〟なんという芸人はまず居ない。居たら己れのオソマツを晒し出しているようなもんだろうに……。

それらはナニ演芸ばかりではない。他の芸のジャンルにおいてもそうで、家元それらはあまり見ないのでよく知らないが、見たって「俺様に敵う訳がない」と思っている。ま、たまにゃいいのに当たることもあるけれど……、映画にゃあっても、演芸演劇にゃ、まづないネ。

「爆笑問題」というネーミングも粋ぢゃない、それとも野暮を逆手にとったかネ。

社会風刺もたいした事ない。昔の馬風（先代）のほうが凄かったし、家元のほうがすさまじい……（当たり前だ）。

二人のほど〱の会話《やりとり》が現代ではそれなりに「強烈」と思われて受け、囃されているのか、それとも、いくらか頭のいい若者達の擬似友達なのか、前者だとするとそれはTVに向かぬはづだし……。

——＊——

けど、一人ぐらいは……いや一組ぐらいはああいうポストが必要なのかも知れナイ。

——＊——

二人に「いとし・こいし」の話芸を求める了見があったら、また「ダイマル・ラケット」の呼吸を演じてみたい、と思ったら家元嬉しいが、彼らの頭脳《あたま》では理解していても、それらを全く知らない処から産まれてきたコンビであり、二人の求めている芸は「コント」と「風刺」だろうが、結果は「下手な話芸」と「そこそこの風刺」という現在の姿である。

二人に聞いたら、一つのネタを造りあげる、という作業は〝まづない〟という。そのときどきの「事件」「話題」「ＴＶ側から求められた問題」を二人が喋り、結果笑いを取っている、ということであり、それに注文をつけても始まらない。

いや、待てよ、いつかはそれを実際に肌で知るようになると思うがなァ……。

勿論そうなったとしても手遅れだし、それを演《や》りゃ売れなくなる。

——＊——

「いいから売れてこい、天下ぁ取ってこい」とこの若者に家元けしかけたっけ……。

で今日のＴＶでのモテっ振りだ。なら、このまま突っ走れ、映画「傷だらけの栄光」のボクサー、ポール・ニューマンの台詞ぢゃないが、「いづれ落ちるんだ、しばし、この栄光に酔おう……」とあったが、爆笑問題にもそれがいえる。

けど、くどいが、こ奴ら二《ふた》ぁ人《り》、馬鹿ぢゃないから何処かで醒《さ》めている。

なに二人ばかりではない、コントというか、お笑い芸人のほうが少なくも咄家よりゃ、頭がいい……。別に褒めているのに非ズ、〝低能よりゃいい〟程度の事だ。けどその後、家元を評《か》いた太田の文章に驚いた。

——＊——

「群雄割拠」といいたいが、「浮塵子の群れ」の中でトップを切ってる二人は家元とキチンと話ができる。

放っといても大丈夫なのだが、何せ移り気なＴＶの世界だ、伝統という都合のいい武器を持たない二《ふた》ぁ人《り》、それを求め、作ろうとしない二ぁ人、どうなるかは楽しみである。

それは「保つ」か「落ちる」かという残酷な野次馬根性としてである。

——＊——

ちなみに、このコンビの片っぺらは家元が他所《よそ》でこしらえた子供である。

舞の海

まいのうみ、元・大相撲力士。昭和43年生まれ。本名・長尾秀平。平成２年夏場所、幕下付け出しで初土俵。３年秋場所新入幕。６年秋場所最高位の小結。“技のデパート”“平成の牛若丸”とうたわれ、決まり手の数は33。技能賞を五たび受賞した。11年九州場所を最後に引退。

舞の海が一番好きだ。段違い、ケタ違い、頭抜《ずぬ》けて舞の海が好きだ。

今迄みてきた角力《すもう》取りの中で舞の海に優る角力はいない。あとはブルズのスティーブ・カー、関係ないか……。

別に説明にゃあ及ぶまい、舞の海はいい。四股名《しこな》もいい。土俵で華麗に舞うが如く舞の海……。


――*――


相撲の醍醐味は「〝小《しょう》よく大《だい》を制する〟ところにある」というなら、この言葉に舞の海ほどふさわしい関取はいまい。

一時《いっとき》の千代の富士がそうだった、けど彼は強くなり過ぎた。ああ強いと、〝小よく大を制する〟には当てはまらナイ。

この言葉の裏というか、本音は〝めったにゃ見られないこと……〟という前提があるのだ。

だから舞の海はいいのだ。

〝勝てる訳がないのに〟〝あの小兵《こひょう》、あの舞の海が勝つ〟のだから堪らない、またその勝ち方が尋常でないのも御承知の通り。「技《わざ》のデパート」という下手なフレーズで称《い》われるが、ありとあらゆる手を仕掛けてくる。きっと舞の海の身体《あたま》の中にゃ、勝つこともさることながら、〝他の角力取りぢゃ絶対に使えない手を使う〟ことに集中してたのだろう、曰《いわ》ク「猫だまし」「八艘飛び」「三所攻《みところぜ》め」等々……。

——*——

〝小さな者が大きな奴を倒す〟、このことは〝珍しいから喝采《う》ける〟ということは〝そうめったにはないこと〟なのである。常勝《のべつ》になると千代の富士となって、こうなるとそれはこの興味《たのしみ》とは又違ってくる。出来りゃ、舞の海、幕の内の上位から中位に居て欲しい。最高位で小結《こむすび》でいい、けど今日の地位だ。以前にもどこかで書いたが、舞の海には五勝十敗なら五分にしてやっていい、六勝すりゃ一つ勝ち越し、という方法だ。つまりハンデか……。その五番の勝利に観客は通う……それでもいいくらいなのにそれが何と幕の内の上位に居たのだから相撲界の奇跡といっていい。

曙を「三所攻め」で倒したあの一番を始め、どれ程舞の海は場所を沸かせたことか……。怪我を克服しての再入幕もあった。ま、これらは他《ほか》にもあるケースではあるが舞の海にはとりわけ感動があった……とこう書いててふと気になった。「待てよ、舞の海が嫌いな人もいるのではないか……」ということだ……いるのかなァ、家元「居ない」と思っているのだが……。いえネ、角界《なかまうち》のことは別だよ、相撲ファンとしてだよ……。

もし、いたら、聞いてみたいネ、その人の意見を是非にネ……、いえ、これ皮肉でも何でもない、「評価」という問題である。

——＊——

舞の海の勝負のときの懸賞は〝全部舞の海にやれ〟と書いたこともあった、敗けたら貰えないが勝った相手にもヤラナイ。半分やる——か。そのくらいの贔屓《ひいき》はしてもいい、舞の海ならいい。こういうのを「贔屓の引き倒し」というのかも知れないけれど……。

——＊——

もう幕の内には帰ってこられないのか舞の海よ、帰ってこいよ舞の海、何故かサミー・デービスJr.の唄う「Mr.ボージャングル」を想う。

「ご免よ舞の海、まだ現職の関取なのに……」

——＊——

十両だっていいよ、いいさ、智乃花だって頑張ってるんだし……でもなァ、舞の海だけは幕の内に置いときたい、玉ノ海梅吉さんは「相撲が芸能でなくなったら終わりだ」という言葉を吐いた。「同感だ」と思ったが、現在《いま》の相撲はスポーツになり、勝負が優先してきた……〝してきた〟のだが、家元《わたし》は舞の海に芸能を見てた……それは当然勝負という力の世界ではあるけれど……。逆にいうと、真剣勝負で勝っても舞の海の勝ちは「華麗な芸能」なのである。

判るう……？……ワカンナイ？……ま、いいや……。

—＊—

舞の海の勝った全勝負のビデオが出来ないものかしら……売れるヨォ……家元勿論買うさ、いえ売るよ、舞の海の勝ちビデオなら売ってやる。是非売りたいネ……（出ることになりました。「稀代の業師　舞の海」竹書房）。

また書いてて気がついた。舞の海はまだ相撲人生終わっちゃいない。来場所勝ち越しゃ、再入幕もあろうに……「過去の関取」の如く書いて悪かった。

けど、こう書かせるくらい、舞の海に現在《いま》も脚光を浴びせたいのだ。

幕の内の勝負の中に、ＶＴＲで「今日の舞の海」というのを入れて欲しい。それも勝ったときだけでいい……。

毎場所の、その日の大相撲ダイジェストに必ず、舞の海の勝負を映すべきである。

—＊—

家元舞の海とは一度しか会ったことがない、それもホテルの廊下のスレ違いだけだ。そのとき「談志《あたし》は舞の海《あなた》のファンですよ」といっただけ……で、

「何かあったら応援しますよ……」

〝妙なあいさつ〟と舞の海思ったろう。

いや、覚えてないだろう。

でもいい、ファンなんてそんなもんさ。

家元思う。

「舞の海のいない相撲界なんて……」

――＊――

後記。

その後舞の海の相撲人生は終った。

ありがとう舞の海、この言葉を万感を込めて送ろう。

柳家小半治

やなぎや・こはんじ、音曲師。明治31年生まれ、昭和34年没、60歳。本名・田代藤太郎。浪曲師の子として育つも、美声の持ち主だったため浪曲には向かないと三代目柳家小さんに入門、音曲師となった。寄席では膝替わりの芸人として存在感を示した。

「ヨオン、半ちゃん、出番だよォ……」

「え、お運びさまで……ちょいとお喋り、あっさり唄わせてもらってお後と交替で……」

と「夕暮れ」の替え唄で〽高砂やぁ……と唄い「騒ぎ」をチョイ入れ。

「トーンと弾《ぶっ》けて貰いましょう」と下座《げざ》へいう。

「いいネエ、トーンとくると、いいネエ」

この〝トーン〟は都々逸の三味線のことをいっているのだ。

「何かいい文句があるかい」

「あるよ」

「〽今日の苦労は理想の稽古、添うたその日が上げざらい……」

「いいネ、そっちは」

「早くわたしの心の内を……」

「ウン」

「察《さっ》して、お金を呉れればいい」

「よせよ、オイッ」

というが、楽屋ぢゃ、「あれは小半治《はんちゃん》の了見だよ」といってたっけ……。

何せ通称「いただきの小半治」と称《い》われ、誰かれの差別なく、会うと「ヨオン、五十銭ください……」といったという。で、「五十銭《ギザ》の小半治」。勿論戦前の話《こと》だが、死ぬまで人間了見は変わらないから、そのまんま価格がエスカレートしただけで、〝千円下さい〟っていった。

でも、仲間は別に不快ではなく、一種の楽屋名物となっていたのは嬉しい。

――＊――

小半治の高座を続ける。

「富士の山ほどお金を貯めて、困るお人《かた》を救いたい」

「いゝネ」

「富士の山ほどお金を貯めて、端《はぢ》から十銭使いてぇ……」

「吝嗇《しみ》ったれだネ」

「富士の山ほど借金貯めて、端《はぢ》からそろそろ踏み倒す……」

「乱暴だネ、オイ」

で、唄う。

〽片手で、手と手合わせて
〝ああ、幸福《もったいない》〟と
二人で拝《おが》んだ窓の月

いい文句だ、〝二人で居られる〟、これだけで充分。〝勿体ないくらいだ〟と二人で拝んだ窓の月……いいなァ……半ちゃんいい、いいヨォ。家元、これ唄える、それも小半治節で……小半治と三亀松とはまるで違う都々逸で、千切って投げるように唄う江戸前の音曲師は、三好《さんこう》（柳家）を真似た芸風であった……。その三好は家元当然〝知るよしもなく〟、逆に小半治から三好を想う。その三好の芸を円生師匠は「あれが〝江戸前〟というんでしょうネ、私《あた》しゃ、三好師の一挙一動を真似たものでゲス……」といったし、「小半治は三好を真似てるんです。けど悪いところを真似てます」ともいっていた。

家元想うに、晩年の三好を真似たのではないだろうか……つまり声の衰えた三好を……。その証拠とでもいうか、円生師のいう〝悪いところを〟とは、「唄が尻切れトンボなのである」……ま、いい「小半治はいい」のだから……。

――＊――

都々逸を五ツ、六ツ唄う。

〽えー、日本銀行へ
身延山《みのぶさん》と金比羅《こんぴら》さんが
お金を借りにいったらば
日本銀行のいうことにゃ
身延山は甲斐《かい》の国
金比羅さんは讃岐の国
えー、甲斐讃岐《返いさぬ気》だから、お断りィーここは唄《うた》い尻《じり》をちゃんと延ばした。けど、世間の人が知っている都々逸と何という違いか……。「さのさ」も三亀松師とは、まったく違うハイテンポの「さのキュー」の「さのさ」であった。

家元、小半治師匠の高座を再現出来る。ネタもほとんど知っている。というのは半ちゃんの芸は家元が入門した頃はもう老年というか、高座がパターン化していたからで、けど、時折、聞いたことのない内容の「都々逸」や「トッチリトン」「大津絵《おおつえ》」も唄ったっけ……。

「では『唐傘《からかさ》』を……」と唄うが、これも並みの「からかさ」と一味も二味も、いや、全く違う「からかさ」で、アップテンポの唄になる。

――＊――

柳家小半治、顔は二枚目、了見は三枚目、唄う音曲は粋なもの。生活は浮浪者に近い世界で平気でいたっけ……。それは文字通り「平気」であり、一つも卑下はない。僻《ひが》みっぽさは一片《かけら》もない。「俺は三代の小さんの『ヒザ替わり』をした」というのが自慢であった。三代の小さんとは、漱石が絶賛した名人三代目小さん（豊島銀之助）、「洒脱な人格者」といわれた四代目（平山菊松）、そして現人間国宝五代目小さん……。

――＊――

寄席の「ヒザ替わり」は「音曲」を最良とした。三木助（先代）〔三代目〕師匠も枝雀

（春風亭）を使ったが、この人の美声と、現代との接点を求める芸が家元嫌いだった……。
それは明治の「三好はいい」が「やなぎ（春風《はるかぜ》）は嫌いだ」といった、その頃の寄席通の了見と似る。

――＊――

〽あまり、あまりィ長いとォ、チョイト
皆様厭《あき》ィるう……
チョイト〳〵ォここいらでぇ
チョイト交替《かわ》りましょう……
と唐傘の替え唄で高座を降りた。

――＊――

「ねえ師匠」というと、
「よせよォ、〝半ちゃん〟でいいよォ」
といったっけ。

小野　巡

おの・めぐる、歌手。明治43年生まれ。本名・田中章高。前職が東京淀橋署の警官だったという変わり種。朝の銭湯で歌っているところをスカウトされた。軽い歌いまわしと甘い歌声で、「涯なき泥濘」「音信はないか」などの戦時歌謡を歌い人気を博した。〔平成21年没。〕

戦前の歌手がほとんどいなくなった。田端義夫《バタヤン》一人になった。

おっと二葉あき子《ふたばさん》が元気で唄ってるが、彼女のヒット曲は戦後であろう。いや青葉笙子が生きてるし、塩まさるも元気、菊池章子もいるか……。

「小野巡が生きている」

妙な書きかただが、そんな感じでもある。

家元懐メロには詳しいから、小野さんがずっと元気に常陸大宮に、夫人の、これまた歌手の大宮小夜子さんと老後を小学校の前で文房具屋を営業《やっ》ていたのを知ってたし、これまた懐メロのことだったら何でも識ってる東京は中野の「艶歌」という懐メロの酒場《みせ》の主人《マスター》吉野昭一氏と一緒に訪《たず》問ねた事もあった。

――＊――

綺麗に植えられた庭の花、磨き込んだ、掃除の行き届いた、〝ああ床《ゆか》しいなァ〟という昔の匂いのするお家であった。

――＊――

「小野巡」、名の如く巡査、つまりお巡りさん出身の歌手で、銭湯で唄っていたのをスカウトされ、「警察のPRにもなるから是非歌手に……」と署からの応援もあったし、デビュー曲が「大山元帥の唄」。

〽姓は大山、名は巌……でヒット、以降軍事歌謡を中心に第一線の歌手として活躍した。

ということは戦前の歌謡曲のファンなら誰しもが知ってる話題《こと》であった。
　鼻唄のように軽く唄う唄は大ヒット。「守備兵ぶし」から「西湖《せいこ》の月」「音信《たより》はないか」「涯《はて》なき泥濘《ぬかるみ》」等の一連のヒット、「バットが一銭上がったとサ」「開かなかったパラシュート」「円タクソング」等々……ちなみに「守備兵ぶし」は家元の愛唱歌で勿論四番全部《フォーコーラス》知ってる。

——＊——

　カラオケってぇヤツぁ家元大嫌いで、まして字幕ぅ読み〳〵唄うなんざァ、作詞家を馬鹿にしてる。
　好きな歌なら覚えるべきだ……。

——＊——

　小野さんは戦地にいて、ほんの数日の休日を利用して東京に舞い戻り、十何曲吹き込み、トンボ返りの戦地、その中の何曲かがヒットした、とのこと。
　それらの話は、時折上京してきた折に「艶歌」でお目に掛かり、直接聞いた話であり、一緒に唄った「守備兵ぶし」もこの店である。

——＊——

　小野さん照れてあまり唄いたがらない。
「もう私の時代ではありませんし……」という態度、とっても謙虚に感じた。

――＊――

戦争に敗けて「もう私の歌は内容的にも駄目だ、と諦めました。で、堅実な生き方を……と、戦後の食糧難もあり、妻の故郷での文房具屋……」と語《い》っていた。

「でも、数曲新しい歌を戦後入れたんですが、当たらなかったしネ」

ともいったが。

それは何処《どこ》かに戦時中の自分に恥じている部分が多くありすぎたようにも思える。

「東辰三《あずまたつみ》」の如く、戦時中は〽ブン〳〵荒鷲ブンと飛ぶぞ……、と作詞・作曲。戦後となるといち早く、「港が見える丘」「青い海に白い船」と、平野愛子と組んでヒットさせた図太さと好対照である。ま、作詞・作曲の東氏と歌い手、という直接観客と出会う仕事の違いもあろう……。

――＊――

で、小野さん、すぐ、あっさりと、諦めての堅気の稼業となり、「ま、歌うのは戦友会などのときぐらいですかネェ……」といったっけ。

でも懐メロブームや、テレビ東京の懐メロ番組にも出演したが、小野巡の評価が低いように思えた。

〝塩まさるさんの如く、歌って欲しい〟と思うのは、家元〝小野巡のファン〟だからなのかしら……。何せ塩まさる御歳九十歳で〝あの元気〟なのだし……。

塩まさるはあのバイタリティ。

小野さんは〝サラリと人生を流している〟が如くにも思えるのだ。

その塩さんも懐メロ番組で「軍国子守唄」は唄っていない。

「先生、唄ってよ、いいぢゃないですかっ」に、

「でもネ……」と、あの強気の塩まさるにも後ろめたさがあるのだから、小野巡、とても歌えなかったのだろう……。


――＊――


「静《しず》ときわ」さんは亡くなったんですか、に「元気ですよ、こないだも電話で話したし」とハナシてくれたのも、もう十数年も前になるか……。

〽だって嫌よ〳〵の「静ときわ」……。

「家元は、何でそんな古い歌を知ってるんですか……」に家元一と言。

「あんただって万葉集知ってるだろう」


――＊――

〽雪の満州に夕陽はおちる……一節目《ワンコーラス》。
以下、故郷《くに》を離れて二《ふ》タ歳《とせ》余月……、三節は、雪は降る〳〵積りもせずに……四節は、
〽更けて冷たい、国境警備
　見せてやりたや、雄々しい姿

銃を抱いて背嚢枕
桜花散る夢を見る……

立川談春・立川志らく

たてかわ・だんしゅん、落語家。昭和41年生まれ。本名・佐々木信行。平成９年真打ち昇進。たてかわ・しらく、落語家。昭和38年生まれ。本名・新間一弘。平成７年真打ち昇進。ともに立川流若手の有望株。家元の期待も大きい。

談春と志らく、この二人は対照的で、談春は伝統芸に冴え、志らくは革新の意である。

談春はキレイな芸人で、（志らくも二枚目だが）古典落語を型通り演《や》らせたら白眉である。

加えて家元喧《うる》さいくらいに〝歌舞音曲を学べ〟と申し付けてあり、〝講談の修羅場もキチンと覚えろ〟と教え、余談になるが着物一つ着るにしても、〝家元《おれ》のように下〆《したじめ》を使うな、江戸風に帯一本で着ろ〟と前座の頃より常々いっているのでその通りに着る。これは別にこの二人のみに非ズで、立川流の弟子全員カッコよく帯一本で着物を着る。出来ないのはそれを命じた家元だけで、己れが出来なかった理想を弟子に押しつけたというこった。歌舞音曲という咄家独特の手踊りと小唄、端唄、都々逸等も同様に必修課目としてあり、都々逸なら家元でも出来る。いや家元《おれ》のほうが上手い。ここで自慢をしても始まらないけど、何事も修練、仕込み方次第である。

談春のほうが早く入門、年下だが兄《あに》さんでそのくせ志らくが二年先に真打ちになった。

立川流は落語の数とその内容、前記した歌と踊り等々が〝出来上がった順に真打ち〟で、その出来具合を家元に告げるという、つまり「申告制」ともいえる。

条件は「家元の承認」のみである。が、逆にいうと「立川談志が認めた真打ち」ということで、これは〝他の誰が認めるより確かである〟と断言出来る。

談春は華麗に古典を喋り、真打ち昇進の高座「庖丁」は家元より上手かった。

しかし現代に生きる落語家を目的《めざ》す者として当然現代《いま》を語ろうとする。

それが志らくに及ばない。一方志らくは形式において談春に劣る。

けど志らくは形式を放り出した。当人は〝いつでも出来る〟という了見である。

けど、これが後に大変な難行となるのだが、当人百も承知であろう。

談春の現代咄は、〝それを語らねば〟という処に無理がある。けど一般的にはOKで、その証拠に受けているし、これは当然追究していくべきであり、ことによると、その内に家元とは違った所で何かを摑むかも知れナイ。それは家元も識らない若い世代の芸《センス》であろう。

芸に完成はない。その芸人のプロセスが芸である。

そのプロセスという煩悶が芸なのに、ある程度咄が出来ると、又は笑いがとれると、「それでOK」がほとんどの咄家であり芸人達の姿だ。

結果その姿はもう現代とかけ離れ、聞くも無残な残骸と成り果てる。

ズバリ云うと、いま第一線と称してる咄家の全てがこの姿なのだ。

加えて、それを正す観客と批評家も居ない。

――＊――

立川流は家元にそれがあるのが救いとなり、この二人の先輩達も、昔なら一国一城の主人《あるじ》になれる形式の芸を演じている。曰ク、「文字助」「里う馬」「談四楼」「龍志」等で。

おっと「ぜん馬」「談幸」「文都」はどう成《な》ってるか……。

中にゃ、「ブラック」とか、「談之助」なんという珍品もあり、「左談次」という唯フワ〳〵してる奴もいるし、「志の輔」の如きオールラウンドプレイヤーも居る。

で、志らく、この名は、まだシラクがパリの市長のときに付けた名で、パリのシラク、ニューヨークのコッチ、東京の鈴木俊一が三大市長といわれた頃のことである。

「才能」という点からいえば志らくに優る咄家は居ない。いるのは家元だけである。

こ奴の両親《おや》は父がギタリスト、母が長唄のお師匠《しょ》さんで、それはさて置いても、落語家にするしか手《て》段のない奴である。と、高田（文夫）が連れてきたときに直感し、母親に家元は告《い》ったもんだ。

〝これ、落語家にするより仕様がないでしょ〟と……それは〝他の職業が駄目〟という意味ではない。〝この稼業が一番性《しょう》に合っている〟という事だ。

こ奴、脚本《ほん》を書き、ギャグを作り、コントを演《や》り、映画を拵《こしら》えた。酷い映画を……。

この二人に限らず立川《うち》流の連中は、何か創造をしないと〝家元に嫌われる〟とばかり、ギャグを作り、落《さ》げを変える。〝ロクなものはない〟がいい事である。

で、弟子は全部放りっぱなし、〝どうとも成れ〟の家元である。

理解《わか》ンない奴にどういったって無駄だし、判ってる奴に別にいう事はない。

小室（直樹）先生は、「価値観の同じ者だけを弟子にとればいい」といってくれたが、正解ではあるが、むつかしい。ということは思いもしない花が咲くケースが……ないよなア……あるかも知れない……が……ないよ……そういう奴ぁすぐ見て判別《わか》る……。

この二人、最低線《いまのまま》でも充分喰える。けど、家元という原点《もと》が居なくなったとき、それを自評するセンスだけが心配であるが、これとて仕方あンめぇ、人生成り行きでござんす……。

高校生の談春、大学生の志らくも、大人の歳ンなった。月並みだが人生は速い。

「充分に生きろ」である。

毒蝮三太夫

どくまむし・さんだゆう、タレント。昭和11年生まれ。本名・石井伊吉。映画俳優として出発し、『ウルトラマン』の隊員役で、子供たちの人気者に。「オイばばあ」「このくたばりぞこない」と老人に暴言を吐くＴＢＳラジオ『ミュージックプレゼント』は、すでに30年を超える長寿番組で、おばあちゃんのアイドル的存在となっている。

オイ、爺ィ、婆ァ、元気か、ナニ、〝元気だ〟、残念だなア、仕様《しよう》がねえなア、邪魔なんだよ年寄りは……ウワッハッハハア……オレは元気だ。何しろ爺ィ、婆ァを相手にしてるから、そっちにくらべりゃまだ若いんだし、そうなりたくねえから頑張ってるんだ……何ィ、〝いづれ時間の問題だア〟、でもマムシはしぶといよ、首イ切られても生きてるしな……。

俺の名前の由来知ってるだろう、談志の奴が付けやがった。この名前にしないと相手はあいつだ、何ィするか判ンないしな、ヒ素ぐらい平気で入れかねないしネ……。

俺と談志《あいつ》の腐れ縁は長いよ、何しろ十代の頃からだからネ……。俺はこう見えても新劇の役者だったんだ。

その頃から談志《あいつ》は生意気な奴で、おまけにズルくて、よく麻雀でカモられた。勿論インチキなんだが、それが判明《わから》ないだけ腹が立ったヨ。

オイ、婆ァ、談志《あいつ》紹介してやろうか、……ナニ、〝不要《いら》ない〟、そうか〳〵そのほうが無事だ。

あの野郎はネ、俺は〝新劇にゃあ向かない〟っていやがった。それも面と向かってだ。

TVにも役者で出てたんだ、シリアスなドラマでな、ナニ、〝シリアスなんて判ンない〟、シリアスってなア、知りやすまいな……上手いだろ、この洒落、が、ガハハハア……うまいよオ、俺は洒落が上手いんだぞ、判ンだろ。

俺ぐらい仲間内《うち》を受けさす奴は他にいないよ、何しろあのやたら芸に喧《うる》さい談志の奴が引っくり返って笑うんだからナ……山藤章二もそうだよ、受ける受ける、あの芸通《げえつう》みたいな顔してる山藤がだよ……。

でも、談志《あいつ》が書いた『談志受け咄』、俺は受けてるが、「どれがイイのか、セコいのか自分ぢゃ判断《わか》ってねえんだ……」って書いてあんだよ、中尾彬も〝そうだ〟っていやがるし、山本晋也も〝その通り〟だとサ。あいつら何も判ってねえんだ、バカなんだ。俺はちゃんとしてるよ、俺は正しいよ、何しろ本名は石井伊吉《いよし》っていって、ウルトラマンのアラシ隊員だ、正義の味方なんだから……おい婆ァ帰るなよ、聞いてろよ、引導代わりに喋ってんだよう……お釈迦様ぁ印度（引導）だしな……、ガハハハア……どうだ、どうだ……。

俺の演技上手いよな、え？　〝上手い〟そうだヨ……判ってんぢゃない。

だから談志はバカなんだ、それにケチだしよ、あ奴《いつ》と一緒に物を喰って今迄あ奴が勘定払ったことなんぞ一度もないよ。何なンだろうネ、まさか〝俺を売り出してやった〟なんてえことは思ってる筈はないしネ……。

でも、あ奴はバカだから、俺の実力で今日があるのに、〝名前を変えてやったから売れたんだ〟なんぞと本気で思ってるかも知れねぇ……バカは隣の火事より怖いネ。

何だい婆ァ、ハッキリいえよ、何イイ、〝バイアグラないか〟、ないよ、そんなもの、どうすんだそれを……〝爺さんに飲ませるんだァ〟、止しな、そんな薬《もの》ォ飲ませんのは、爺さんイジメちゃ駄目だい、それよりマムシの粉でも飲みな……もう充分生きただろうに……でも、よく生きてんなア……B29は大丈夫だったのかい、俺は逃げ廻ったけどネ。

俺は子役からだから芸歴は古いよ……その頃可愛かったんだ、本《ほ》ン当《と》だよ、談志《あいつ》に出会ったからこんな顔ンなったんだ、頭《あたま》に来るネ、あいつは人の顔まで変える奴だ。子役から青春映画そしてTV、その俺を『笑点』で座布団運びにしやがった。つまり俺は「俳優」でなく「雑《ざつ》優」なんだとサ、「雑エンタテインメント」だとさ、いわれてみるとそんな気もするネ。バイタリティーの塊だからな俺は……おい婆ァ、一体このスーパーで何ィ買った、え、見せろよ、ナニィ、「バナナ」と「トイレットペーパー」に「釘抜き」……何だそりゃ、「消しゴム」「チューイングガム」、止しな、歯にくっついてどうにもなんなくなるよ、ナニ、大丈夫、ふてえ婆アだ、そんなに元気なら、いっそそのガム呑み込めよ、身体にいいよオ。

十枚呑み込んだら、ガム島に招待してやる……。

でもなァ元気でない爺ィ婆ァも結構いるんだよナ、その方が多いんだよな、ま、人間一度は死ぬんだから、どうでもいいか。

俺は、世の中のことはよく判ンねえけど、爺ィ、婆ァの気持は理解《わか》るよ、早い話〝死にたくねえ〟ってんだよな。それだけだよな、それでいいよ、仕方がねえよ、でもガンバレよ、年寄りが、若え奴に遠慮するからこんな時代になっちゃったんだ。もうすぐ死ぬんだ最後っ屁を放《たれ》ろい、「負けるな婆ァ、毒蝮三太夫、これにあり……」字余りだナ、ガハハハァ……。

　こうなりゃ、全国爺婆《ぢぢばば》党を作って俺が総裁になって爺婆パワーを全国に示そうよ、団歌を作ったんだ最後に聞いてくれよ、いいか、そォーれ、

〽爺さん酒呑んで酔っぱらって死んぢゃったァ

　婆さん、それ見てビックリして腰抜かす……

駄目かあ、いいよなァ……この歌唄うと生きる勇気が湧いてくるよ。

……ぢゃあ又なァ……。

金原亭馬生

きんげんてい・ばしょう（十代目）、落語家。本名・美濃部清。昭和３年生まれ、昭和57年没、54歳。五代目古今亭志ん生の長男。昭和18年、いきなり二つ目で寄席に出るようになる。噺の数も多く、日舞や絵画などにも才能を発揮した。

子供の頃新宿末広亭の高座で初めて馬生を見たときに思わずいった。

「この人、志ん生の倅《せがれ》だ」……。

寄席芸人の人脈に対して何の予備知識もなかった頃なのに……。

別に顔が似てるから、と思った理由《わけ》でもなく、志ん生の高座の口調、仕草が似てた、ということでもなかった。つまり直感。

キレイで、明るくて、面白くて、文句なく好きになった。

入門して前座として寄席の楽屋で働くようになったが、どういうわけか馬生師匠は寄席に出なかった、出なかったのではなく、たま〳〵地方《たび》か何かで休席が続いたのだろうが、そんな事情《こと》は知らないし、聞けもしないから、〝何なのだろう、あの人は特別出演だったか〟とすら思った。

その頃の金原亭馬生は並みの若手真打ちに過ぎなかったのに。待てよ、その頃の落語界で若手真打ちは馬生師匠一人で、あとは染谷の小柳枝だけだった……。

——＊——

家元、前座の時に馬生宅に稽古に行き、そこで青春の悩みというか、修業の矛盾を若き馬生師匠にぶつけたら、ちゃんと答えてくれたっけ。だがそれはすぐ筒抜けて目白のお内儀《かみ》さんに聞こえ叱言ォ喰らった。

「お前は馬生ン処へいって愚痴ィいったそうだネ……」

こんな時代だから、馬生師の若者の問題提起に真摯に答えてくれた行為は感動的であった。

つまりこの師匠はあの世界には珍しくロジカルであったのだ。家元その後、小ゑんから談志となり、協会の理事になったとき、これが性分のロジカル（？）の会話を先輩理事に打《ぶ》っつけたが、そのロジックという理屈を、その時、その師匠にとってはたとえ不快でも受け入れてくれた先輩の師匠は三遊亭円生一人であり、円生、馬生両師しか知らない。

―＊―

馬生師は志ん生《らくご家》の長男《せがれ》だからその道に入った。ということなのだろうが、その内容はチト違うように思えるのだ。

志ん生《おやじ》は何と、東京が例の三月十日の大空襲を受け、恐ろしくなったところにきた満州への慰問の仕事《ハナシ》、これ幸い、〝渡りに船〟、と家族ぅ捨てての満州行き。後に残された若き馬生は一家を支えるべく、仕方なく落語家《この道》へと入ったのではなかったか……。

で、咄家になったものの、志ん生《おやじ》の居ないこの世界、まして敵も多かっただろう、個人主義の権化みたいな志ん生、その煽りを喰っての風当たりだ。さぞ酷かったろう、キツかったろう。加えて仕方なくなったこの道だもの、落語が上手い訳がない、まして志ん生から落語の基礎を学ぼうとしたら、いきなり難破船の即席船長にされた如く、どうにもならない風まかせ、波まかせ……となるはずだし……。

で、ヤレ〝下手のセコいの〟……、と……。

そこで出来上がった自我は、志ん生とは全く正反対なマジメ人間であった。

――＊――

やがて戦争に負け、親父も帰り、ガキの家元が高座で見た、華やかな、明るい高座の若き馬生の姿、と、こうなる。

ところがその馬生師に、世間の、仲間の、光は当らなかった。むしろ、その光を〝見いださせよう〟と親父の通した無理に批難の目が襲い、それが現実となり馬生を逆に苦しめ、結果、芸は光を失い、「唯の咄家」、という印象を世間に与えてしまったのだ。

これを世間では「悲劇」という……。

――＊――

まして「本格派の咄家」とは、文楽、志ん生、円生、三木助、小さん、と五人に絞られ、柳好（先代）〔三代目〕、円歌（先代）〔二代目〕という人気者の系列にも入《はい》れず、親父の呉れたポジションを守るのに精一杯としか思えなかった。

で、〝どうともなれ〟と金原亭馬生マイペースの時代……。

やがて世代が変わり、残った本格派といわれたのは柳家小さん一人となり、その相手として金原亭馬生が選ばれ、小さんも老い、馬生の天下、となる矢先の若き死であった。

人情咄に、笑い咄に自信たっぷり縦横の高座、やっと出来上がった馬生芸。

家元そのプロセスを勿論知っているが成功の原因《わけ》の一つに、金原亭馬生はありとあらゆる咄に挑戦をしている。

何と「車屋《くるまや》」から「蚊戦《いく》さ」なんという難儀《むつか》しい咄も演《や》ったっけ。余談だが家元、馬生師に「支那の野晒し」と「長刀傷《なぎなたきず》」という不思議な咄を教えられた。

出来上がりつつあった馬生に不可能は無くなったのに……。第二の円生になれたのに……。いえ、なってたのに……。

残念、無念などでは済まない落語界の損失であった。

――＊――

家族を愛《いつく》しみ、酒を愛《あい》し、幸福《しあわせ》な高座を落語ファンに観せていたときの食道癌の宣告、それを唯一人胸にひめた治子《はるこ》夫人の愛、その通夜の晩にそれを淡々と語ってくれた治子夫人の知性の話術《はなし》はこれまた感動的であった。

馬生いま世に存りせば、小さんと次の世代の架け橋であったのに……。

もうよそう、お元気でまだ若い治子未亡人は私にいった。

「いい婿殿に恵まれていま幸福《しあわせ》です……」。その〝いい婿殿〟とはご存知中尾彬である。

ボン・サイト

ぼん・さいと、トロンボーン漫談。大正12年生まれ、平成２年没、66歳。戦中は国鉄職員、憲兵などをしていた。戦後すぐ、米軍仙台のキャンプでトロンボーンを吹きはじめ、その後、浜村美智子のバンドリーダーや、新宿ラ・セーヌの司会者などを経たのち、独自の音楽漫談の世界を切り開いていった。

何とも良き御仁《おひと》でありました。

何とも不器用な芸人でありました。

けど、その芸は何とも暖かく、ほのぼのとした後味が残りました。

それがトロンボーン漫談のボン・サイトでした。


——＊——


ボン・サイトの生い立ち《こと》は家元ほとんど知らない。精々「家元《わたし》より歳上であった」「軍隊生活もあったようだ」「音楽屋からの転向組」と、この程度。〝音楽の世界に飽きた〟か、〝己れの限界を感《さと》った〟か、〝演芸のほうが美味《おい》しい〟と考えたか、己れのパートのトロンボーン一本持って（尤も二本持っても仕方ない、でも一度に二本吹けりゃあ銭は取れるがネ……）演芸の世界に入ってきたのだろう。

喋りはボソ〳〵の、ブツ切れで満足に喋れないし……ボン・サイト最後迄喋りは駄目だった。けど、その〝駄目さ〟が暖かかった。

モミあげの長い、いかつい顔に一杯の微笑《えみ》を浮かべて出てくるボン・サイトは、微笑《それ》しか観客にアッピールする方法を知らないように見えた。いや、そう見えた通りであったのだろう。

無器用にお辞儀して、

「ボク、ボン・サイトです……」といったっけ。

「トロンボーンを吹きます」で吹く。バックの楽団と一緒のときもあり、演芸場では当然一人だからトロンボーンのみ。後《バック》にテープは使ったか……。

何せ、トロンボーンなど、演芸の対象にゃならない楽器だ。まだクラやサックスならいろいろの音の使い方も出来るだろうが、トロンボーンはなァ……。で、ボソ〳〵の喋りは、ブツ切れのフレーズとなり、どれ程キャバレー等の客に拒否《ふら》れたか想像がつく。

何せ、下手だし、トロンボーンぢゃあどう仕様もない。でも売り物《トリネタ》は、バック音楽と共にトロンボーンの中から世界各国の国旗を出す、これでどうやらお茶ぁ濁した。

――＊――

そのボン・サイト、いつか花が開いた。遅咲きの花か、理由は一つ。唯々芸熱心なのだ。本来無器用と芸熱心は相反するモノなの……。

よく世の中、「無器用でも、下手でも芸熱心ならいつか良くもなる」というけれど、それは違う。

世の中に「無器用な芸熱心」ほど始末の悪いものはない。

けど、ボン・サイト、無器用、熱心が暖かさという人柄を背景に花が咲き実ったのだ。

何なのか、どこかで芸の本質、いや、芸人のあるべき姿を知ってたのだろう。つまり

「芸人」を覚えたのだ。会得したのだ。

　結果、芸術祭賞まで貰った。

　その後、ボン・サイトの高座《ぶたい》を見た。昔、漫才の「高波志《たかはし》光児《こうじ》・光菊《こうぎく》」の光児さんが演った、楽器を吹きながら（光児さんはトランペット）、身体ぁ伸ばしたまま前方に倒し、床スレスレまでになり吹き続ける、という芸を継《つ》いだのだ。

　これが出来りゃ受ける、絶対受ける。で、ボン・サイト受けた。

　ここにいくまでのボン・サイトの苦労、努力が、痛ましいまでにその高座から家元に伝わってきた。

　見ていて何故か涙が出た。芸人が芸人に感じる涙である。

「ねえ、サイトさん、この芸何処で覚えたの、あなたは『光児・光菊』を知らないはずでしょう……」に何と答えたか、もう忘れた。

「どう、最後に服から一万円札ぅ舞台に落として、身体ぁ倒して、札《それ》を拾おうとする。吹きながら拾おうとする、けど、最後まで拾えない。というのは……」に、「やってみます」とボン・サイト。

　それが出来上がらないうちの死であった。

「余計なことをいっちまった」というのが家元のボン・サイトに対する悔みである。

――＊――

トロンボーンの「ボン・サイト」、帽子とパンスト、笛の「早野凡平」、現役で頑張ってる尺八漫談の「はたのぼる」、何でも器用にこなしたボードビリアン「小野栄一」、バヨリンの「辻ひろしとハッタリーズ」、指笛を音楽にまで高めた名人「田村大三《だいぞう》」、「ハーモニカダンディーズ」、ギター漫談の「三和完児《みわかんじ》」、故「伊藤一葉《いちよう》」の無表情マジック、古くは「松旭斎天右《てんう》」一行のコミック、等々……挙げていったらキリがないが、その時代に演芸界を彩った色物の名手達。

それは関西勢とて同じこと。楽器漫談に、ボーイズに、一《ひ》と時代を築いたものだった。

そのボーイズとて、現在《いま》は「灘《なだ》康次とモダンカンカン」「東京ボーイズ」「玉川カルテット」と数えるのみになっちゃった。牧伸二独り奮闘中というべきか……。

他事《ひとごと》に非ズ、落語を含め、寄席演芸もいつまで保つやら続くやら……、が現状である。

――＊――

ボン・サイト、もう少し、もうチョイと生きてて欲しかった。あの姿、あの微笑《えがお》で、次の芸を創るのを見たかった。

やっと自信を持って己れで舞台を楽しめるようになったのに……。

和田信賢

わだ・のぶかた、アナウンサー。明治45年生まれ、昭和27年没、40歳。ＮＨＫアナウンサーとして、文芸作品の朗読が反響を呼ぶ。戦後はクイズ番組『話の泉』の司会や大相撲の実況中継で人気を博した。みな、「わだしんけん」と呼んだ。

憧れの人でありました。

ＮＨＫ《ラジオ》という、その頃の我家《うち》で楽しめる唯一の娯楽。そこから流れてきた和田信賢《しんけん》の声と内容に虜になった子供《わたし》は、その集大成というべき『話の泉』の大ファンとなり、堀内敬三、渡辺紳一郎、徳川夢声、山本嘉次郎《かじろう》、サトウ・ハチロー、大田《おおた》黒《ぐろ》元雄《もとお》、特に可愛がられた渡辺紳一郎を尊敬した。


——＊——

昭和九年にＮＨＫに入社、スポーツ中継に、朗読にニュースに番組の司会者に、行く処、成らざるものはなく、ＮＨＫの至宝と称《い》われ、終戦の玉音放送の感銘もこの人であった。

——＊——


天下の知者を相手に丁々発止とやり合った『話の泉』。

野球放送の名文句、

〝球は転々、外野の塀……〟

〝打ちも打ったり、捕りも捕ったり……〟

相撲中継での、

〝内容で勝ち、勝負に敗けた……〟

等々……。

「いや、これらは松内則三《のりぞう》である」と藤倉修一氏に教えられたっけ。〝そうかなァ〟……。

文学的であり、芸術的であって、ユーモアが判り、知性的な容貌、やさしい瞳、おそらくシャイの権化のような御方であったはづ……。

――＊――

で当然酒を愛し、それが原因《もと》か、日本が戦後初めて参加したヘルシンキのオリンピックに、NHKの代表として中継をし、その中途《なかば》で旅に病《や》み、奇しくも御当人が放送した敗戦の日を目前にした、昭和二十七年の八月十四日に、パリの病院で、異国の空に独り死んだ和田信賢。

「和田信賢パリで客死」という新聞記事を読んだ朝、少年は涙に暮れた。

なにせ、この少年、何と和田信賢の漫談を神田の共立講堂で聞いているのだ。

「アナウンサーの修練の一つに、電車（昔の市電、その頃の都電のこと）に乗って、走る電車から見える風景を全部中継するのですよ。〝えー、肉屋、魚屋、警察があり巡査二人……洋服屋、床屋、寿司屋、電柱に鳩が……〟とやるんです。それが仲々ムツカシイ。だが戦後は楽ンなった。つまり、焼跡、バラック、バラック、焼跡……」

鮮明に覚えている。

――＊――

日本の雑学の強者《つわもの》を相手の『話の泉』は、何とも素晴らしく、家元、その想いをNHKに語り、実行させて貰い、二本放送し好評につき、それを是非続けよう……、としたときのNG。原因を聞いたがとても〳〵納得はいかず、それを作《や》ることが現代のTV、ラジオに対する家元の挑戦であっただけに残念で、仕方なく他局でやろうと企画中であります。

それはそれ、和田信賢、現代《いま》でいやあ、「ニュースキャスター」とでもいうのか……いえ、もっと〳〵、その上のモノ……何と称《い》おうか。

「和田の前に和田はなく、信賢の後に信賢はなし」と評《い》われたこの言葉《フレーズ》が一番である。

——＊——

「和田信賢パリで死す」、その追悼の『話の泉』のテープを家元持っている。

それ〳〵レギュラーが信賢の想い出を淡々と語った中で、サトウ・ハチローは、「ボク、もう駄目だ」と机に伏し、書いたメモを徳川夢声に渡した。それを読んだ夢声、

「夜半《よなか》、電話が鳴った。〝和田信賢パリで死す〟という知らせであった。ボクはどうしたらいいのか判らない。ウイスキーを呷《あお》った。狂うためである。雨戸を蹴倒して庭に出た。空がある、星がある、草がある。ボクの投げた下駄がある。けど、けど、和田信賢はいない。この世にいない。いない、居ない、イナイ……声にならぬ声、どうにもならぬボク、和田信賢、和田、信賢《のぶかた》、和田チン、和田のバカ、バカ、戻ってこい、和田信賢の幽霊になって帰ってこい……」云々……。

会場「寂として声なし」であった。

家元、この時の夢声の物真似が出来る。

――＊――

いっちゃあ悪いが、人気アナウンサーはバカばかりだ……。いや、どうも、露木《つゆき》さん済まない、山中（秀樹CX《フジ》TV）ごめん、あんた方は別だ。

死んだ八木治郎もよかった。あとは……ま、いい。

和田信賢はズバ抜けていた、和田信賢に傾倒してアナウンサーになった者がどれ程いたことか。後年の宇井昇など、その最たるアナウンサーであり、スタイル、髪型《かみかたち》まで和田信賢そっくりであった。

〝和田の後に信賢なし〟と書いたのだから、もう彼のような傑物は放送界からは出まい。それも仕方あるまい。けど、けど、何処かで和田信賢の了見を伝える奴ァ、放送人は居ないのか、

「オイ、山中お前どうなんだ」

「内容が違うし、深さが……」というのかネ。

――＊――

ＮＨＫは和田賞を創り、和田信賢を賛え、偲んでいたが、あの賞、「和田賞」はどうなったのか……無くなったのか、断《や》めたのか……。

こうなりゃ、この家元が和田信賢の了見を世間に伝えてやる。勿論、及ばざるとは知りながら……。

上岡龍太郎

かみおか・りゅうたろう、タレント。昭和17年生まれ。本名・小林龍太郎。35年、横山ノックに誘われて漫画トリオを結成、横山パンチを名乗る。43年、ノックの参院選挙当選を機に解散。以後、上岡龍太郎として、テレビを中心に活躍。趣味はゴルフとマラソン。〔平成12年引退、令和５年没。〕

上岡龍太郎を家元は昔から弟みたいに可愛がっていた……おっとこういう書き方をするから兄弟というものは「仲の良いもの」と勝手な誤解が生じる。つまり若、貴のこと……ま、いい。

上岡をヒイキにしていた理由は頭脳《あたま》がよくて感覚《センス》がよかったからで、そのことは三十数年前に読売新聞の連載「談志交遊録」に書いた。上岡龍太郎まだ十代の頃だ。その「頃」とは、横山ノックリーダーの漫画トリオ売り出しの時期《とき》で、ノック・フック・パンチの横山パンチの龍太郎はその時代を全身で受けとめていた。といって現代《いま》の若者、特に若い女達の喋る妙な流行語、と調子《イントネーション》。それを喋ることが即「現代の若者である」というのとは違う。

つまりその時代の感覚を発散しているパンチ自身は、見事に若き紳士《ジェントルマン》の内容を持っていたのだ。だから〝凄い〟とパンチを己れの懐中《ふところ》に入れたのである。

〝である〟といっても、あくまで当方《こっち》の勝手、独りよがりであったけれど……。

――＊――

漫画トリオが爆発的に売れ、流行《うれ》っ子になったパンチの青春は華やかであったろう。この場合の〝華やかさ〟とは、彼のモテっ振りのことだが、それは現代《いま》にも続き、その行状は楽屋、いや芸人《タレント》仲間の伝説となっている。

けど、それは書かない、これを「親心」という……。兄貴から親ンなったネ……。

——＊——

ノックさんがご存知のごとく政界に出、必然、トリオは解散、独りンなったパンチの苦労は当然あったろう、けど、どうもあまりそれを感じなかったのは、龍太郎元々《もともと》あまり〝現実に振り廻されない〟性質《たち》と判断《み》た……。

つまり家元同様、〝人生成り行き〟でもあったろうが……、人生なんて〝人生成る様にしかならない〟……。

——＊——

けどまさか、これ程東京で迎えられると思わなかった。

事実「上岡龍太郎」と称《な》り、フジテレビで司会に起用されたときの、家元のＴＶコメントは、「受けやしないから、駄目でモト〳〵……失敗《しく》じりゃ大阪に帰りゃいい……」云々、でありました。

その理由は、大阪人が知性なんぞ、なまじ持ったら東京にゃ受け入れられない、ということった。

成功の理由は上岡の内容と時代とのマッチ、つまり「偶然」である。

——＊——

ＴＶの仕切り屋、これを司会者というが、この成功に上岡は飽きてきた。

ついでにいうが、龍太郎の奴ぁ何ィやってもきっと飽きる。

家元も同様だが、飽きた先に家元には伝統芸があり、プロデューサーとしての部分があるが龍太郎にはそれが無い。

で、どうする〱というこった。結果鶴瓶と組んでの『パペポ』、つまり「漫才」である。あとは己れの会で演じる「語り」……正直漫才はともかく、語りは家元の鑑賞の対象にゃならない。

まぁ、並みの客ぅ騙せても家元は騙せない。尤もそんな気は龍太郎サラ〱ないが……。けど、家元、どっかに上岡の語るべき世界、いや〝部分がある〟と思っている。それは〝語りたい〟という上岡の芸人としての了見である。

「己れの歴史」というか、それまでの職業を「TVの華やかさ」という一点のトリコとなって放棄した連中がほとんどの芸界で、龍太郎独りあがいている。

「それほどのもんぢゃあないですよ」と上岡はいうだろう……。けど……そうも見える。だいたい物の評価なんざァ相手が決めることだしネ……。

以前にも彼の自叙伝の解説（?）に書いたが、上岡龍太郎は芸能、つまり芸人の世界に憧れ、惚れまくっているくせに、己れはそれに入っていけないのだ。

これもまた立川談志とよく似てる。

——＊——

〝成り行き〟に飽きたか龍太郎、タレント辞めて、〝人生勝手三昧に生きるんだ〟と宣言した。で、最後にゃ大阪の市長に出馬《で》る、という。この言も成り行きのまま喋っているのかも知れナイがアイデアは面白い。

ノック知事、パンチ市長、でその際の公約にゃ「金はあるから、給料は不要《いら》ない、も一つは当選したら、対立候補を助役にする」とサ。

「ゴルフ」と「マラソン」の龍太郎、それらと全く縁のない家元、龍太郎に散々これらの談義を聞いたか、聞かされたか、一つも興味は湧かなかったっけ……。

ビートたけしは素っ裸になれるが、上岡はなれない。これを紳士《ジェントルマン》というのか、知性の問題ではない、育ちの問題かも知れナイ。ついでに家元、これまた素っ裸になれる。過日もたけしと大勢いる飲み屋でポコチン出して踊ったっけ……。これ自慢咄だ。

二人で一緒の仕事が終わる、「チョイと行きましょう」と上岡、「行くから俺を快適にしろよ」と家元。

結果見事に快適にしやぁがる、いえ、失礼、〝してくれる〟。

家元にとって得難い大切な芸人《おとこ》であり仲間である。

柳家権太楼

やなぎや・ごんたろう（初代）、落語家。明治30年生まれ、昭和30年没、57歳。本名・北村市兵衛。当初は文楽の太夫を目指した。新作落語を得意とし、「猫と金魚」「ぐずり方教室」などで、昭和初期の寄席を爆笑の渦に巻き込んだ。

古今亭志ん生が戦後に落語界の人気を攫《さら》い捲《まく》る以前《まえ》は、その芸風は権太楼の一人天下であった。

柳家権太楼高座に現われる。紋付きより紬《つむぎ》系統の無紋の着物に、袴姿。粋とか、鯔背《いなせ》とかに全く縁の無い様な武骨な姿だ。

高座布団に座ると、ついた両手の間に頭のてっ辺《ぺん》が入るが如きお辞儀を深々とした。

「えー、権太楼も一個のアーチストである……」

このアーチストという、その頃落語家らしくない言葉《フレーズ》が受けた。

「何処となく垢抜けていて若き日の日蓮を彷彿させるような……」これも受ける。もう観客は権太楼の世界のトリコとなる。

「猫と金魚」「堀の内」「万病円《まんびょうえん》」、高沢路亭こと田河水泡作の新作も多く、曰ク猫シリーズで、「猫と電車」「猫と学校」……違ったかな、「反対夫婦」「ぐずり方教室」等は自作だろう、「熊の子」なんという珍品もあり、「嘘つき弥次郎」の改作「世界一周」なんてのも楽しかった。この師匠の癖《へき》で妙なロジックで相手を攻めてくるのだ……と書いても判るまいが……ごめんなさい……。

で、その内容は一と口にいうとナンセンスが売り物であるが、レコードで聴いた表裏六分の「徳ちゃん」は絶品で、権太楼の知性と、叩き込んだ芸の腕が冴える。

いまの円歌が前座の頃権太楼にいわれた、という。

「アンタ、誰の弟子？」

「円歌（先代）〔二代目〕です」

「もっと上手い人の弟子になんなさいよ」

——＊——

金馬（先代）〔三代目〕と共に東宝名人会の二巨頭であった権太楼は威張りくさっていた、と聞く。

——＊——

「嫌な野郎だったよ」と楽屋で先輩のいったのも聞いた。

けど、権太楼、並みの咄家たぁ訳が違う、見事な落語家であり、落語のエッセンスを識っていたのは、権太楼と志ん生の二人で、この両者共大正、昭和の爆笑王柳家三語楼の弟子だ。「徳ちゃん」はその三語楼作の安女郎買いの咄であり、同門の三亀松も三味線入りでこれを語った。

——＊——

権太楼にすりゃあ、上手く喋るなんざァすぐにも出来ること、わざと下手に喋った、としか考えられない。〝プッツリ〳〵、訥々《とつとつ》と喋る話芸にナンセンスは合う〟、と判断したのだろう……。

天下の人気者権太楼にとっちゃあ、並みの真打ちなんざァ屁だ。歯牙にもかけない、いや、目障りだから歯牙にかけたのだろう。

――＊――


「番頭さん、金魚どうしたい？」

「あたし、喰べませんよ」


――＊――


「お前は一番大きな動物、何だか知ってるかい」

「象でしょう」

「象より大きな動物がいるだろう」

「大きな象でしょう」

凄いや、物事の本質を突いている、つまり〝鯨は動物なのだ〟、という学術的な判断の無理をいっているのだ。


――＊――


「金坊、お父《と》っつぁんとお風呂にいっといで……」

「嫌だァ……お父っつぁんと一緒にお湯にいくなら死んぢゃったほうがいいや……」

これらのフレーズは談志に、現文治に、円蔵に受けつがれている。

その権太楼を安藤鶴夫が嫌い捲《まく》った、落語評として叩き捲った。怒った権太楼は「三流芸人の伜《せがれ》に何が理解《わか》るか」と反撃し、「俺の親父（義太夫の都太夫）は三流ではない」と口ジックの逆手を取られ、またヤラれた。家元もし、現在《いま》の状態《まま》その頃に生きてたら、権太楼の喧嘩ぁ買って完膚なきまでに安鶴《あんつる》をやっつけてやる、と本に書いた。

「ふざけんな、柳家権太楼を何だと思ってやがるんだ。権太楼が落語なのだ」である。家元、論議は十八番《おてのもの》だ。

今更いっても始まるまいが権太楼の名誉のために書いたのだ。

家元権太楼の大ファンなのだ。その師匠が後年頭を病み、落語の辻褄《つじつま》が合わなくなった高座を聞いた。「万病円」で、「一つでも脹満《ちょうまん》がございます」を何と「一つでも万病円がございます」と落《さ》げた、で、その間違いにも当然気がつかなかったっけ。

歯牙にかかった仲間は「様ぁ見ろ」とばかりに悪口だ。

「権太楼は脳梅《のうばい》毒だ」とネ。

違う、権太楼の様にナンセンスを、作品を突きつめていくと、頭がおかしくなる。ましてその時代《ころ》に、〝一体ナンセンスとは何だ〟という定義はなかったろうし、いや「ナンセンス」なんという言葉は咄家の世界には、なかった。ナンセンスを喋る落語家を「漫画《ポンチ》絵派」といって軽蔑した時代だったし……。

現在家元も狂いつつある。権太楼師匠の極致に近づいてきたのだ、と自惚れている。

柳家権太楼、一般的には落魄《らくはく》しての死というだろうが、違う、芸人の持つ狂気、天才の部分のなせる業《わざ》なのである。
芋《う》達《だつ》君という一人息子がいたが、元気のはづである……。

中村江里子

なかむら・えりこ、アナウンサー・タレント。昭和44年生まれ。女子アナブームの頂点で、平成11年３月、フジテレビを退社してフリーに。局アナ時代は、『カルトＱ』『スーパータイム』『どう～なってるの?!』『プロ野球ニュース』などを担当した。

江里子さん可哀想だ、あんな美《い》い女をイジめちゃ駄目だい。

「中村江里子」、女子アナ、美人アナ全盛の現代《いま》に咲いた大輪の花なのだから……。

〝美しい花を何で汚すのだ〟、その犯人は彼女が一緒に住んでいるマスコミ。特に週刊誌の彼女に対する悪口の数々よ……。

〝美しい〟から〝汚したくなる〟のも理解《わか》るが、よくないよ。

中村江里子嬢、東京は銀座に生まれ、普通に育ち、大学を卒業、ＣＸ《フジ》ＴＶのアナウンサーになった。

そこに到来《き》た女子アナ時代、元来《もともと》は記事《ニュース》を読み上げることが仕事の一義であったアナウンサーが、特に女子アナ、その話術より容姿、容貌が優先し、ＴＶの観客の憧憬《あこがれ》を呼び、その美女達が「タレント化」し時代の寵児となった。

〝サア、時代に遅れるな〟とばかり各ＴＶ局美人アナを集めての今日である。

——＊——

家元ＴＶはあまり見ないので美女と名前が一致しないのだが、「中村江里子」と「渡辺真理」、そして「八十助夫人」は知っている。

——＊——

女子アナファン、それ〴〵の贔屓はあるだろうが、〝江里子さんダントツである〟。それはくどいが、その容姿である。

酷い云い方だがアナウンサーなどバカでもできる、咄家と同ンなじだ。

NHKの久保純子（あれっ、家元他にも知ってるんだ）がそれを証明してる。

いや待てよ、彼女も「山瀬まみ」並みの、したたかな役者なのかも知れないが……。

違うなぁ、「山瀬まみ」とは違う……、ま、いいか。


――＊――


「アナウンサー」は「タレント」か、という問題《こと》が江里子イジメ、女子アナ（全般）イジメと関係するのだが、ズバリ云やあ彼女達は「タレント」である。NHKなどのニュースを読んでいる年配（失礼）の女子アナは、アナウンサーと称《い》えるし、「下重暁子さん」も抜群の美女だったが、知性が優先していた。

現代《いま》の女子アナに知性は必要ない（渡辺真理ごめん〳〵）。

で江里子さんのことだが、彼女、女子アナになった、つまりアナウンサーになった、なった彼女の胸の内に「スタァ意識」はあったはづ……。でも、〝自分はアナウンサーである〟という現実の中間《はざま》で生きてきたのだから、もし普通に「ニュースだけを読まされた」、としても文句はいえまい。「嫌なら止《よ》しゃいい」。唯それだけの問題《こっ》た。

それが会社の都合で「タレント」となった。彼女の中にも、その願望はあったろうが、それを受け止めての今日の画面《すがた》だ、つまり「スタァ誕生」である。でもその姿はTV局と他のマスコミが勝手に造ったもので、中村江里子の思惑とは違《ズレ》ていると思う。そのズレを

〝彼女の勝手〟というならば、答えてあげる。「人間は勝手なものなのだ」。けど、その勝手は彼女の常識で充分押さえているはづだ。

人間あまりホメられりゃあ、〝それほどでもないヨ〟と自戒し、ケナされりゃあ、〝そんなに酷くないはづよ……〟とネ。

ところがマスコミ、中村江里子本人を遥かに越えた「スタァ」に祭り上げた。

それは、それでいい、仕方がない、世の中に「スタァ」は必要だし、その局の仕組みもあるのだから……。

さア、この後だ、持ち上げるだけ持ち上げておいて、その「スタァ」を手前達《マスコミ》の勝手で引きずり降ろす、コキ下《お》ろす。普通《なみ》の女性《おんな》、いや、それ以下に落として楽しんでいる。「世の中あること、ないこと」というか、「ないこと、ないこと」を書きまくられた。

中村江里子にしては堪らない。自分で頼んでスタァにして貰った訳ではない。彼女映画スタァではないし、歌手でも役者でもない、元々は「唯のアナウンサー」なのだから……。それを勝手に虚像を作って叩き壊して喜んでいるのだから……。といってTVに出てても文句を云う場所もない。書く処もない。泣き寝入りだ。だから冒頭に書いた如く、〝江里子さん可哀想だ〟と、こうなる。

どうする江里子さんよ、なまじ美人に生まれたことを恨むかネ。〝これも税金〟と諦めるかネ。というよりあんた大スタァなのだよ。

——＊——

ＴＶが出現してからは往年の「スタァ」は居なくなった。光り輝いている裏を写し、中身を掘り出し、〝これでもか〟と興味の対象にする。

「人間本当に下劣になると他人の不幸しか喜ばなくなる」というが、その通りの世の中となった。

結果、退社と報道されたネ。

余計なことだが、「これからどうするの」。居直って、泥沼に咲くしたたかなタレントになるか、女ジョニー・カースンにでもなりますか……。

あとは「色気ヌキでニュースを読むか……」。それにしても中村江里子キレイ過ぎる。

これからの女子アナ、スキャンダルもデッチ上げも驚くものか、きっとしたたかに生きるだろう。そういう連中でないと女子アナは務まらない……。

江里子負けるな、俺がついてる。

リーガル千太・万吉

漫才師。りーがる・せんた。明治34年生まれ、昭和55年没、78歳。本名・富田寿。りーがる・まんきち。明治27年生まれ、昭和42年没、72歳。本名・寄木昇。二人とも噺家から漫才に転じて、昭和9年、コンビを組む。軽妙という言葉がいちばん似合うコンビだった。

戦前、戦中、戦後と東京の漫才界のトップであり、リーダー格でありました。

戦後漫才協団が出来、その初代会長もリーガル万吉師でありました。

この協団が出来たとき、よほど嬉《うれ》しかったか、「これでおれも漫才葬だな」と云ったのを家元直接聞いている。

——＊——

お二人の経歴《キャリア》は咄家で、歳上で俗に称《い》う「ツッコミ」が万吉師、「ボケ」が千太師という役どころ。咄家時代は確か万吉師が「柳家小団治」、三代目小さん門下から柳家三語楼門下に……、その後兄弟弟子の金語楼の一門となる……ということ。相方千太師は金語楼直門で「語楼」といった……。

「何で咄家から漫才師になったのか」といえば、「咄家ぢゃあ喰えないから」であった。

その頃、いえ昔々から「咄家たァ貧乏なもの」と相場がきまってたが現代《いま》は……いえ、昔しゃ咄家ばかりが貧乏ぢゃあござんせんで、国中貧乏なんでした。その国が豊かンなりゃ咄家とて豪勢になるのもごく成り行きでして、威張るようだがその繁栄日本の中で家元ぐらいつつましく生活《くら》している芸人はいませんや……。

話がそれた。すぐそれる、で、ネ、日本中貧乏国の中でも咄家よりゃ漫才のほうが時代《とき》の光が当たってた。で咄家からの転向組は数多く、浅田家章吾、林家染団治、春風亭枝雀、三遊亭柳枝、三遊亭小円。浮世亭歌楽もそうであったはづ……。つまり関西にその傾向は強く、それだけ漫才の隆盛が吉本興業と共にあった歴史を物語っている。まだ〳〵多くいるだろうがそれはさて置き、この御両人楽屋でも紳士であったが、その高座は実におっとりして品がよかった。

一口にはスローテンポといえようが、観客が納得する限り、限界ギリ〳〵までスローに口調を延ばすことを万古師は楽しんでいた部分があった。

千太「ぞろ〳〵ぞろ〳〵人が出て……凄いの何の、もう道も一杯、どこも人、ぞろ〳〵ぞろ〳〵……百人位……」

万吉「……そんなにィ……出て……え……百……にーん……と……、云う……こと……は……ない……で……しょう……」

判ンないよネ、これぢゃ……。

――＊――

〽梅は咲いたか……の上がり囃子で御両人の登場、チョイ世間咄をしてネタに入る「仁義」「仇討ち」「川辺《ぺり》住い」等が当たりネタで、最初はエンタツ・アチャコのパクリであったが、その一つである、ぞろ〳〵……のネタも己れ達の芸に消化し、それを売り物にした。晩年の作「焼トリ」はお二人気に入ったらしく、よく演じていたっけ……。

持ちネタとは別に、「名刺」とか「電話」とか、短いギャグもあり、咄家同様それらを枕に振ったり、後に付けたりの高座も多い。

「咄家からの転向組」と書いたが、ナニ転向組はいつの世にもあり、己れの世界に陽が暗《かげ》ると、〝当たっている〟と感じる世界に移る。漫才が全盛となりゃ、そこに行き、コメディアンが寄席に光が当たると、トリオを組んでそこに出る。当今のお笑いタレントブームが如実にそれを表している。

面ぁ不器量《まずい》、声は悪い、でも芸人《タレント》になりたいってえ奴等がお笑いタレントを志望《こころ》ざす……。

——*——

また話がそれた……。

リーガル千太・万吉、一時は金語楼劇団に居て兵隊劇の上官役を万吉師は演じていた、と聞くし、二人共、金語楼師を「御大《おんたい》」と呼んでいた。

その金語楼とて咄家からの転向組だが、こちらは才能が有り余っての結果だけど、落語を演《や》って欲しかった……。

あのォ、千太・万吉のことだけど……この二人の態度というか、マナーを「獅子てんや・瀬戸わんや」は見習っていたが、この二人も紳士であった。「わんやさん」亡くなったが、「てんやさん」元気で講演をしてる、と聞いた。

千太・万吉、両師の逸話《エピソード》は『談志楽屋噺』にそこ〳〵書いてある。

で、二人《コンビ》の仲だが、寄席の楽屋では決して見せないが、確執はあったろう……。

「師匠すいません、まだ後がきていないので……」とツナギを頼んだが、結果四十分以上ツナいで貰ったことがあった。

「お疲れさまです、どうもすいません」

に万吉師、

「これが寄席の面白《い》い処ですよ、長く演ったり、時間がなかったり……ネ」

温厚そのまま静かな口調でありました。

嫌な部分、つまり「キザ」とか、「演り過ぎ」とか、「野暮なギャグ」「オーバー演技」等が全く無い。楽屋で一緒の噺家達と、いえそれ以上に粋な寄席向きの高座なのでした。

お二人の亭号である「リーガル」とは、その頃在《あ》ったレコード会社の名で「リーガルレコード」というヤツで、後年のコロムビアトップ・ライトと同じケースのネーミング。

そのリーガルレコードから出した漫才が当たっての命名である。

「リーガルって何《ど》ういう意味なんです？」

に万吉師、

「ポルトガル語で〝女王〞という……」

ほんとかなァ……。

もう遠い昔の話であります……。

苅田久徳

かりた・ひさのり、プロ野球選手。明治43年生まれ。昭和11年のセネタースを皮切りに、二塁手として８球団を渡り歩いた。退場選手第一号、１試合２無補殺併殺（一人併殺）第一号などの味のある記録が多い。13年にはＭＶＰを獲得。監督、審判も務めた。〔平成13年没。〕

プロ野球誕生以来この世界で「名人」と称《い》われた唯一のプレイヤーが「苅田久徳」。その名人芸を家元見てる。横沢三郎率いるセネタースのプレイング・マネージャーとしての戦後の再起であった。

その捕球から送球への速さに、子供心に目が躍ったものだ。

子供とはいえ、その頃だ。娯楽のない時代にそれを求めた子供は、キチンとした己れの判断、技術の見方を身につけていた。そしてその記憶は現在《いま》に続き、その頃のセネタース……嗚呼《ああ》……（何といいチーム名であることよ、その名が大リーグからも消えたのだ。惜しき哉、ワシントン・セネタース）。

その日本のセネタースには、投手は白木義一郎、悪口に「後楽園のアゴ」といわれた顔の長い慶應出のリーグ№2の投手……ちなみに№1はその頃の藤本英雄、後の中上英雄は「ＧＩＡＮＴＳ」。

セネタースのもう一本の投手の柱は「黒尾重明」。捕手は「熊耳《くまがみ》武彦」か、一塁《ファースト》に後年「月に向かって打て」と名言を吐いたのに、バカなファンや評論家の誤解を呼んだ「飯島滋弥」は背番号20で三番打者、セカンドは名人苅田、サードは……はて誰だっけ、ショートは「清水」がいた。

外野は右に「大下」、左に「長持」、真ン中に「一言《ひとこと》」がいた。「一言《ひとこと》多《た》十《じゅう》」である。快足で一番打者《トップバッター》だ。いい外野であった。

苅田名人の芸を後に「浜田」が引き継ぐのだが……。

余談だが、その内に何処かで野球咄を書いてやろう。好きな選手を並べるんだ、まづ第一は「長谷川良平」、以下「毒島《ぶすじま》章一」「飯田徳治《とくじ》」「山田伝《でん》」「福本豊」「スワローズの安田猛」「山田久志」「杉浦清」「杉浦忠」「金星《スターズ》の清原初男《はつお》」「浜崎真二」「天保義夫」「今西錬太郎」「青田昇」……とネ。


――＊――


で名人のことだが、戦後、水原、三原と同期生が華やかに、監督として勝負を競った中に名人はひっそりとしていて、表面《おもて》に出てこなかったのだ。何なのか、何故だったのか。云っちゃ悪いが、水原や、三原のように田舎っペィではなかったからか、何せ名人生粋《きっすい》の、横浜《はま》っ子だ。

その気風《きっぷ》は、見事な江戸っ子。江戸弁、いや東京弁だから、若き日のエピソードの数々にある悪口雑言は胸のすく啖呵になっていたという。それはアメリカ相手の時でも同じ、英語で啖呵ぁ切った、と聞く。勿論〝即退場〟であった、と逸話に残っている。

名人に聞いたエピソードの数々は、観客《ファン》は名人のダブルプレーを観にきてるから「先頭打者は四球か失策《エラー》で塁に出す」とか、一塁走者《ランナー》の名人は監督でもあるから（戦前にも）一塁ベースから離れながら塁審に文句をいう。ところがこれ抗議に非ズで、そのまま二塁へ、つまり二盗なのだ……とか。

その頃の八百長の話題《はなし》、それらを喋った名人の容姿《すがた》は伊達《ダンディ》以外の何者でもなかった。その頃、もう八十を過ぎてたが、痩身に洒落きった上衣、コート姿に捲いたマフラーの流れの見事さ。

ふと家元植村謙二郎を想った。また後年の水島道太郎にも似てた。

戦後の野球ファンであった子供の家元にあった野球選手への郷愁、戦禍に散った沢村、吉原のバッテリー、セカンドの田部、イーグルスのタコ足の中河、酒仙投手と呼ばれたタイガースの西村幸生、景浦将《まさる》は、山下実は……。

それらの話を名人に聞いた録音がある。選手時代の水原、三原。スタルヒン、野口二郎・明の弟兄《きょうだい》バッテリー。等々、挙げていくとキリがない。

名人は戦前はショート、戦後はセカンドを守ってた。その戦後の二塁手に千葉茂が居、本堂がいたっけ……。

こういう話に解説は付けない。知る人だけのものであり、〝識りたい〟と思った人にのみ喋る。なぁーに興味のない奴に喋ったって判る訳がないだろうに……。

現役のタイガースの選手がインタビューされていた。

「藤村を知っていますか？」に、

「名前は聞いたことがありますが見たことがないもんで……」

こんな処だ、これを時代というのかネ、違うがなァ……。

――＊――

名人元気（?）で横浜に生きている。もう一度暖かくなったら逢いにいこう。それまで名人、生きててください。「莫迦ぁいうねえ……」というだろうか、そういってて欲しい。

自慢ぢゃないが家元、名人苅田に可愛がられてるのだ。

名人からワインが送られてきた事があった。見事な味の酒だった。

手紙に名人より……というのもある。

苅田久徳の全盛の名人プレーの数々はどれ程素晴らしかったことか。

余談だが正月ハワイで名アナウンサー志村正順氏と会った。藤倉修一氏と一緒であった。昔咄に華が咲いた……。

プロ野球発生からプレイヤーとして参加し現存《いき》ているのは現在《いま》では名人苅田だけである。

名人、生きててくれよなァ……ゆっくりゆっくりとネ……。

最後に一言、名人に対する評価が低い。その名人とは苅田だぜ。苅田久徳なんだぜ。

林家木久蔵

はやしや・きくぞう、落語家。昭和12年生まれ。本名・豊田洋。森永乳業に勤務したのち、漫画家・清水崑に師事するという異色の経歴の持ち主。全国ラーメン党を結成し、ラーメンチェーン店を経営。日本画も描き、著書も多数。多才人である。〔後に木久扇。〕

妙な奴である。噺家なんだが、噺家とはチト離れている処がある。

ということは了見は噺家だが……。この場合噺家の了見とは、己れを投げ出すことが出来、噺家の受けのパターンを知っている、ということなのだが、どっか商人《あきんど》みたいな処もある。

で、「ラーメン屋」をやっている。

行きつけの酒場《バー》でよく会うから、時にゃマシな質問をすると、ナンダカワカンナイ答えが返ってくる。〝バカぢゃねえのか、この野郎は……〟てなもんだ。

だからこ奴と芸の話なんざァしてもダメ、無駄である。

けどヨイショは上手い、前座の頃の木久蔵の処置に驚いたこともある。

「やりやがったな」って手段《て》を使う……、見事であった。それらは『現代落語論』（三一書房）に書いたが……。


――＊――


〝清水崑の弟子だった〟と自称する位だから絵をそこ〳〵には描く。

「落語シリーズ」という絵を描き、「個展」ときやがったので見たら酷《ひで》え代物《もん》だ。絵もさることながら、落語の内容を何も描いていないのだ。

我家《うち》にある「島田啓三」先生の落語の絵を見せてやりたい。もっとも見せても判るまい。

「兄さん、困るよォ、私の絵はそこ〳〵の値がついてるのに、目の前でケナすんだもの、安くなっちゃったですよ」……とサ。

けどその絵もバカなりに佳くなってきた。結構売れてるし、商売になっている、と聞く。

泥棒ォー。

――＊――

弟子入りをした師匠が「三木助」（勿論先代）〔三代目〕だから、偶然かも知れないが落語を観る目は持っている。師匠の没後「林家正蔵」から「彦六」になった師匠の弟子となる。この辺も判る。

古典落語は下手くそ、何の魅力もないが自作の「彦六伝」という師匠のエピソード集は楽しいし、これに準じた演題《ネタ》があと二本ぐらいあるらしい。奴ぁその二、三本のネタで喰ってる。喰ってるどころかビルまで建てやがった。

機を見るに敏で、木久蔵がこなくなったらその旦那衆《スポンサー》は落ち目と判断していい。

ラーメン屋で、絵書きで、加えて発明家だそうだ。

金語楼師匠も妙な発明をしていたが、奴も同様で「注ぎ口が二つある急須《きゅうす》」を見た事がある。

一度に二つの茶碗にお茶が注げる、という発明らしい。

で、「三つ茶碗が出てきたらどうする」に木久蔵、そのときは〝万事休ス〟だとサ、実にくだらない。この落《さ》げをいう為の発明らしい。

ということは、木久蔵の奴ぁ世の中ぁナメてかかっているのだろう。

「どう気負ったって所詮世の中、たいした事もあるまいに、なら己れの才能のチョイ出しで充分、軽く世の中そこ〳〵渡っていける」と踏んでいるに違いない。

だからけっして無理ィしない、家元の如くシャカリキに物事に対峙しない。そんなこたァ〝野暮の骨頂〟だ、と思ってケツカルのである。

——＊——

どこに理由があるかは知らないが、奴のスタイルも妙なファッションで、これまたナンダカワカンナイ。その辺にある物を着、身につけている様だが、木久蔵なりに何か訳があるのだろうと思わせるから妙な奴だ。

——＊——

酒も強いんだか、弱いんだか判らナイ。どこまでが本気なのかも判らない。が古典落語を何《ど》っ処《か》で馬鹿にしているようにも感じる。

木久蔵が創った「彦六伝」は一つの典型となって多くの類型を呼んだ。いつだったか「鶴光」が師である「六代目松鶴伝」を演《や》っていたが木久蔵のパターンであった。で結構面白く聞けたのだから、チョイセンスがありゃ出来るのだろう、が、それを高座で「売り物《もの》」にしたのは褒めてやる。

つまり、こう書いても奴ぁ驚かない、平気なのだ。これで文句ぅいやあ〝野暮だ〟の、

〝バカだ〟のといわれるのを〝承知である〟のと同時にこれを受け流し、時には〝受けて立つ了見がある〟というこった。

――*――

木久蔵、木久ちゃんのお面付《つらっ》きはけっして明るい陽気な顔ではない。むしろ陰気なほうである。けどそれらを含めて上手に世の中ァ渡りいい暮らしをしている、ということは、クドいが「高望み」をしないのだろう。

いや、待てよ、精を凝らしてその位置に、何気ない顔をして居座っているのか。

彼のやる商売も、その結果の失敗談も、計算し尽くされている訳ではないが、どっかに仕組まれ、それらの集大成というか、基本は「軽く生きる」という風に見せているのだろう。「奴」から、「木久蔵」、「木久ちゃん」、「彼」、となったネ。

これも、奴の姿を語るときの〝自然の成り行き〟と「奴」に読まれているようにも思える。

してみりゃ妙な奴どころか、したたかな奴なのだ。

「人生なんてたいした事はない」という落語の本質を身体で、頭で、識《し》っているのである。

藤村有弘

ふじむら・ありひろ、喜劇俳優。昭和９年生まれ、昭和57年没、48歳。いわゆる無国籍アクション映画の全盛期には、彼の演ずる、不思議な外国語を駆使した悪玉役は、必要不可欠の存在だった。ＮＨＫの人形劇『ひょっこりひょうたん島』のドン・ガバチョ役も懐かしい。

通称「バンサ」、由来はいろ〳〵とある。自分で「バンサ」といった、ともいうし。何ぞてえと、〝バンサバンサ〟といっていた、という説（？）もある。ま、いい。藤村有弘は「バンサ」と称《い》われていた。

とに角お洒落だ。趣味、服装、いや人生にお洒落なのだ。きっとバンサ、「何が嫌いだ」といわれりゃ、〝野暮〟ほどイヤなものはなかったろう。

この辺はよく二人でツルんで遊んでいたジャズピアニスト「山崎唯《ただし》」にも共通していたっけ……。

体型は、バンサは、どちらかというと小肥り。山崎唯《やま》は痩身にピタリと着《つ》いた服であった。ついでにいうと若き談志も山崎と同じ細身で、細い〳〵スタイルの服を着てた。

バンサは〝貴族を気取ってた〟如く見えたが、その気取りは板についてた。

その逆が大泉滉《ボー》さんで、ロシア貴族の末裔が、落ちぶれたスタイルを好んでいた如く見えた。

――＊――

バンサの喋りは優雅で、「あーたはネ、いいえそれはネ、ないざんすよ……、でしょう」とホモっ気もあり、それを別に隠そうともせず、よく家元《わたし》とその方の話をした。

バンサの仕事上の役どころは、「ＴＶのコメディ」「バラエティ」。映画に出演《でる》と、「国籍不明の外国人」、それも悪人側の……と、こうなる。

——＊——

バンサは、〝何でも識《し》ってた〟という感じであり、特に外国のこととなると……。

おっと、それより、バンサの本来の芸どころは、「語学」であった。その語学とは本当の意味での「語学」、つまり日本の言葉、外国の言葉、それらの語源、変化、特徴、など〳〵……。で、それらを背景に……といっても、そういう意味での会話はせずに、古今随一、あの名人芸の「世界の会話」となる。

いや、はや、どうも、こんなに上手い、「見事」の一言に尽きる「世界の語り」は他に類を見ない。タモリと一緒にＴＶ『今夜は最高！』で高平哲郎が演出をしたＶＴＲが残っているが、タモリにゃ悪いが、ケタが違う。プロとアマチュアの差だ。

——＊——

芸能の基本根本に「物真似」がある。「アッハァ、そういうことは野暮ざんすよ」とバンサにいわれそうだが、「全ての芸能は物真似より生じる……」とあるが、その通りで、逆にいうと、芸は「意味」で楽しませるより「音」で楽しませるほうが楽なのだ。ただし、出来ればネ。

バンサの名人芸を紹介する。

「世界の言葉を真似る」と、こうなるが、その真似たるや、語学の天才だから、その国の、その地方の、本物の言葉を喋っているわけではないのだろうが、それがどこ迄が本物なのか、むしろ本物だと楽しさが減るから、わざとニセをやるのかも知れない、と私には思えた。

〝ニセ語で表現する〟のではなく、〝本物を擬音に似せる、という「芸」を演《や》る〟と表現したほうが正確である。

「フランス語」「イタリー」「ドイツ」「ロシア」「ポルトゲス」「アフリカはスワヒリ語」。「中国」とくると、「北京語」「広東語」「上海」、その他各地の方言が入るし、「ベトナム」「タイ」「フィリピン」「サモア」、特に「韓国語」の上手ったらない。

それも当時のことだ。日航のスチュワーデスが初めてソウル便に乗り、やっと覚えた日本語訛りの韓国語。機が着いて、ドアを開けると、〝ムッ〟とニンニクの匂い、そのスチュワーデスのリアクション。これを演るのだから堪らない。

「メキシカン」と「中国人」が喧嘩ぁする。そこに仲裁に入る「フランス人」。聞いてて〝笑う〟なんてもんぢゃない。文字通り「ひっくり返って笑う」、勿論家元も腹が痛くなる程笑わせられた。いやはや、何と表現していいのやら……。

「バンサ、参った〱……。ウヒヒヒィ……、アッハハァ……、で今度はモンゴルとイタリーを一つ……」

「人使いが荒いざんすネ。ではピアノでも……」と弾くピアノ。タララン〱と弾いている。

「バンサ、これ何の曲」

「いいえ、メチャクチャなんざんす」

あのネ、ピアノなんてメチャクチャに弾けるもんじゃあないよ……。

これまたどこまで本当なのか。つまり弾けるピアノをわざといいかげんに遊んでるのか。それとも、デタラメをそこ〳〵聴かせちまうのか。これを判別《はっきり》させないとこが、バンサの「粋さ」なのであろう。

そのピアノを山崎唯が受け持ってのバンサの唄となると、この世にこんな悦楽があるのか……、と思わせた逢う度のバンサとの夜だった。勿論家元、山崎《やま》ともいつも一緒だったっけ。

「カンツォーネ」「ロシア民謡」「シャンソン」「ラテン」。世界の言葉に対して、バンサに不可能はなかった。

自家用《くるま》のトランクの中にハムの機械が一式つまっていて、メヒコと交信《はなし》してる。勿論スパニッシュで……。

「ネ談志《セニョール》、ホントざんしょう」

バンサの芸をもう一度聞きたい。出来れば、毎夜を酒と、バンサと、山崎唯で……。

森繁久彌

もりしげ・ひさや、俳優。大正２年生まれ。東宝劇団から緑波一座を経て、昭和14年ＮＨＫ入社。アナウンサーとして旧満州に渡る。映画なら「駅前旅館」に始まる駅前シリーズ、舞台なら「屋根の上のヴァイオリン弾き」が代表作。平成３年文化勲章受章。〔平成21年没。〕

森繁久彌、それは若き頃の家元の憧憬《あこがれ》であった。

アナウンサーとして満州は新京に渡り、敗戦で帰国、「ムーラン」などの役者を経て、ラジオ、映画に出演、やがてそれらを制覇し、天下の人気者となった。話芸に、歌に、アチャラカに、文芸作品に、森繁時代を創り上げ、その背景には「粋《すい》と知性」があったから「鬼に金棒」、この王様に家元、どれほど影響されたものか……。森繁節《レコード》を買い集め、ラジオに酔い、笑い、そのくせ、迂闊にも森繁の通ってきたアチャラカの歴史を知らず、つまり「文芸物」とか称《い》う〝人生しみ〴〵〟という部分にのみ影響されての揚げ句、後年映画を主演《と》るときに、アチャラカ台本に文句《クレーム》をつけ、「こんな本ぢゃあ、演《や》ってられナイ」と、現代《いま》思うと恐ろしい、何と、あの東宝の大プロデューサー、粋人雨宮さんに文句《いっ》たのだから、若さは恐い。けど相手は大人、怒りもしなかったっけ……。


――＊――


売り出しの森繁久彌が落語、講談の人達の高座にゲストで来演、森繁の話芸に全部攫《さら》われた場面を家元見てる。また森繁の「話芸の中の圧巻」は「艶笑小咄《エロバナシ》」と聞いていたが、その機会はいまだにない。

ちなみにひばり（美空）のエロ唄も聞きたかった……。きっと唄ったはづだしネ……。

のり平（三木）さんの手踊り、バンサ（藤村有弘）の外国語は聞いといてよかった。聞かせて貰ってよかった。人生の宝物である。

――＊――

その森繁久彌、「屋根の上のヴァイオリン弾き」からおかしくなっちゃった。面白くも何ともない芝居で、見ていた家元思わず客席から怒鳴りたくなった。

「コラッ、森繁ッ船頭小唄ぁ唄え……」とネ。

――＊――

とはいえ、人生はその人のものだ、嫌なら放りゃいいだけだし、見放しゃそれで済む。けどけど、「俺の中にあった森繁は一体何処へ行ったんだ」であり、「あれは一体何だったんだ」という怒り、そして悲しみ……。

――＊――

その森繁《しげ》さんボケたと聞く。確かにＴＶで見る姿にその感はあった。

で、過日のり平氏の葬儀で会ったときのこと。

人間偉くなると周囲《まわり》に人が寄らなくなる。そういう理由《わけ》でもなかったかも知れないがポツンと独り控えの部屋だ。

で、家元のこった、話しかけた。

森繁さん耳は遠くなってる（当然だ）からイヤホーン、テーブルの半分以上に身体ぁ乗り出して大声の家元。

「辛いでしょう……」に、

「辛い、辛いよォ……」と森繁御大。

涙もろくもなろう、寄る歳月に悲報が続く日々だもの……。

「キミはよくやってるネェ……」と、こっちを庇《かば》ってくれての言葉だ。

「昨年ガンになって……」と、これも大声の家元に、

「倅《せがれ》はネ、ガンでネ……」

さァ、ここなのだ、会話としては繋がっていない、これだけ聞くと〝森繁久彌ボケた〟とこうなる。

けど違う、聞こえない耳、それを庇って、少しだけ聞こえた相手の言葉を想像し、聞き直すという老いの証拠に対する不安、そこで己れで想像を繋げてのガン話なのだ。

聞こえにくい耳を己れの理性でカバーしてるのだ。

ところが世の中並みの奴ァ、〝ハイ、これまで、森繁《しげ》さんボケた〟〝一丁上がり〟と己れを楽にしてしまう。

違う。

体力がなくなったから五体が不自由になる。〝これを老いという〟のだ。昔なら一座の連中に一言も喋らせないだけの話芸と、内容が有った森繁久彌だ。けど、〝老い〟て体力で喋る気力はないけれど、聞く知性はキチンとしてる。なら、相手になってやるべきだ、失礼、なるべきだ。

聞いてやるのだ。いや、森繁久彌の内容を代弁して会話にすればいいのだ。さすりゃ、相手は短い言葉で己れを表現出来るし、するネ。

「こう〳〵、こうで、こうですか」

「違うネ」

「じゃあ、こうですか、こういうことですかネ」

「まァネ」

それは森繁久彌と共通の内容を持たねばなるまいし、至難の業《わざ》であろうが……。

「老人の淋しさ」の根源はここにある。ましてその老人は天下の森繁久彌であろう……に。

——＊——

「山茶花究《さざんかきゅう》」に逝《い》かれ、いま、「のり平」に先立たれ、それ以上に御子息「泉」君の死を見送り、「辛いよォ、辛いです」と合掌した森繁久彌。友の為でもあろうが老軀を押して斎場にくるのも、何処かに「己れの場所」を求めているのかも知れナイ。葬儀場も一つのパーティーとして……。

——＊——

「あと、四、五人、見送らないと死ねないよ……」と家元のヨイショに、

「……なァ……ウーン」と森繁。

周囲《まわり》は「乱暴なことをいうネ」という視線であった……。

神田松鯉

かんだ・しょうり（二代目）、講釈師。明治18年生まれ、昭和42年没、81歳。本名・玉川悦太郎。根っからの道楽者だった。晩年は明治の講釈を感じさせる貴重な存在に。瀬戸内晴美の小説『花野』のモデルでもある。

「神田松鯉」、いい名だ。勿論「神田祭り」の洒落である。

明治時代の「三名人」の一人、二代目「神田伯山」が（あとの二人は義太夫の越路太夫と落語の橘家円喬）その名跡を弟子の「小伯山」に譲って隠居名《いんきょな》が松鯉。己れで考えた名であろう。で、当然初代《しょだい》。その伜《せがれ》が後年この名を継いで二代目松鯉。

ついでに伯山を継いだ三代目は天下の人気者、「八丁荒《はっちょうあら》し」と異名をとった「次郎長伝」の伯山だ。

余談だが、伯山の弟子の四天王の一人、「ろ山」。つまり〝お前は俺より上になるように〟と、「はく山」の上の「ろ山」だ。

あとの三人は「伯龍」（五代目）「山陽」（初代）「伯治」でいずれも先代。この「ろ山」から伯山《ししょう》譲りの次郎長伝を教わりこれまた天下の人気者になったのが広沢虎造だ。

ちなみに家元、これら名人芸の講談は聞いていない。つまり年代が違うのだ……。待てよ、もう少し早く、聴く機会《チャンス》がありゃ、「伯龍」は間に合ったのに……。

おっと松鯉の頁であった。家元《あたし》が二代目松鯉を聞いた頃はもういい爺さんで、御歳七十《しちじゅう》歳ぐらいか。その七十歳も、昔の人の七十だ、いいかげん老けていた。でもその姿は人生の灰汁《あく》がすっかり抜けた、何とも粋な爺さんで、その昔は色男、何でこんなに「いい男」に生まれてきたのか、これが身を違《あや》まった理由《わけ》で……。とは当人の弁。それらは瀬戸内寂聴の『花野』に詳しくあり、けっして洒落や冗談でなく、本当の江戸前の二枚目だったという。

つまり若旦那、芸より女、芸道より色道《しきどう》に多忙《いそ》がしかったのだろう。

そりゃそうだ、モテりゃあ、芸より女の方が面白い。まして娯楽《たのしみ》が少ない時代だったしネ。


――＊――


松鯉爺さんの講釈は、何と説明《いお》うか……。ま、一《ひ》と口にいやぁ「松鯉節」、音《おと》の通りに書いてみようか。

「いやぁ、その、やァ、与《よ》三《さ》郎さんわぁ、いやぁ、全身中《からだ》がァ、傷だらけでぇ……だによって（これが口癖）、顔《かお》ォ手拭《てのごい》でえ、いやァ隠《かく》すう、てぇと……だによってぇ……」

判らないよネ……。

変わった講談、実に不思議な妙な調子なのだが、その妙な調子の講釈にハマるともう堪らない。松鯉の妙《うま》さが判らない客《やつ》は、講釈通とはいえない。スタイルは違うが浪花節の東武蔵と似る。

恐らく昔っから、若い頃からこの口調だったのだろうから、売れまい、評価の仕様があるまい。一体誰の影響だったのだろう。


――＊――

講談の主流は、戦後は馬琴（宝井）〔五代目〕、貞丈（一龍斎）〔五代目〕、貞山（一龍斎）

〔七代目〕（いづれも先代）に代表されていたが家元、この三人が寄席で演じる講談より、釈場《しゃくば》で読む、「松鯉」「櫻州」「貞吉」「若燕《じゃくえん》」という先生方を追いかけたっけ。

　つまり、「世《せ》話《わ》講談」という範疇《ジャンル》である。寄席という、その頃流行《はや》った大衆の場で語る講談より、釈場……（といっても家元の頃は上野の「本牧亭《ほんもくてい》」一軒であったが……）その場で光る講釈師を愛した、いえ〝惚れた〟。

――＊――

　松鯉爺さん高座で喋《い》う。

「あたしゃぁ、労咳《ろうがい》で喘息《ぜんそく》だから、息は切れる、いやァ、咳は出るう、おまけに梅毒《かさ》ァ病《しょ》ってるしィ、頭ぁ、脳梅《のうばい》でぇ……」

　その掠《かす》れた声の、息切れ調子がまたいいんだなァ。太閤記を読んでいる。「洲《す》の俣《また》」の一夜城のくだりだ。

「猿みたいな奴がぁ、明日ァ、早く、きて、仕事ォ、してくれりゃあ、これ〳〵、これだけの手《て》間《ま》賃ぁやるよ……ってんだから職人達ぁ喜んだ。〝いやぁ俺もいくよ〟〝あたしもいくよ〟〝いやぁ、お前なんざァ朝寝坊だから朝早くなんざァ、とても無理だい〟〝いやァ、いくよ〟〝いやァムリだ……〟てんで、皆、その晩は家に帰る。でえ、朝ァ、出掛けたら、奴ァ一番できてた。聞いてみると、昨夜《ゆうべ》から、そこに寝てた。そりゃ早いや。

　夜が明けた永禄の九年、九月、二十四日、エイ〳〵オウ、と聞こえてくる軍列、真っ先に見えたるは赤地に銀の陣羽織……」と修羅場読みに入る調子の見事さ、次から次とその軍勢を読み上げ……「見ると大将は何と昨夜の猿公《エテコウ》だから驚いた……。これから洲の俣の一夜城を築く場面は丁度明日の今頃になる、という。今日はこの辺で失礼を致します……」と切り場だ。

また行きたくなるよォ、続きを聞きたくならぁな。

「切られお富」「伊達《だて》の堪忍袋」何と「加藤清正と日蓮上人」なんという凄いのもある。

——＊——

普段の会話も全編粋だった。この場合の粋とは物事をマトモに喋らない、表現を変えてくるのだ。

「先生、これから何処《どちら》へ……」

「いやあ、〝どちら〟という程の処ではない。何処か、金が落ちてて拾えるような場所ォ探しに……」てなもんだ。

神田松鯉を聞けた幸福、それは「邑井《むらい》貞吉《ていきち》」にも、「小金井櫻州」にもいえる。

「釈場育ち」の講釈師にどうやら、ギリ〳〵間に合ったことを〝良《よ》し〟としよう。

桂　文珍

かつら・ぶんちん、落語家。昭和23年生まれ。本名・西田勤。49年、林家小染、桂きん枝、月亭八方と結成したグループ「ザ・パンダ」で、一躍人気者に。その後は新作に力を入れ、シンセサイザーを操った創作落語に挑戦したりもした。関西大学文学部で教鞭をとるなど、活動範囲は広い。

妙な奴である。不思議な男である。それが家元に引っ掛かるのだ。

＊

文珍を知ったのは、TVでのこと……。

己れを紹介するのに、何と文珍、

「えー、落語界の糸山英太郎であります……」

これは驚いた、ぶったまげたネ。

その頃、糸山英太郎は日本中の敵であり目の敵とされていた。その理由《わけ》は記憶《おぼ》えている人も居ると思うが〝参議院議員を金で買った〟という、つまり選挙違反である。

ま、多かれ少なかれ、誰でもやるんだが、〝誰か一人その時々のターゲットにされる〟ということもあり、それに煽られた国民の怨嗟の的であった時の人、糸山英太郎。

文珍はそれをネタにした。ネタにしようにも程がある。〝私は落語界の糸山英太郎〟ときたもんだ。

もっとも文珍、現在《いま》より痩せてて、糸山英太郎に似てた。

＊

家元もこの種のことは平気でやる。いえ、〝落語家ならやるべきだ〟というのが根底にある。だが、それをヤラないのが咄家だから文珍の弁に眼を見張ったわけだ。

で、その後の文珍は知らナイ、けどあの吉本だ。大将・中邨《なかむら》秀雄率いる非情の権化の吉本に、したたかに人生を送ってきたのだから「月亭八方」同様並みぢゃあないな、と予想《おも》ってた。

——＊——

その文珍と「二人会」を演《や》るようになり彼の高座を聴いたっけ。

その枕というか、漫談は絶妙である。〝面白い〟〝おかしい〟のでなく「絶妙」なのだ。文珍の芸を絶妙にしてるのは彼のセンスである。自信たっぷりの高座だから声も張らず、ギャグも強調しない。

こんなこたあ、〝よくあること〟だと思うかも知れナイが、何せ文珍の育った場所は名うての場、吉本興業の劇場である。

そんじょ、そこらの演り方なんぞ聞くもんか。居眠りどころの騒ぎぢゃない、早い話騒音の中で舞台に上がり、己れの世界を見せ、爆笑《わらい》優先、「それのみを求めてきた」という大阪の観客だ。それを納得させなければ芸人の生命はない。

「受けん奴ァ、不要《いり》まへん、受けなんだらそれまでや、それは三枝かて、文珍かて皆同じ、受けヘン芸人《もの》は不要《いら》しまへン」とは中邨社長の弁で、家元直接この言葉を聞いている。

——＊——

つまり文珍、この修羅場で受けての結果の自信なのだが、そこにくるまで何を演り、どう観客を驚かしたのか……。

少なくとも最初《はな》から現在《いま》の高座スタイルではあるまい。

――＊――

家元いいたいことは、吉本時代は騒々しく、あの笑いの遊園地の客と遊び、その後、漫談から己れの落語という一席を聞かせるという形式《スタイル》に変わり、やがて今の話法になったのだろうが、その内容の変化はどうだったのか、ということだ。

基本的には同一人物だから、よほどの転機がない限り、その内容は変わらナイ。さすりゃあ桂文珍、今日の為の修練の場であった吉本若手時代にも、その芽はあったのだろう……。

――＊――

と書いても、その実は昔の文珍を聞いたことのない人にゃあ判らない。家元とてほとんど聞いていない。

もっとも何事もそうだ。何で家元が高座ぁ中断《やめ》たのか。見てない人にゃあ判るまい……いや判る人にゃ判断《わか》るのだがネ……。

――＊――

その文珍をＮＨＫの娯楽番組で見ると、常識人そのものなのだ。腹が立つくらいの「変身」……いや「偽善」に見える。

「こ奴一体何なのだ」ということった。

結論を先にいうと、あれも一つの表現なのだ。たとえ偽善といわれようが……いえ、むしろ、その偽善が出来る凄さをストレートに出しているのだ。

家元の「偽悪」と表裏一体ともいえる。

もっといやあ、偽善も偽悪も人間の業なのだ。

「そうなんだろう……」の家元に、

「そうですワ……」だとサ。

ちゃんと理解《わか》っているのだが、あ奴の顔を見てると、それも本当か判らない。何処か狸に似てる、つまり妖怪の顔、人間を騙す眼をしてる。

嘘だと思う人ァ、あ奴の耳に息ィ吹っかけてみな。きっと、尻っ尾を出すぜ……。

——＊——

桂文珍妖怪ならもう仕様《しゃ》ぁない、妖怪は人間より一段も二段も上だ。

何せ妖怪は人間に反省をうながしている存在なのだから……。

桂文珍、所々方々に化けて出る。いま知ってるのはＴＶと落語の二ヵ所だが、まだもっと別の化け方もきっと知ってるはづである。

——＊——

「電話してみようかな」何ていうかネ。

「何かようかい……」っていうかネ。これ貞鳳（一龍斎）さんの駄ジャレである。

文珍を妖怪だと思えない、つまり文珍を〝人間だ〟と思っている連中には、実に不気味な存在であろう……。

コロムビアトップ・ライト

漫才師。ころむびあ・とっぷ。大正11年生まれ。本名・下村泰。ころむびあ・らいと。昭和２年生まれ。本名・鳥屋二郎。昭和24年コンビ結成。政治ネタ、社会ネタで人気を得る。49年、トップの参院選当選でコンビを解消。ライトはその後喉を悪くし、人工声帯で芸能活動を続けている。〔トップ、平成16年没。ライト、22年没。〕

漫才に政治談義を持ち込んだ、政治を戯画化《カリカチュア》した最初《はじ》めての漫才である。

その新鮮さはトップ・ライトをあっという間にスターダムにのし上げた。

週刊朝日の見出しになった。これ即ち「トップ記事」か……いや、いや、御免ごめん、御勘弁の程を……。

——＊——

コンビの売り出しは、その前の「国際放送」にあった。ラジオから流れ出る世界各国……といっても、「アメリカ」「フランス」「中国」「韓国」あたりだが、その音はライトさんの受持ちで、後年別れてからライトさん声帯模写をやったくらいだから「音」はお手の物であったろう。

売れに売れたこのコンビ、だが御承知の通り、コンビ別れとなる。

別れる頃の二人の漫才は酷かった、「どう酷いのか」というと、トップさん、ライト氏に喋らせないのだ。

ライトさんが何か云おうとすると、それをトップ氏、被《かぶ》せて喋っちまうのだ。相手に喋らせない。嫌がらせともいえる。

聞いてて他人事《ひとごと》ながらハラ〳〵した。

「ねえ、トップさん、あれぢゃ酷いよ、ライトさんが可哀想だよ」に、トップさん、

「お前なんぞに理解《わか》るもんか」と、にべもなく云《い》ったっけ。

その通りなのだ。漫才のコンビのバランスのむづかしさ、それが嫌悪に……いや憎悪に変わったときは所詮〝他人にゃ判るまい〟……。けど、本当いうとその後《ご》判ったのだが……。

――＊――


別れた二《ふた》ぁ人《り》……岸本水府の川柳に「二ぁ人は、別れたっきり、それっきり」とあったがトップ・ライトもその通りになり、一方は家元に三年遅れて……参議院議員になり、三期務めたのも御承知だろう。で、家元、議員ぢゃ先輩だったから洒落に、

「オイ、下村ァ」といったりする。

「何だ、この野郎」と笑いながらの下村泰先生だ。

ライトさんは、弟と一緒に飛行機を作り……。また御免〳〵……。

一人高座、つまり「漫談」と「声帯模写」を演《や》ったが冴えなかった、まアまアの芸でしかなかった。


――＊――


家元、まだ前座の時だった。新宿末広亭にライトさんがきた。もう人気の出てる頃であったが、まだ「コロムビア」の亭号でなく、「青空ライト」であった。が、前座の私には〝スタァが来た〟ってなもんだった。

「あのォ、僕、青空ライトといいます。誰々さんに会いにきたんです。いますかしら

……」

〝何という、さわやかな青年だろう、謙虚なんだろう〟、というのがライトさんへの第一印象でありました。

「トップの奴ァ二人まではいいが、三人になると威張りやがる」という悪口を聞いたっけ。「違えねぇ」であったが、あの地位にいると、ああいう態度にいるほうが自然でもあったのかも知れナイ。あの性格は妙に愛想よくされても気味がワルい。「謙虚も過ぎれば傲慢になる」という言葉通りになるだろうし……。

――＊――

トップさん、「巷談《こうだん》」と称しての一人芸も、全盛のトップ・ライトの漫才にゃ、とても〳〵及ばないのも当たり前、元々漫才師なのだもの。

ハッキリいって東京の漫才界は壊滅状態ともいえる。「Wけんじ」「てんや・わんや」「桂子・好江」「三球・照代」「ノリロー・トリロー」。我が愛する「千夜・一夜」も死んだ。「朝刊・夕刊」「鶴夫・亀夫」「平路・凡路」「はるお・あきお」「うれし・たのし」「ピーチク・パーチク」と弟子の人気者「チック・タック」。「しのぶ・こいじ」「千とせ・洋かん」等々……。

人生浮き沈みの中でコロムビアトップ、これらの残党を率いての漫才協団の会長である。けど漫才協団の会長が相棒なしの一人芸なのだし、協団員も一人のほうが数多いくらいなのだ。

もう、トップ会長に漫才は望んでも無理だろう。けどそこ〳〵の相手がいりゃあ、その場だけ相手の即興漫才は出来ないものか。トップさん一人がボヤいて、その受けだけでも誰かが居たほうがいい。

とはいうが、それはあくまで芸としての形式のこと。内容となるとはたしてどうか……古くクセのある、いまや長老のコロムビアトップの相手に受《まわ》るてえ芸人も仲々いまい。

「トップさんと演ってみたら」

「冗談ぢゃない、殺されらァ」というかしら。なら、ぶっ叩いても死にそうにない内海桂子でもぶっつけてみるか。

「冗談いうな、こっちが殺されらァ」と会長いうかな。

あれっ、トップさん現在《いま》は会長でなく、名誉会長で、桂子さんが会長か……ま、どうでもいいや……。

そういやぁトップ・ライト、何と因果か、二ぁ人共癌になった。片や胃癌、一方は喉頭癌で声帯を失い、それを克服、その話で講演に廻っている生活《くらし》と聞いた。

〝人生いろ〳〵あらぁな〟とは東京ぼん太のフレーズだった。そのぼんちゃんも亡《な》い。トップさん年の暮れンなると懐メロの司会に出てくる。昔懐かしい活弁調で司会をしてる。

まだ〳〵死なねえな……。

笑福亭松鶴

しょうふくてい・しょかく（六代目）、落語家。大正７年生まれ、昭和61年没、68歳。本名・竹内日出男。昭和43年から52年まで上方落語協会の会長職にあった。豪放磊落な芸風で、「らくだ」「天王寺参り」「高津の富」などを十八番に。

東京の「ＴＢＳラジオ」、その頃の「ラジオ東京」と大阪の「朝日放送」がタイアップをして、若手を中心とした落語家の東西交流が行われ、その東京第一号が若き家元、つまり当時の「柳家小ゑん」でありました。

初めての大阪の高座、それも「角座《かどざ》」という「寄席」というより「劇場」という大きな場所《ハコ》へ出演のため、夜汽車に乗って大阪は湊町《みなとまち》駅に早朝着、そこに出迎えてくれたのが「笑福亭松鶴」その頃の「枝鶴」であった。一緒に「文紅《ぶんこう》」がいた。

枝鶴さんは五代目松鶴の息《そく》だから、落語界のプリンスと聞いていたが、初対面のあの顔に〝これがプリンスかいな〟と正直思い、後にその事を御当人に喋ったら〝汚いプリンスや〟と、あの声で笑った。

初めての印象は〝何と温かい人柄〟であった。

それ以来、枝鶴から六代目松鶴となったプリンスの芸と行動を見ていたが、何と逸話の多いこと、それもほとんどがメチャ〳〵話、それも借金話が大部分だ。やれ〝踏み倒し〟の、〝飲み倒し〟の結果、〝逃げまくり〟の……と、あるわ〳〵、米朝、小文枝、春団治と他《あと》の三人にそれらがない故《せい》か、この種のネタは松鶴の一手販売であった。

その借金王は東京から初上《はつのぼ》りの若手落語家に親切この上もなく、夜毎《よごと》大阪の夜を連れて遊ばせてくれました。

それも一晩に何軒も〳〵のハシゴ酒。朝日放送の若きディレクター、故小林勉《べん》がいみじくもいった。

「いくら泥酔《よ》っても大阪の咄家の名前だけは全部云える……」とネ。

それ程その当時《ころ》この地の咄家の数は少なかったのだ、全部で、二十人に充《み》たなかったはづだ……。漫才全盛の大阪の寄席のプログラムには、一晩に咄家の出番は一人、それも会社側の「伝統に対するほんの礼儀」といわんばかりに……。

だもの、咄なんぞ喋ったって観客は聞かばこそ、で、この師匠、何ぞてえと「角力穴《すもうあな》」の一点張り。何故ならこの咄、酔って角力場の枡席の客が徳利の中に小便をし、その小便を酔客が飲むという、おなじみの「ジョジョン、ジョン、ジョリン……」と大阪名物（？）の小便のギ音のみが聞かせ処（嫌な聞かせ処だ）という。角座の枝鶴、これが松鶴の若き高座と覚えてる。

六代目松鶴、その芸風は豪放磊落と一と口にいうが見ようによっちゃあ、雑な、乱暴な、味のない芸で、ぶっきら棒な丸太ン棒の如き一本調子、そのくせ、無駄を省くことを知らず……？……。教わった通りの律義《りちぎ》な内容、それも不器用からの所以《ゆえん》と判断したものだ。

何せ「饅頭怖い」の暗殺のくだりの長えの何の……「饅頭で殺して餡殺《あんさつ》になる」というギャグのために裁判劇まで始まるのだから聞いて驚いた……。


——＊——

その六代目が東京に招かれ、霞が関は「イイノホール」の落語会の真打《トリ》ちで、演じた

「らくだ」の凄さ、〝ジョジョン、ジョン、ジョリン〟の松鶴は一体何だったのだ……。別人、別格、その迫力、生きた仁王の如きの名人芸であった。

〝そうか、この落語は、こうだった、のだ〟という発見と共に教わった、鳥肌の立った高座が現在《いま》も鮮明に残っている。

その晩は東京勢の招待で歌奴、三平などとの夜だったと聞いたが、家元と居るべきだ、談志の称賛の夜にしなければいけなかったのに……と、つく〴〵思った。

――＊――

大阪落語を救った中興の祖、桂米朝、彼の理性、知性よりも松鶴を愛したファン達は、己れの不安を松鶴に重ねて人生の救いを求めた、ともいえる。

松鶴さんが弟子をどう遇したかはよく知らナイ。もれ聞くと、これまたハチャメチャで、愛する女房《アーチャン》にのみ甘え……待てよ、甘えどころか、人生に甘えていた全てのツケをアーチャンにまかせ、その御本尊に甘えていたのだろう。

松鶴さんが、噺家になった理由《わけ》は、別に好きでなったのではなく、五代目《おやじ》松鶴の倅《せがれ》だったから……だ、とも書《しょ》いてある。その辺は現桂春団治〔三代目〕と似る。

戦後大阪落語を背負ってそれを再興させた四天王のうち米朝、小文枝、春団治と残り、松鶴一人が先に逝ってしまった。まだ〳〵大阪に未練も山程あったろうに……。

松鶴さんの逸話は、その頃常時《いつも》附いていた鶴瓶の奴は詳しい。

けど、あ奴のことだ、造り咄も多いはづ……。

「師匠角座の裏のジャン荘でやってるんですワ、隣ィ見たら国士無双をテンパイしてる、一筒《イーピン》待ちですワ。で師匠一筒自摸《つも》ってきてワイの顔見て、〝これ大丈夫かいな……〟って、顔してまんのや……。けど、隣の手を見てるさかい云えまへんがな。で仕方なく、〝フラッ〟っと戸外《そと》へ出ましたんや。これがサインのつもりでんねン……で、戸外へ出たトタン、〝当たり《ドーン》ッ〟という相手の上がり声ですワ……当分師匠に会えしまへン……でも判りそやおまへんか……」とは、鶴瓶の話。

六代目笑福亭松鶴。やりたいことを精一杯やり、売れ、名を残し、仲間、後輩に慕われ……た人生だ。

〝文句なし〟というのは云い過ぎだろうか……。

式守勘太夫

しきもり・かんだゆう、行司。昭和11年生まれ。本名・竹田文雄。17歳で初土俵。平成２年より八代目式守勘太夫。声質の美しさに定評がある。〔平成25年没。〕

これほど行司の衣装の似合う人も少ない。まァ長年着慣れている物だし、〝咄家の「紋付き」みたいなもんだ〟ともいえるが、それとて似合わない者も多くいる。

家元もあまり似合わない。

――＊――

〝どう似合うのか〟といわれると、つまり〝凛々《りり》しい〟古武士を想わせる。もっとも武士にも古武士にも会ったことはないけれど……。

年寄りの行司、若き行司、それ〴〵の姿に魅力があるが、勘太夫際立って見える。

その「勘太夫」さんを紹介してくれたのは毒蝮三太夫で、勘太夫と三太夫、「俄《にわか》」か「茶番師」みたいでおかしかった。

場所は銀座のド真ン中、勘太夫宅の広い座敷でチャンコ料理の酒盛りだ。

銀座の真ン中に住む勘太夫、出身は九州は鹿児島で、生粋の薩摩っぽう、了見もそのまま薩摩っぽう。

――＊――

このとき堀内（恒夫）が一緒にいた。こ奴も我々同様パア〳〵だ。喋る〳〵。「で、何か、プロ野球のピッチングコーチでは誰が一番適任《いい》のかネ」に堀内、「勿論私ですよ」。

やがて念願叶い、〝日本一のピッチングコーチ誕生〟となったが、その年の巨人軍の負けっ振り、つまり「投手陣の崩壊」は見事であった。

「オイ、どうしたい、日本一の投手《ピッチング》コーチは」

「……まァ、いや、そのォ……」と逃げちゃった東京ドームでの再会でありました。

勘太夫も、こと相撲となると、よく喋る。この九州人多弁で面白い。寡黙が似合うのに喋る。そんな時女房は一歩も二歩も下《さ》がり、時には離れてそれらを眺め泳がせている。つまり昔ながらの男と女の関係、亭主と女房の間柄を見せられる。〝いいな〟である。

――＊――

「行司は楽だなァ、たった一番か二番で仕事は終わり、後も見ずさっさと帰っちまうしネ」に勘太夫、

「冗談云っちゃあ不可《いけ》ません、大変なんですよ」とマジで反論、相撲界の仕組み、その中での己れの仕事の量を喋ってきたっけ……。

――＊――

成程いわれりゃ、その通りで、昔は〝一年を十日で暮らすよい男〟といったのがいまや年間六場所、ざっと九十日《くじゅンち》だ、してみりゃ四日に一度は相撲を取ってるんだし、その間《あいだ》にも地方巡業とくりゃ、休む間もない仕事であろう。

――＊――

「行司の地位ってなァ、どうなってるんですかネ」

「物言いってことがありますが、行司より審査の親方達のほうがよく判断《みえ》るんですかネ」

「あの連中、ＴＶのモニターみて判断してるって聞いたけど本当ですかネ」
「あの部屋ぁ揉めてるそうですネ」
「相撲茶屋の制度、あれ嫌だネ。ましてあの枡席の狭さ、四人は無理ですよ。おまけに喰いたくないような食物《もの》を持ってきやがって、あれ迷惑だよ、あんな料理《もの》不要《いら》ねえからその分料金を安くしろ、ってなもんだネ」……。仕舞にゃ「角力《すもう》取りに〝ゲイ〟はいないのかネ、つまり〝カマ角力〟は」……等々、酒が入ると、いろいろと始まるが勘太夫さん、〝もうこの辺まで……〟と喋らナイ……。

――＊――

国技館に行った、勘太夫さんと眼が合ったが、いっさい無視だ。行司は中立、神聖な稼業。いくら友人、知人でも〝ダメ……〟ということらしい。
それに較べるとこちとらぁの稼業は平気、いえ家元だけだろうが楽屋ばかりか高座からも平気で声をかける。
「オイ、暇かぁ、終わったらいつもの酒場にいるよ、来いよ、な……」

――＊――

先に書いたが行司という役どころのことだが、ズバリいやぁ勝負は行司にまかせるべきだ。「物言い」は付けても、それがＴＶのモニターを結論とすると、相撲の権威が失われてしまう。

それだけに行司の存在は厳しいのだし。このことは他《ほか》の競技にもいえるが、プロ野球の審判《アンパイア》と違って行司には伝統がある。

「行司のいない相撲なんて」……であり、ぶつかり合い、投げ合い、押し合う場面に「行司がいる」という姿、あれは唯勝負の判断《きめ》役という部分を越えているのだ。

それ故にその行司の品位というか、容姿《スタイル》が内容と共に大切なことになる。で、勘太夫の土俵姿に惚れ〴〵するのだ。

――＊――

家元ふと何か、勘太夫が最後の〝行司らしい行司〟になるように思えるのは何なのか、ま、家元が判断《み》る「芸の眼」ということなのだろうが……。

――＊――

くどいようだが、裸とハダカのぶつかり合い、そこに行司がいなかったらどんな形になるのか、あのスタイルをタキシードに変えて、軍配の代わりにステッキを……となると、落語の「相撲風景」という演題《ネタ》のそのままになっちまう。

土俵上の式守勘太夫の勇姿を見られるのもあと数年か……。

ハッケヨーイ、残った〳〵ア……。

三遊亭円生

さんゆうてい・えんしょう（六代目）、落語家。本名・山崎松尾。明治33年生まれ、昭和54年没、79歳。「怪談牡丹燈籠」「子別れ」「鰍沢」「三十石」「品川心中」……十八番を挙げだせばきりがない。昭和53年、真打ち濫造に反対して落語協会を脱退、落語三遊協会を結成するなど、晩年まで意気軒昂だった。

「昭和の名人」である。何を演《や》っても水準以上だし、「落《おと》し咄」「人情咄」「地《じ》咄」「円朝作品」「怪談咄」などの数々、宇野信夫作の「新作」も……。

頭脳《あたま》がよくて、ロジカルで、踊りは「名跡《なと》り」、子供の頃は「義太夫語り」だったから音曲の類はお手のもの、中音《ほどよい》美声で、文句のつけようがない。

本来だと芸人は造り上げた己れの芸に自信がつき、これを観客が認めると、あとはその充実……と、いうと聞えがいいが、惰性で後の人生の芸を〝枯れた〟などといって全うしてしまうのに、円生師匠は売れたのが後年のせいもあるが、それにしても、最後まで芸を追いかけていた。

何せ演題《ネタ》が三百は越えるだろうから、年に一度づつ演っていたって、ホコリを叩《はた》いているうちに人生は過ぎる、咄に飽きてる暇はない。

――＊――

その「昭和の名人」に文句をつけてみる。

師匠自信の人情咄も、分解すると、その頃の男女の人情に代表される「人間関係のパターン」であって、人間の持つ、いえ落語の根底に潜む、曖昧模糊《あいまいもこ》とした「人間の業《ごう》」という、摩訶《まか》不思議なモノがない、見当タラナイ。

むしろキチンとしている人生が如く見えた円生師匠自身をよく見ると、ナニ〳〵、人間らしい欠陥が山の如くあり、それが逆に愉《うれ》しかったのに……。

結果当人としては、あまり〝良し〟としない風が見えた落語、それも、ごく〳〵軽い噺にえもいわれぬ人生の味があった。

「人情噺」より、「人間噺」という「落語」が抜群だったのだ。

曰ク、「寄合酒」「寝床」「押《お》しくら」「湯屋番《ゆやばん》」「汲《く》み立て」等々……。

しかし円生師匠は〝人情噺が出来なきゃ噺家一人前ではない〟という昔通りの不文律を守っていたっけ……。


――＊――

それにしても凄いや、あの名人芸の数の多さ、円生師匠は噺において不可能ということはなかったろう……。

――＊――


けど、戦後柳家小さんが若くして台頭してきたときは気になっただろう。

若きエネルギーに加え、あの顔、万人に愛される小さんの容姿は円生と全く対照的であったのだから……。

演れば可能だったろうが、小さん師匠の演る落し噺、「長短」「強情灸《ごうじょうきゅう》」「睨み返し」の睨み屋の表情、場内を爆笑の渦に叩き込んだ小さんの勢いにこれらの分野を明け渡した感があった。それらは若き志ん朝の台頭に対する家元の対応と似る。

けど……結果は……いや、書くまい。家元は志ん朝の充実と逆襲を期待する。

——＊——

志ん生の天衣無縫さ、文楽の完璧芸、三木助の文芸志向とシャイさ、小さんの力、それらを認めざるを得なかったろうが、それも一時期で、やがてそれらもオールマイティ円生には敵わなくなってきた。

けど、これまた凄いのは、この四人、それぞれが王様で別段〝円生には敵わない〟、とは誰も思わなかった。

志ん生師匠ならいざ知らず、三木助、小さんの二人は円生師匠をどう評していたのだろう……。

〝別物〟と思っていたのにしては近すぎる、早い話あまり考えなかったのだろう、特に柳家小さんは……。

文楽師匠に至っては、この昭和の名人に対して〝円生《あれ》は無駄ばかり、私の咄は全部十八番……〟といったが、世の中に、これ程の誤解はない。

咄家の芸評なんて、こんな程度だったのだ。

ま、表面的にみりゃ、この五人、それ〲に、持ち味があり、観客を楽しませていた……と、いやあその通りではあるけれど……。

——＊——

円生師匠が、下手な奴ァ真打ちになる資格がない……、といったとき、珍らしく我が敬愛この上もなかった人生の兄貴色川武大がいった。〝円生《じぶん》だって真打ちになった頃は下手もいいところだったのに……〟

――＊――

円生師匠は二枚目（家元それほどとは思わなかったが……）であったから女性にモテた、と聞くけど私達が楽屋にいた頃はあまり美《い》い女は連れていなかった。〝へエーッ、あれを退治してるのかア〟ってなタレを楽屋に連れてきたっけ……。

「円生さんセコですよ。何です、あの女《タレ》は……」と満座の中で文楽師匠に怒られたことがあった……。

お内儀《かみ》さんが一番美人であった。

余談だが円生師匠が亡くなって、その後のスケジュールを代演《うめ》たことがあったが、そのハードなスケジュールに驚いた。

これぢゃあいくら丈夫でも死ぬよな、であった。

協会を出て、無理をしたのだろう。〝今度は駄目だ〟と最後の心臓の発作のときにいった、という……。

「円生死して落語の灯が消えた」と新聞などで書かれた時に家元いったっけ。

何ィ云やぁがる、俺様が居るぢゃあねえか……とネ。

円生師匠ごめンなさいネ。でも本当なのであります……。

山城新伍

やましろ・しんご、俳優。昭和13年生まれ。本名・渡辺安治。32年、東映ニューフェイスとして芸能界入り。テレビ映画『風小僧』『白馬童子』で人気者に。テレビのバラエティなどでも歯切れのいい喋りがうけている。〔平成21年没。〕

何でも識っている御仁《ごじん》である。

この人の識らないものはこの世にまづない。〝識らないもの〟を〝知らない〟らしい……。

世界の状勢、歴史、宗教。医学、法律、天文学。政治の世界、任俠の掟、男娼《おかま》の暮らし。天津甘栗のルーツ、日本中の共同便所の数と場所。何とこの仁《ひと》親鸞上人が〆めていた褌《ふんどし》の布地まで知っている。

知らないのは己れのことだけである。

何でも識っているから何にでも口を出す。つまり〝お喋り〟と称《い》って男の風上にも置けない奴で、家元世の中で何が嫌いだって、男のくせにお喋りな奴が一番イヤだ……。


——＊——


でもこの先生は何でも識っていて、それを変に隠さないで喋るところは、何処か落語に出てくる横丁の隠居に似る。

で、家元はこの先生を「御隠居」と呼んでいる。

「ねぇ、御隠居……」と、呼ぶと、「ハイよ」と答えるところがいい。

生まれは京都と聞く、〝医者の倅《せがれ》だ〟と本人はいってるが先に記《か》いた如く、己れのことは判ってないからどこまで本当だか、これまたワカラナイ。小学校から、中学、高校といづれも名門校だそうだ。

長じて京大の法学部を卒業《でた》、というが本当かなァ……。そういえば「コロンビア大学卒」ともいっていたという。野村沙知代と同じクラスだったそうだから〝野村のおっ嬶《か》ぁに聞いてくれれば判別《わか》る〟といってた……。してみりゃ小学校卒かも知れナイ。

——＊——

御隠居はその昔は何と驚くなかれ「映画俳優」なのだそうで……家元映画のことは何も知らナイし、判らないが、映画スタァとして映画に主役で出《で》演ていたという……。大学を出て京都の街を歩いていたら〝是非我が社のスタァに……〟とスカウトされての主演映画は「白馬童子」という一大スペクタクル映画で、〝かのデミルの「十戒」や、ワイラーの「ベン・ハー」と肩を並べる大作だった〟という御隠居様の昔話である。

「ねぇ、御隠居、本当ですか」

「本当だよ、昔はいい男前だったんだ。惚れぼれする様な……ルドルフ・バレンチーノの様な……、知ってるかい、バレンチーノを」

「イタリーのハンドバッグ屋ですか……」

「白い馬に跨がってやってくる正義の味方だ、ホパロング・キャシディだ……」

「何だか解ンないけど……凄いんだ……」

「まァなァ……」

「でも、近頃は有象《うぞう》無象《むぞう》と一緒にＴＶに出てますネ」

「……ウン、ま、身過《みす》ぎ、世過《よす》ぎだな」

「前にお内儀《かみ》さんに〝家《うち》ィ追い出された〟ってえますネェ」

「変なことを知ってるな、あれは、まァ……いろ〳〵、あってな……」

「で、謝って、勘弁してまた入れて貰った、とか……」

「作戦だよ……」

「……?……ワカンナーイ」

――*――

「御隠居は映画が詳しいそうで、どういう映画がいいんです」

「昔のがよかったネ、〝カサブランカ〟とかね、クロード・レインズ、ピーター・ローレ」

「はァ……?……」

「あのネ、主役よりも、ヒーローよりも、むしろピカロ……」

「……絵描きですかい」

「何か云うんぢゃないよ、悪役だよ、それもR《リチャード》・ウィドマークや、J《ジャック》・パランスのように主役に廻っちまうんでなく、ヘンリー・シルバとかダン・デュリエ……いいネェ、この二人は……」

「はァ……」

「カール・マルデン、ロバート・デュバル、ジャック・イーラム、ウォーレン・オーツ、アラン・アーキン、マーチン・バルサム、変ったとこで、M《マックス》・フォン・シドー、リー・

バン・クリーフな。

ブルース・ダーンもいいが何といっても、R《ロバート》・ショウだ……ドイツのゲルト・フレーベ、もいいな、それに、レイモンド・バー、エライシャ・クック・Jr.、あのな……」

「ヘイ〳〵、判りました、もう充分で」

「まだ〳〵、こんなのはほんの序の口、あのネ……ロッド・スタイガーがな……ウィレム・デフォーも悪役でいりゃいいのに……」

——＊——

御隠居は昔の映画スタァにしては世事に長《た》けているからTVの世界でもあの通り、他に商売演劇《しばい》に出たり、一座を引きつれて地方公演だ、と多忙《いそ》がしい。

ということは、役者より芸人……というタレントに近い。

ま、いいか。

御隠居さんは行動の全てに理屈をつけ、己れが正当であることを言い訳してる処は家元に似る。

おっと忘れた、都知事選で石原と鳩山で一万円儲けた。中尾彬は払ったが隠居はまだ払っていない。

「ねえ、御隠居さん一万円下さいよ」

お内儀さんに相談しないと駄目ですか……。

松山恵子

まつやま・けいこ、歌手。昭和12年生まれ。本名・岡崎恒好。29年、日本マーキュリーレコード全国大会で優勝し、翌年5月、「マドロス娘」でデビュー。「未練の波止場」「だから云ったじゃないの」などのヒット曲で、ＮＨＫ紅白歌合戦にも8回出場している。〔平成18年没。〕

〝お恵ちゃん〟であります。お恵ちゃんのことを書きます。お恵ちゃんが舞台《ステージ》に出ると客席から〝お恵ちゃん〟とかならず声がかかります。もう何年も何年も、ずうっと歌っているのに客席の声援は変わりません。

　何処にいっても〝お恵ちゃん〟なのです。そのお恵ちゃんはスタイルも変わらず、愛くるしく客席の声に全身で返します。

「お恵ちゃんぐらいの歳ンなって、こんな派手な衣装着て似合う歌人《ひと》、他におらへんでェ……」と少し照れながらいいます。すると即《そく》〝お恵ちゃん〟とまた客席から声が返ってきます。

　ファンはお恵ちゃんのあの舞台、あのサービス、あの芸人魂に酔うのです。〝芸人ども、タレント共、ちったあ見習え〟であります。ナニ、〝まず自分から直せ〟……〝ヘイ〳〵、その通り、異議ナーシ〟。お恵ちゃんはお客様が居眠りしたって怒りません。いや、お恵ちゃんの舞台に居眠りなんてする人はいません。

　ついでにいうと、巷間伝わっている〝談志は客が居眠りしたから高座を中止した〟というのは違うのです。もっと〳〵酷いのです。メチャメチャな奴なのです。話にも何も出来やしない酔漢で、おまけにあ奴は元警官なのです。恥を知るべきです。だから己れの顔も世間に出せなかったのでしょう……。

イケネェ、お恵ちゃんのことでした。

――＊――

お恵ちゃんが出てる。「待ってましたお恵ちゃん」と飛ぶ喜びの掛け声。声を絞って歌うお恵ちゃん、精一杯、これでもか〳〵、と可能な限りに唄うお恵ちゃんにお客は感動、家元も感動、一緒に〝お恵ちゃん〟と叫びます。叫ばないといられなくなるお恵ちゃんのステージなのです。

花束が舞う、御祝儀が飛ぶ、それを一つ〳〵大切に〳〵お恵ちゃんは大事に御礼を返します。誰でもやってるステージ風景ですが、何故かお恵ちゃんの舞台は違うのです。

それはお恵ちゃんの人柄なのです。「人柄の小渕さん」同様、「人柄のお恵ちゃん」なのです。

舞台のお恵ちゃんに届けられた御祝儀の中を開けて、笑って、あるときは、〝もっと頂戴よ……〟という仕草の愛らしさ。

可愛いくて、切なくて、夢があって抱きしめてあげたいような情感が走ります。

つまりお恵ちゃん、デビューして今日まで一日も休まない、一度も止まったことのない歌の人生なのでしょう。

勿論休日もあるでしょう。しかしお恵ちゃん、ことによるとその休日もじっとしていられないのではないでしょうか。どこかでファンと会っていないと不安なのでしょう。これ精一杯のシャレなのです。うまいでしょ。

　いつでも、どこでも舞台のお恵ちゃんでないと自分が駄目になってしまう。

「お恵ちゃん、お母さんおらへんけんネ、いつも独りだけんネ、でもガンバッて、一所懸命生きとるけんネ。皆ンなもガンバらな、あかんよ……」

　お恵ちゃんいつも舞台からお客さんにいうけんネ。お恵ちゃん偉いネ。

　お恵ちゃんほどファンを大切にする人おらんけんネ……。あれっ、お恵ちゃんの喋り方になったけんネ……。


――*――


　いつまでも変わらないでネ、お恵ちゃん。お恵ちゃんが元気に唄っている姿をみてお客様は自分の歩いてきた道を、過去を、安心して納得させるんだと思います。

　歌手とはそういうものなのですが、なか〳〵それが出来ないのです。ということは己れ自身が常に不安であり、その不安をお恵ちゃんのように己れの歌を、自分の生きてきた歌手生活で静めることが出来ずウロタエるからなのでしょう。

　いつも〳〵自分を分解し、次なる自分を作ることでのみ不安から逃げようとしている私には、お恵ちゃんの「度胸」、ここまでくると、「凄さ」に敬意を表するだけであります。


――*――

　書いてて、お恵ちゃんの舞台《ステージ》が観たくなってきました。

いつでも歌っているでしょう。いつでも歌ってくれるでしょう。「お別れ公衆電話」を「未練の波止場」を、「だから云ったじゃないの」等々のヒット曲を……。

お恵ちゃんの舞台は昔の歌謡ショウそのもので、お恵ちゃんを詩《うた》いあげる司会の「音羽《おとわ》あきら」がまたいいのです。楽団の音も昔の音を聞かせます。それは何とも寄せ集めたバンドの如き音なのだけれど……。

ごめんなさいお恵ちゃん、そういう音が私の歌の歴史の中に有るのです……。

そういう楽団を背景《バック》に、いつ、どんな会場でも、精一杯歌うから、その場所がたとえどんな汚い会場でも、小さな舞台でもお恵ちゃんの為に美しく輝いてくれるのでしょう。

つまり、お恵ちゃんが歌う場所が神殿になるのです。

——＊——

この文章、読んで判る如く全編〝お恵ちゃん〟なのです。それでいいのです。松山恵子、お恵ちゃんガンバレ……であります。

十返舎亀造・菊次

漫才師。じっぺんしゃ・かめぞう。明治34年生まれ、昭和28年没、51歳。本名・石橋諦次。じっぺんしゃ・きくじ。本名・一菊冨美江。太神楽、鏡味小仙の後見だった亀造は、菊次とのコンビで昭和20年代、人気を博した。

中学生の頃寄席通いを始めた。〝寄席通い〟とはいうけれど、寄席の木戸銭を払える金などあるものか、何せ親から「小遣い」というものを貰った記憶はない。

正月のお年玉だけだった。でもどこからか金を手に入れ、月に一度か、いや二月に一遍の寄席通い。

その僅かな寄席通い、夢一杯に月に一度の時間を過す極楽、幸福《しあわせ》。その対象の芸人団体が二つあるのを知り、片や古典落語の落語協会、一方が新作と華やかな色物連が高座を彩った芸術協会とあり、その芸協の色物のトップに君臨していたのが十返舎亀造・菊次であった。対抗出来る芸歴と貫録は紙切りの林家正楽、本名一柳金次郎か……。

――＊――

十返舎亀造、いい芸名だ。元は⊖《まるいち》の出身《で》。寄席芸の達人、曲芸の先々代鏡味《かがみ》小仙《こせん》の後見《こうけん》をしていたのだから、亀造師の芸の源は曲芸の軽口《かるくち》にある。

散々大夫と才蔵役である後見《こうけん》が軽口を叩き合って……、

「まァ冗談はさておいて……」

「寝ましょうか」

これが好きだ。堪らない。

――＊――

本来なら、

「冗談はさて置いて……」

「さァやりますか……」

と世間の会話からなる処なのに……。行動の中断に事もあろうに〝寝ましょうか〟……とくる。

これが芸人の、いや落語の、いえ人間の本性であろう。

「寝ちゃあ不可《いけ》ない。これから働く」

「悪事を……」

「悪事を働くような」

「正直なお前さんぢゃあない」

「正直で悪事が出来るか」

「悪事を働く程頭脳《あたま》はよくない」

「撲《なぐ》るぞ」

「逃げるぞ」

「まァいいや」

「負けとこ……」

と続く曲芸師の掛け合い、このスタイルが基本の二人の芸、菊次さんのいう言葉が理解《わか》らずに亀造師がいう。

「朝になると出てくるの……」

「それは〝太陽《てんとう》〟」

「昼ンなると喰うの」

「それは〝弁当〟」

「手拭ぶら下げていく処」

「それは〝銭湯〟」

「あんたの兄貴」

「あれは〝強盗〟……、ちょいと待ってよ……」


——＊——


御両人のヒットフレーズに「何しろ、あっしゃ旅慣れてますからねぇ」というのがあり、これが流行った。

亀造師が矛盾したことをいうと、相棒がこれを突っつく、と、このフレーズになって、「何しろあっしゃ旅慣れてますからねぇ……」となる。

同時に「何しろあっしは成績がいいもんですからねぇ……」てのがあり、喋り捲くる亀造師、

「……で、女学校に入ってやしてネ」

「ちょっと待ってよ。女学校は女の行く処でしょう……」

「それが何しろ、あっしは成績がいいもんでしてネ……」
　とこうなる。

——＊——

亀造師生粋《きっすい》の江戸弁、身体はいかつくて、顔は縦より横に長かった。菊次さんの〝亀造師の喋りを受けている〟という、スタイル同様にあまり目立たぬ存在が、このコンビを絶妙にしていた。何せ粋だ。全篇子供心ながら家元好み、好きな漫才で、それは「千太・万吉」のコンビと好一対であった。

——＊——

「曲芸師が歌う江戸音曲は素晴らしかった」と正岡容《いるる》の文章にあるが、げにその通りで、亀造師の唄う都々逸のよさ、これまた何ともハヤ堪らない。子供心に響いたのだ。

——＊——

余談だが寄席の世界に入ったときに、誰だったかそこ〳〵の真打ちがいった。「亀造みたいにあまり考えると早死にするんだ」。これを聞いて怒りがこみ上げてきた。亀造師に対する冒瀆であり、芸に対する神も怖れぬ挑戦であり、〝無礼〟なんて言葉ぢゃ済まない言葉をその頃は平気でいえたのだ。これが寄席の世界では通行しているのだから、滅びるのも当然である。

――＊――

亀造・菊次の録音は何処かに在るはづ、ということは、亀造師が死んだ後に文化放送だかに〝二人の放送が出る〟という新聞のラジオ版にあったのを読んだのだ。もし、それが放送され、それを録音した人がいたら……存在《ある》はづなのだが……。

レコードに唯一残っている。

〽小仙と掛け合いで、三味線に乗せて、

「小仙《おやかた》ァ宗十郎によく似てるぅ」

「ああ、そうだよ」

「よくみりゃ、〝肥汲み《そうじゃ》〟によく似てるぅ……」

「あ、そうだ……コラッ」

自作《ネタ》の多い漫才師であった。知性を芸で隠して粋さで爆笑を呼んだ寄席の名人であった。

――＊――

この本を書きたかった理由の一つに「十返舎亀造・菊次」を書き残して置きたい、ということがあったのです。

船村　徹

ふなむら・とおる、作曲家。昭和７年生まれ。本名・福田博郎。28年、雑誌「平凡」の作曲募集に入選し、レコードデビュー。36年、村田英雄に書いた「王将」は、戦後初のミリオンセラーとなった。一貫して、涙と別れにこだわり続けている。〔平成29年没。〕

何と評《い》おう船村徹のヒット曲の多さを……。

古賀政男を超えている……。

――＊――

家元最近《ちかごろ》の歌謡曲は判らない。一番新しい歌が「津軽海峡・冬景色」なのだから……。

ちなみにあの歌は森進一に唄って欲しかった。さもなきゃ森繁久彌であろう。

おっと「矢切の渡し」は知っている。

――＊――

歌謡曲とは一口にいって「恋愛に対する応援歌」だ、と解釈している。

男と女、これを結ばせるためには、本来なら「クジ引き」でも「強制」でもいい。何故ならば、その源《もと》は種族保存であるからなのだが、しかし、同じ男女《ふたり》を結びつけるのなら、人間の男と女が持つ「思慕《しぼ》の情」を第一にしたほうがいい、ということ。

で、「有楽町で逢いましょう」となり、「或る雨の午后」となる。

それが現在《いま》のようにナンパが主となりゃ、もうそれまで。後に残るのは「怨み節」しかないだろうに……。

〽今夜言おうか、打明けようか
いっそこのまま、諦めましょか
甘い夜風がトロリと吹いて

　月の青春　泣きたい心

と佐藤惣之助の詞となったのに……。

ま、いいか。それより船村さんのことだ。

彼のヒット曲の多さを思いつくままに、アト・ランダムに書いてみる。

名曲「別れの一本杉」を春日八郎に、「あの娘が泣いてる波止場」を三橋美智也に、「哀愁波止場」を美空ひばりに、青木光一に「早く帰ってコ」、若原一郎には「ハンドル人生」、島倉千代子には「東京だョおっ母さん」だ。大下八郎には「おんなの宿」、コロムビア・ローズに「どうせひろった恋だもの」。

織井茂子の「夜がわらっている」、御存知、村田英雄の「王将」、北島三郎「なみだ船」。変わったところでは小林旭に「ダイナマイトが一五〇トン」、裏面の「真夜中の街角」も家元の好きな曲だ。

ちょいと歌手を主にあげたらこの数だが、春日、三橋、ひばりなどまだ〱あるがキリがない。

　船村さんの人生はそのまま戦後の歌謡史であり、故高野公男《たかのきみお》との逸話《エピソード》はあまりにも有名で、一と口にいうと、栃木県の田舎船生村《ふにゅう》から上京して歌謡学院に通っていた頃、その田舎《いなか》訛《なま》りを笑われ、それを高野に励まされ、「二人で作ろうよ、二人の故郷《くに》の詩と歌を」……と、自分の故郷の会話を高野が書き、船村が曲にした、という。

その生涯を二人で往こうと決めた相棒の高野公男の早世が生涯の執念となり、数々のヒット曲を生み出したのであろう。

船村徹にとって一生の痛恨は高野公男の若き死であるはづだ。

友は死して石の下に、

〝寒いだろう、辛いだろう〟

と墓石に書いた船村徹の詩は胸を打つ。

一心同体の苦労と、かつて摑んだ栄光を充分に味わわずに逝った高野公男よ……という想いである。でも救いは、高野公男、己れの詩が船村の曲によって、全国に流れた事実《こと》を知って逝ったことである。

――＊――

以来船村さん順調に、快調に人生を飛ばしてきた。

やがて人生を、船村徹の生き様を、己れが歌うことによって確かめに、ギター一丁の全国行脚となる。

彼の唄う「別れの一本杉」は凄い。この曲への想い入れを、暗い客席、スポットライトのみの中にギターを抱え、自分の〝照《こっち》れ〟を、吹っきるように唄い出す「別れの一本杉」。

それに船村徹の全人生を想うのは当方の勝手な思い込みか、いや違う、当っているはづだ。

余談だが、船村夫人はコロムビアの能沢佳子《のざわよしこ》で美人歌手、その御尊父は作曲の飯田景応《けいおう》であり、家元、この人の「波止場気質《かたぎ》」が大好きである。

敬愛やまなかった故吉田矢健治氏が、ひばりの曲も作曲《つく》りたかった、といい、〝ま、コロムビアの作曲家も春日・三橋の曲を作りたかろうから仕方がない〟ともいっていたが、船村徹はその双方の曲を作りヒットさせている幸福を持っているのだ。

——＊——

船村先生、全盛《さかり》は過ぎたろう。歌謡曲とこの時代にどう対決しているかは判らない。時代をどこかで意識してそれを追っている部分もあるのか。はたまた、歌謡曲のリバイバルを企んでいるのか、それとも諦めて己れの世界を自ら唄っているのか。

「冗談いうなよ、ヒット曲を出してるだろうに……」と教《い》われるか。

——＊——

歌謡界の天皇、船村徹に私達は存分に歌謡曲を堪能させて貰った。

星野哲郎氏にも一緒《とも》に礼をいう。〝まだ〱長く生きて新しい歌を……〟なんて云ったとて笑われるだろう。なら歌ってくれ、己れのヒット曲の数々を、船村メロディをギターに乗せて語っていて欲しい。

船村徹万歳……。

古舘伊知郎

ふるたち・いちろう、司会者。昭和29年生まれ。52年、テレビ朝日入社。プロレス中継の実況で一躍人気者に。59年、フリーとなり、『Ｆ１グランプリ』『おしゃれカンケイ』『クイズ日本人の質問』『筋肉番付』などを担当。63年からは「トーキングブルース」と銘打って、ライブショーを毎年開催している。

古舘の芸は識らナイ。精々、昔プロレスの中継アナウンサーで、〝実況中継を絶叫中継していた〟のと、この頃のＴＶでの〝ごく真面目な……〟といやあいいが、平凡な欠点《あな》のない、誰でも務まりそうな進行屋、という司会者である、というこった……。

——＊——


けど、何かがある、なにか創りそうだ、という予感を持っていた。

ナニ、そんなこたァ彼のライブ等をチョイ覗いてみりゃ即判明するだろうに……。

いや、違うなァ、たとえその場で彼の芸を見たとして、それは受けているだろうし、一般的には〝ＹＥＳ〟といわれているだろうが、また、その〝ＹＥＳ〟に家元も〝ＯＫ〟を出したとしても、また〝ＮＯ〟といったとしてもその結論は先に延ばしたい。

つまり現在の彼でなく本来の古舘に期待をしたいのだ。ウーム、むづかしいなァ、何と表現したらいいのか……。つまりネ、古舘の未来はどんな型式《スタイル》になるのかは判らねど、何かが生まれてきそうなのである。

そのことは当人にも全く判るまい。具体的でないのだから……。

でも、当人も〝何かが生まれそうだ〟と、己れに期待……いや違う、己れの内部……困ったなァ……古舘はこの表現しにくいモノが判るはづだ……。

それは誰しもが思う己れに対する「未来」という夢を含めて、〝きっと何とかなる〟と云い聞かせて生きていく、これは、人生の処理方法とは違うもので……。益々難解《わか》ンなくなるか……。よそうネ。

——＊——

昔々、六本木のＢＡＲで会った、という。〝という〟ということは、ＴＶ局アナウンサーだ、という若者と出会い、その愚痴と夢を聞いた記憶はあるのだが、それが現在《いま》の古舘とは思っていなかった。

確か、あの時、「プロレスの中継をやっているんです……」といってたから、「そうか、彼だったのか」と思い出しただけで、後年改めてその時のことをいわれ、確認した、という次第。

その時家元、この家元は酔うと相手を褒めるくせもあり、〝現状に不満〟という古舘に、嫌なら断《や》めて漫談でも何でもやンなよ、けどネ、世の中何が売れるか判ンないよ……、といったっけ……。

結果、それ当たり、的中でしょうが……。

で順風満帆の古舘伊知郎だし、奴ぁ平衡感覚が充分あるから失敗《しく》じらない。だが人間、芸を求めたときにこの平衡感覚という世の常識が邪魔になる。また邪魔にならない奴の芸なんて面白くも何ともない。で、どっちを取るか、ということになるのだが、その限界、その限界に居るが如く見える立川談志が気になってくるはづだ。

で葛藤が始まるのだが、ことによると古舘は、全く違うもの、今迄になかった感覚、型式を産み出すような気がするのだ。

　理由は何だか判断《わか》らない。買い被りと予感だけだ。

　つまり芸能というものが根本から変わるような気がしてならないのである。

　家元は芸能をそれなりに定義づけ、「落語」も「笑い」も説明をし、実行し、芸術とは、今迄に認められなかったモノの定着と云ってきたが、この末世故のこの狂乱、人間の最後のあがき、日本人の断末魔の如き時代に、それを落ち着かせるべき新しい、変わった、妙な芸能が出てくる可能性もあるかも知れない。

　その可能性を古舘に感じる、ということだ……。

　また判らなくなったろう。ま、いいや。古舘の顔をＴＶでよく見ると、ゲストや番組と同調してるが如きだが、それは行為だけで、心は違う処にある如く見える。よく〳〵見ると奴ァ能面の如き顔で本当の己れを見せていない。この辺は玉置宏と似ている。

　見せていない、ということで一般視聴率の対象になっている並みのＴＶタレントである自分を棚上げし、救っているのかも知れナイ。

　あくまで勝手な想像だがネ。この想像通りだと〝凄い〟ものが生まれる可能性があり、これが単なる家元の誤認だと、並みのＴＶタレント、司会者、とこうなる。

　全ての「常識」という作り物の無理が解っちまった現代に生きていかねばならない若者達に、その無理を揶揄し、次の段階である、イリュージョンの世界に行きつゝ、ある家元と、全く違った世界、発想を偶然と共に発見するのが古舘伊知郎であるように思えるのは、くどいが買い被りであろうか……。

他に居るかい。もっと若い世代には居るかも知れない、出てくるかも知れナイ、けど家元は見ていないし予感もない。

——＊——

これだけ買い被られたんぢゃあ、義理にも古舘伊知郎、何か創らにゃなるまいて。

常識を越えにゃあなるまいて。

それは何も破壊でなくて、平和な内に出来上がることかも知れないし……。

それにしても家元、いまのＴＶの〝騒ぎ〟は嫌だ。騒ぐことにのみ己れを不安から逃避しようとしている現代人の哀れさ……。それを静めての安定の芸か、騒ぎの手伝いに同調するのか、いま古舘その中間にいる。

三遊亭百生

さんゆうてい・ひゃくしょう（代数不詳）、落語家。明治28年生まれ、昭和39年没、68歳。本名・小河真之助。少年時代に一家離散を経験したり、戦前、中国・青島でカフェーを経営したり、エピソードには事欠かない。本格的な上方噺に、東京のファンも多かった。

戦後の東京の落語ファンに大阪《かみがた》落語の面白さを……いや、真髄を教えてくれた師匠である。

——＊——

戦前から、というか、昔から上方落語家は東京の寄席にかならず数人はいて、東京人に受けていた。

三遊亭右女助から「古今亭今輔」になった今輔（妙な書き方だが他にないので……）、初代「桂小南」、後に吉本興業とのトラブルで廃業した後の「花柳芳兵衛《よしべえ》」（この人を惜しむ声は多かったと聞く。つまり吉本の横暴は昔から同じ……）の「桂小春団治」、そして「桂小文治」等……。

けど、家元、小文治師匠の芸は小文治語とでもいうべき独自の「語り」で、上方落語ではない、別なモノ、としていた。いまでもそうだ。

百生師匠は違ってた、〝これが、きっと大阪の落語なのだ〟と直感したのは私がまだ前座の頃に、東京の落語界に復帰した昭和の二十八、九年頃《ごろ》か……。

この師匠その昔は五代目「デブの円生」の一門でもあったらしく、六代目円生の若き頃と一緒に写真に残ってる。その頃は桂我蝶《がちょう》と称《い》っていたので、東京の咄家から「がァやん」といわれてた、という。つまり円生師匠とは位置づけとしては仲間であるはづ。それがこの師匠、何と馬賊に憧れ満州に渡り、馬賊ならぬ女達を集め、青島《チンタオ》でカフェーを開業、成功し財を成したが、敗戦と共に残念なれど帰国、その地にはまだ金塊が埋めてある、と私に本気《マジ》な顔で語っていたっけ……。ということは……。ウーン、ホントかなァ……。あの師匠妙に説得力があり、それを笑いで隠していたが……。

——＊——

で落語協会に入門、ということなのだが、この場合「誰かの身内になる」という妙な不文律があり、その為、つまり再デビューがために仕方なく、昔の仲間の「弟子」という形式《ケース》をとることになる。

で、我蝶《ガア》やん、そのときの名が「桂梅団治」。いい名だ。当人も気に入っていたはづだろう、何せ、あの咄しっ振りは難波名物「春団治」以外何ものでもないし……。

——＊——

なのに仕方なく円生門下となって何と不粋にも付けられた名が「三遊亭百生」ときた。嫌だったと思う。けど、仕方ない……逆にいやあ、何で円生師匠、「百生」なんて名をつけたのか……。なにも三遊亭でなくていい、桂梅団治でいいぢゃあないか……。しかし、その頃のルールとして〝一門である〟という証明《しるし》を示したのでもあろう……けど百生とは……なァ……。

馬風（先代）（四代目）師匠が高座で喋《い》ってた。

「えー、いま出たのが百生だ。あの人は東京に来て百生ンなった、珍らしい人だ……」など……とネ。

そのことは当人一言もいわない、腹ン中に仕舞って置ける人なのだ。それは小心でなく逆に度胸というもので、太っ腹ということである。何せ青島の顔役だ。

――＊――

協会に入った当時は、やはり「受け」が気になったか、「浮世床《うきよどこ》」専門で、将棋のくだり、煙管《きせる》をぐる〳〵廻す場面《ところ》は場内爆笑の渦となり、やがて己れを拡げていき最後は自分で演《や》りたい咄を自由自在に観客に聴かせることが可能となった。世ではこれを成功という。

――＊――

米朝さんが知性で繕い、創り上げた上方落語と、もう一方は、この百生師匠が現役で演じた作品とその録音が、どれだけ今日《こんにち》の大阪落語に役立っていることか……。そして後年の売り物になった「天王寺詣り」の境内風景は懐かしく、芸の内容も、妙に取捨選択しないで春団治そのままに喋ってくれたのも、上方落語の歴史のためにもよかったと思う。

それは一体何だったのか。春団治への尊敬か。まさか不器用ではなかったはずだが、それにしても、受けない会話も、演りにくい間も、全部春団治で通した。けどその芸は先に書いた如く三遊亭百生の……いや桂梅団治の芸であった。

興味ある人は数多く残っている春団治のレコード（ＳＰ）と、後の百生を聴き競べてみるといい……。

——＊——

人生の修羅場を潜ってきたこの師匠、それこそピストルの弾の下を持ちまえの度胸で生きてきた怖い人で、身体は並みより小さいが度胸満点の人生であったろう。

しかし、くどいが、落語界では、それらをひとつも見せないのだから、家元の勝手な想像ともいわれそうである。

——＊——

柔和な顔の裏に〝凄さ〟を感じたのは家元《わたし》だけだったのか、楽屋では、ごく物判りのいい、並みの咄家姿でありました。

「師匠のお内儀《かみ》さんは何人目です？」に「五人目や」……と、ニヤッと笑った、あの温和な上方落語の顔で……。

三木トリロー

みき・とりろー、放送作家。大正３年生まれ、平成６年没、80歳。本名。繁田裕司。昭和22年に始まったＮＨＫラジオ『日曜娯楽版』では、作詞・作曲・台本・歌手・声優のひとり５役をこなした。ＣＭソングの作詞・作曲でも一世を風靡し、「ジンジン仁丹」「ワッ、ワッ、ワーア、わが三つ」などは、懐かしく思い出される。

鈴が音《な》る、河井坊茶《ぼっちゃ》の声が響く……。

「日曜娯楽版ァーン……」でテーマＭ《ミュージック》……。

〽さァ皆さん、馴染みの日曜名物娯楽版
父ちゃん、兄《にイ》ちゃん
坊っちゃん、嬢ちゃん、お婆ぁちゃん
さァ誰でも彼でも
仲良く皆ンなで聞きましょう
サテ中身はどんなか
お聞きになってのお楽しみ

で始まる日曜の夜八時半よりの三木トリローグループの『日曜娯楽版』は、何とも新鮮であった。

敗戦の焼け跡に生き返った唯一の共同の娯楽のラジオに人々は夢を託した。ＮＨＫの第一、第二の放送とアメリカ放送の三局しかなかった頃だ。その娯楽は『二十の扉』『陽気な喫茶店』『とんち教室』家元の最も好んだ『話の泉』。そして『放送演芸会』。

日曜ともなると、七時より『お好み投票音楽会』から『ラジオ寄席』『時の話題』を挟んでこの『日曜娯楽版』と続いた。

庶民はラジオに釘づけとなった時代である。進駐軍放送から流れた「スチールギター・

ラグ」で始まるウエスタン……に魅せられた若者達も多くいた。で、『日曜娯楽版』を作り、演じていたのが天才三木トリローとそのグループである。

こんなタイミングのいい、音とジョークが噛み合った芸は、後にも先にも他には「あきれたぼういず」しかいない。

一と口に内容をいうと、社会諷刺にトリロー作詞作曲のヒットメロディである。

憶えている人も多いと思う。まず最大のヒット曲「僕は特急の機関士で」……以下思いつくままにあげると、「ブギウギ列車」は池真理子、童謡歌手古賀さと子が唄った「ぼう・ぼう・ぼう」「毒消しゃいらんかね」は宮城まり子か楠トシエ《ビンちゃん》か……。

トリロー自身が唄った「冬が来たよ」、エノケンと茶川一郎だったか「チョンボ・マンボ」、メイコに「田舎のバス」、書くとキリがない。ヒット曲の山だ……。二、三十曲はあったか……。加えてメロディだけ作って、そこに入れる時局の諷刺「フラ〳〵フンラ」や「役人は昔懐し……」等々。

結果は〝諷刺がキツ過ぎる〟と国からクレームがつき中断。庶民が怒ったがダーメ。

その時の新聞に「ニワトリ負けるなスープになるな……」とあったが敗けェー。

トリロー先生断腸の思いだったか、意外にあのクールな性格、あっさり諦めたのか……。

その辺は『冗談十年』と、その続篇にも書いてなかった様に記憶する……。

メンバーは御大トリローに、小野田勇、河井坊茶、三木のり平、丹下キヨ子、チョイ遅れて千葉信男か……。森繁久彌も出ていたことがある。初期には神田千鶴子がいたっけ……。そして後にきて楠トシエ……。

——＊——

覚えている、食糧情報みたいな時間があった。〝東京の一班から何班までがナニ〳〵〟というヤツだった。それをパロって、

〝東京の一班から何班まで、スケソウダラ、何班から何班まではスケソウダラ……〟

ずっと並べて、最後にいう。

〝東京中スケソウダラ……〟

スケトウでなくてスケソウと発音《いっ》たっけ……。何せ東京中食い物がなく、唯一の配給というか、その代表がスケソウダラで庶民はこの魚にあき〳〵、ヘキエキしてたのだから、これは受けた。

こんなのもあった。

〝三題噺の時間です。今日の出題は「猫」「未亡人」「夕立」です……。えー、夕立が降ってきたんで未亡人が猫を抱いて駆け出しました……〟とサ。

——＊——

トリロー先生兵隊から帰ってきた時、〝どうしよう、これからの生活を〟と考え、迷っていたときに街から聞こえてきた軍楽隊かのパレードのトランペットの音色と響に〝これ

だ〟と決めた、と自伝にある。

トリローグループは全篇トリロー指揮であったろう。有無も云わせなかったのではなかろうか……。もっとも有無などいえない才能の差があったのだ。けど、その差をつけられたグループから、作家、演出家の小野田勇、役者三木のり平が生まれたのだ。

このメンバーはトリロー自身が探してきたのだろうか……。調べりゃ判るかネ。でも面倒だし、どうでもいいや。よかねぇか……。

書き忘れたが河井坊茶の唄った「かぐや姫」もよかったが、それ以上にこの人の「泣きべそギター」を家元は買う。勿論家元持っている。

三木トリローグループは皆死んだ。御大も糖尿病になり晩年ハワイに住んでいたが亡くなった。いや楠トシエ《ビンちゃん》は元気なはづ……。

このスタイルはいまやっても受けるのに、誰かやらねえかなァ……。家元手伝うよ……。いい作曲家と、ギャグマンとを集めて……。

〽サア今夜はこれにてお別れしますが
心から、お聞き願って
又来週のお楽しみ……

とグループ全員で唄うのが最後のフレーズで全篇スピード、一瞬のスキのない番組であった。

権藤　博

ごんどう・ひろし、プロ野球監督。昭和13年生まれ。36年～43年、中日に所属。新人の年に35勝19敗、防御率１・70で、新人王、最多勝、防御率一位、沢村賞を独占。年俸５倍アップの記録は、上原・松坂の出現まで破られることがなかった。平成９年より横浜コーチ。10年には、監督として球団初の日本一に導いた。

権藤博。かっこいい、颯爽としている。何せプロ野球日本一の監督なのだから……。勝っても敗けても驚かない。変わらない、人生勝ちもありゃ、敗けもある。〝人生勝たにゃあ駄目よ、勝って何値《なんぼ》やからな……〟等とホザく貧乏者共とは訳が違う。

〝人生の勝ち〟って一体何なのだ、ということを識っているのだ。

だから敗けてもさして驚かない、見える如く淡々としている。

他の監督に出来ない芸である。

勝つと喜び、敗けると「敗因を選手にみつけ」ボロクソにいい、愚痴る監督がほとんどで、その代表が野村である。

もっとも、あんな女房を持っていたんぢゃあ愚痴るより人生の過ごし方はあるまいに……。ま、いいか……関係ねぇか、いや、あるよネ。

権藤は選手を信頼してる、ということは〝人間ってなァ、こんなもの〟という「分《ぶん》」を知っている。それを世の中「信頼」というのだ。日本シリーズの何戦目かで敗けたときにいったっけ。「こういう野球をしてれば優勝《かて》る……」と。

逆にいうと、信頼出来ないからＩＤ野球なんてことをいうのである。

ぢゃあ「未熟な奴らを放っといていいんですか……」といわれりゃ、基本的に「放っとくより仕方がない」のだ。何故ならば彼等はプロなのだから……。

ズバリつけ加えとく。〝プロは教えるもんぢゃあないよ〟、精々譲って「アドバイス」。

また、教えられて何とかなる奴ぁいないよ。かのイチロー、誰に教わったわけでもあんめえ……。

こう書くと「イチローは特別だ」と、いう奴が出てくる。

「いくらプロでも未熟なのだから教えてやらにゃあダメ。で教えりゃあ現に強くなったろう。ヤクルトも野村に教えられ優勝したし、タイガースも変わってきたし……」

こういう反論を家元、「判ってない奴」と相手にしない。

そういう奴が野村ン処にいけばいいだけだ……。

——＊——

「横浜ベイスターズは強いのかネ」の家元に権ちゃん……（という間柄なのだ、各々方《おのおのがた》失礼）、

「強いよ、強いネ」

「佐々木は打てないかネ」

「打てないよ、大リーガーでも打てないよ」

「なら、又優勝かネ」

「判ンないネ」

「判ンないだろうな……」

「判るもんか……」

権ちゃん、この人生訓みたいなものをどこで覚えたのだろう。三十勝連続の全盛でも、

あまり傲慢な噂ぁ聞かなかったっけ……。

やがて燃えつき、〝打撃ィ買われた〟か、〝使い過ぎのお詫び〟か、ドラゴンズ、三塁手として権藤を使った。けどたいした事はなかった……で、コーチ、そして今日の姿。

別に、順風南風《みなみかぜ》から風向きが北に変わり、そこで見た人間関係のいろ〳〵、で結果覚えた人生の影やら、裏やら……。

ではなさそうなのだ。権藤博昔から豊かに、おおらかに人間を信頼し、あきらめ、その半々の処で生きてきたのではなかろうか……。

でもプロ野球界もたまにはいい事をする。「球運」を権藤博に授けたのだから……。

——*——

「監督はバントをさせないネ」

「あのネ、俺投手《ピッチャー》だろ、バントしてくれりゃ有難いと思ったよ、何しろ、一死《ワンダウン》確実に取れるからネ……」

——*——

送れるかどうかあんな危険をおかしてバントして、結果たかが一塁から二塁に送るだけ。それをやった奴ァ、「いい仕事が出来た」とサ、阿呆《アホ》かいな。

打てよ、ヒットを……ホームランを……。さもなきゃ併殺《ゲッツー》食って相手の華麗なる守備を楽しもう。バントされりゃあ見物はダブル・プレーの楽しさは味わえないのだ……。千葉茂《さん》がいってた。「バントは一点敗けてるときに同点にするためにやるものだ……」とネ。その通りだ。

　それらをいっさい含めて権藤博、〝プロ野球って何だ〟ってのを識っている。そのくせ、それを言わない。

「いったって仕様がないよ」

とはいうけれど……。

　家元〝もう充分〟と思ってはいるが……ことによると今年また優勝するよ。

――＊――

「そんなこと判ンないよ」と監督。

「優勝するつもりはあるだろ」と家元。

「そりゃ、そうだよ」と権藤サン。

とは、いうが、どこかで権藤もっと遠い処を見ているようなのである。その権藤の見ている最後のものは「人生」であろう。それを見つめているのだろう。

　人生にあきらめがよく、そのくせ、そこに生きている人間の業《ごう》を受けとり、グラウンドに花と嵐を感じさせる姿。

　権藤博、格好いい……。

シャイだしネ……横浜ベイスターズという大人の集団にその姿は似合う……。

笑福亭鶴瓶

しょうふくてい・つるべ、落語家。昭和26年生まれ。本名・駿河学。47年、六代目笑福亭松鶴に入門。ラジオのＤＪで人気に火がついた。随談風の語りに独特の味わいがある。現在はバラエティ番組を中心に活躍。

鶴瓶の話は面白い。面白い、といっても鶴瓶の落語ではない話、つまり、「世間咄」、いや違う「楽屋咄」……でもない、つまり、何というか……そう、「鶴瓶咄」だ。

　こりゃ莫迦《ばか》〳〵しいし、凄いし、くだらない。

「バカ〳〵しい」「凄い」「くだらない」とこの三つをもう少し判りやすくいうと、

「よく、そういう、馬鹿なことを実生活の中でしやあがる……」であり、

「よく、そういう凄いこと、マトモな人間ぢゃあ出来ないことを平気でするネ」、ときて、

結果、「くだらねえ」と本人もいう通り、「くだらない」。

　もう少しいうと、バカ〳〵しいのは女の咄、凄いのはヤクザの話、くだらないのはそれらに対する己れの行動と処理、とこうなる。

　それらの逸話《エピソード》は山の如く、酒の如く、電柱の如くにこれあって、この種の武勇伝（？）が無くなってきた現在《いま》の芸界では笑福亭鶴瓶、貴重品なのである。

——＊——

　で、これらの話題を作り、喋る鶴瓶は、まさか己れの商売《うり》の為に数有る失敗談を実行《やっ》たわけではあるまい。この辺は木久蔵の失敗談とは違う、木久蔵の奴ァ、商売の為に拵《こしら》えての話なのだ。つまり、受けを狙っての実行である。

　ま、それも出来ない奴がほとんどだがネ。ついでにいうと家元は違う。放って置いても騒動になる、巻き込まれる。持って生まれた才能だ……（嫌な才能だが）、これを称して

「芸人の才能」という。「芸人の本質」なのである。この「才能」に競べりゃ「技芸」なんて屁みたいなものだ。

——＊——

で鶴瓶も、つまり家元同様、才能の部に入る。
放っといても何か仕出かす奴なのだろう。つまり「受難の才能」だ。
で、その逸話の内容だが、ここでも書けない。「楽屋咄」という、仲間だけが味わえる快楽ともいえる。

——＊——

何しろヤクザの女房《おんな》とデキ……いえ、あの……任侠の家に咄家が助っ人にいき、日光の円蔵が……荒神山に駆けつけて……鶴瓶と兄弟分の杯《さかずき》ィ交して……ナンダカワカンナイ……。けど鶴瓶には判る。

——＊——

　メチャ鶴瓶を救っているのは、彼の意外や「平衡感覚」なのであり、逆にいうと、それが鶴瓶の本質から鋭さを失わせる。つまり規格品の刃物となり、どこの店でも売れるのである。
　家元は、メチャを、狂気を、ロジックでカバーして（たいしたロジックでもない、これを屁理屈と世間ではいう）生きてきて、この始末……。

なら、鶴瓶、ＴＶでは無理なら芸でその才能を語ればいい。その「芸」とは即ち「落語」である。

——＊——

奴の落語は、幸にして聞いたことがない。恐らく中途半端な並みの落語ではなかろうが……。

つまり鶴瓶のメチャと落語はフィットするのに……。

その了見のあり余る鶴瓶こそ落語を語る資格があるのに。

それを使っていないのではなかろうか……。

〝使っていない〟なのか、〝使えない〟かで、鶴瓶が並みの咄家か、本物の落語家か、に分かれる。

——＊——

例えば島田紳助。あの「狂気ある才能」を語った漫才時代の紳助が、並みの司会者となり果てた。あれぢゃあ、久米宏にも劣る。一体何なのか、ＴＶという大衆《マス》に己れを見て貰いたいのか……出演料がそんなに欲しいのか。

〝欲しいんだよ〟といわれりゃそれでお終《しま》い。勿体ないぜ島田紳助……。

——＊——

それより家元のメチャを（本来家元もキチンとしているのだけどネ）鶴瓶の安全弁で修正

して、二人で喋ってみるか。『パペポ』で上岡（龍太郎）と演《や》ってる如くに……。

──＊──

「八方」「文珍」は吉本の高座でも受けてきた。鶴瓶は松竹芸能だから、あの広い「花月《かげつ》」の客には出っ喰わしていまい。あの全盛の「角座《かどざ》」の広い高座にすら間に合っていただろうか……。つまり修羅場で喋っていないはづだ。けどそれは仕方ない。でもそれらを味わってこない、としたら芸人のキャリアに傷がつく、勲章がない、ヒ弱なガキである。

そのくせ勝手だが、鶴瓶の落語に期待したい。その姿は話に聞く春団治の如くに、己れの姿を晒け出し、実在と、虚像が入り混じった、何とも形容しがたい落語家、こういう姿が「落語家だ」と家元は思っているし、その為にも鶴瓶に落語を演って欲しいものだ。

──＊──

あのネ……時《とき》の過《た》つのは早いよ、もう時間はないよ。

ついでにいうと家元の体力もあと二年である。

と書きつゝ、鶴瓶に会いたいネ。

どうしてるかネ、ＴＶにゃ出てるだろうが、違う処で鶴瓶の話を聞きたいネ。

北朝鮮の女ァ騙し、金正日の処に入り込もうとした話。

日本銀行の金庫の中で女とヤった話。

上岡と二人で……姉妹とハイキングにいったハナシ、やめよう……ネ。

ジャック武田

じゃっく・たけだ、奇術師。昭和９年生まれ。本名・竹腰正男。少年時代に郷里の木曽で見た、手のひらを煙草が貫通する手品に感動し、マジシャンを志す。最近は各地の博覧会での動物マジックショーのステージを中心に活躍中。

ジャックさんは動物を使う奇術師《マジシャン》であります。

武田夫妻が動物達と創る舞台《ステージ》は夢一杯に拡がって、明るく、優しく、それを観る人達を素朴に興奮の渦の中に巻き込み、まして子供らは〝そうだよ、これだよ、僕と同じだ、あたしも動物《あれ》と同じよ〟と、胸を張って、連れてきてもらったはづの大人達に教えます。

——＊——

ジャックさんのキャリアを紹介しますと、誰々の弟子……というのではなく、ついでにいうと、師匠をとらずにプロになれる芸人はＴＶに出てくる奴らぁ別としてまづ手品師ぐらいか、その手品師もチョイ前までは弟子修業から始まる形式《スタイル》でした。

ハッキリいって師匠なんてとらずに芸が出来るようになるなら師匠は不要《いら》ない。なまじ「人間不合格」な奴とか「セコ芸人」を師匠にしたら身の破滅である。ま、そういう奴は己れもバカだから平気だろうが……。

——＊——

日本のマジシャンは、アマチュアのほうが技術は高い。

で、ジャック武田、アマ時代はテーブル・マジックとスライハンドを売り物にした。これもついでに書いとくが、師弟関係から入る手品師でテーブル・マジックや、スライハンドが出来る奴ぁまづいない。

──＊──

ジャックさん、そんな頃、「ヨーロッパの夜」を観た。「ボラーレ」の「ドメニコ・モドーニョ」、「ユー・ネバー・ネバー・ノー」を唄う「プラターズ」、イギリスのプレスリー「コーリン・ヒックス」等々懐かしき芸人の数々……。

中に一際《ひときわ》輝いた「チャイニング・ボロック」、これに魅《ほ》れたのもごく当然、天功（先代）もそうだし島田（晴夫）も同様、で〝鳩だ〟、ときた。

そんなとき、ジャックさん運命的（？）というか一匹のチンパンジーに出合う。元来動物好きではあったものの、そのチンパンジーの愛らしさ……余談だが動物を〝可愛い〟というのは「人間と同じポーズをする」ということだろう。

人間の行動と脈絡のない動物は可愛くない、蛇は可愛くないもンネ……。でも、「レッド・スネーク・カム・オン」と呼び笛を吹くと出てきて、蛇同士でキスをしたり、照れたりすると蛇もあの通り可愛いのだ。

──＊──

ジャックさんとチンパンジーのなれそめから、彼女（チンパンは嬢《メス》であった）と一緒のステージ、そこで、彼女に教えられた。つまりヒントを貰った舞台の数々、そして彼女との別れ、は見事なドラマであった、という。

チョイ紹介だが、彼女は自分が舞台で受けないとヤル気を無くす、ということ。

すぐに若い男（この場合人間）に惚れてしまって芸がそっちのけになる、という話。

そのくせ、次から次へと〝受け〟を狙って仕草を変えてくる、等々……。

――＊――

一九七六年ＴＶ『木曜スペシャル』に松旭斎すみえ、一陽斎光洋、渚《なぎさ》晴彦《はるひこ》、北見《きたみ》マキ、そしてジャック武田がグランプリを競って、スライハンドとイリュージョンを演じたジャック武田が優勝する。

鳩を出す、その鳩をチンパンに運ばせ、それが虎と変わる、等々……。

――＊――

「あの虎どこから借りてきたの？」

「子供の頃から家で育ったンですよ」

「買ってきて……？……」

「そりゃ、そうですよ、捕《つか》まえにいけるわけはないし……」

そりゃ、そうだ。けど俗に「虎の子」というが、あれ可愛いネェ……。

虎穴に入らずんば虎子を得ず……関係ねえか……。

――＊――

近頃、ラスベガスのショウの全てはイリュージョンであり、そのトップはホワイト・タイガーを含む動物イリュージョンである。

けど、日本にはそれがない。ま、サーカスは象を含めて動物の出番があるのが普通のステージというが、つまり落語、漫才、奇術、という一連の演芸の中に「動物が入る」という番組はない。

ない、どころかこの種《しゅ》の芸は日本ではジャック武田が始まりで、後《あと》に他《た》を見ない。「猿廻し」は別だ。家元あれが大っ嫌いだ。ニホンザルの面《つら》が嫌だ。己れに似てるからだろうか……。

――＊――

ジャック武田のショウは大変だろう。なにせ相手は動物、これらを使っての芸と日常、そして移動、当然「エサ」という動物芸人達の食事、彼ら同士のトラブル等々……。

現在一緒に舞台を彩っているのは、小さなコモンザル、犬、猫、アヒル、オウム、ウサギ、鳩、孔雀《くじゃく》、珍しや東天紅というあの尾の長ァーい鶏《にわとり》。

やがて、ワニや、トド、鯨から、蚊の大群までショウにする、といってるのが楽しみである。

――＊――

ジャックさんのショウが終ると、ステージに子供達が上がってきて、動物達と遊んでる。

実は家元、動物と人間という問題には一言も千言《せんこと》もあるが、それは棚上げ、今回は「芸」として、一度は見て欲しいジャック武田を紹介した、ということだ。

三遊亭金馬

さんゆうてい・きんば（三代目）、落語家。明治27年生まれ、昭和39年没、70歳。本名・加藤専太郎。昭和初期、「居酒屋」で一躍人気者に。9年、東宝名人会の専属になる。29年、鉄道事故で片足を失い、以後、釈台を前に置いて高座を勤めた。

私達の年代の落語ファンのそのほとんどが、ラジオとレコードで聞いた三遊亭金馬の影響である。

面白く、解りやすく、明るい、あのダミ声……いえ金馬声。「金馬の八公《はちこう》」「金馬の女房」「金馬の子供」「金馬の侍」……誰でもそうで、〝その本人が演じ語っているのだから当たり前のこと〟……というだろうが、違うのだ。何といおうか、金馬はズバ抜けて「金馬であった」。

「お父《とっ》つぁんの言ってることはちゃんちゃらおかしいや、仮名で書くと、チ・ヤ・ン・チ・ヤ・ラ・おかしいや……」等という「清書無筆《せいしょむひつ》」、金馬流にいうと「勉強」の金坊《こども》の口調。

「嬉しゅう、ござんす、泥棒さん」という「転宅《てんたく》」の女、「〝泥鰌《どじょう》は腹ぁ出して死んぢゃった〟ザマァ見やがれ」という「小言念仏」の御隠居。

つまり口調の楽しさがハッキリ判る、ということは「判らせること」が上手いのだ、ということは頭脳《あたま》がいいのだとこういうこと。金馬師匠の芸に対する分解、感度、そして知識の量は他の噺家と段違いであった。

で、陰口に「やかんの先生」とある。つまり、「識ったか振り」ということった。

これは他の噺家達の己れの「識らなさ」を正当化した嫉妬《やきもち》以外何ものでもない。

その証拠は噺家が出す本を見ると判る。その昔、「本」と名付けていい内容のあるのは金馬師匠だけで、その後立川談志が出てくるまで一人もいない。例外として一門《うち》の談四楼が小説を書く。これはいい。小説になっている。家元保証する。嘘だと思うなら買って読んでみるといい……誰も言ってないか……。ま、いいや。

　金馬師匠理屈っぽいと思う。〝と思う〟ということは、家元直接話をしたことがない。理由《わけ》は簡単、「身分が違う」「協会が違う」、つまり金馬師匠はいまの家元同様そのころからフリーであった。ま、東宝名人会が存在《あ》った頃は東宝名人会《そこ》の専属であり、ラジオはＮＨＫのこれまた専属であった。

――＊――

で、あの「頭脳」「内容の豊かさ」を示す相手がいなかった。〝噺家にゃ俺の「内容は判るまい」〟であり、しかし、どこかで解らせたい、という矛盾、でその内容をジャンルの違う人達との交際《つきあい》で埋めていたように見えるのも、家元《あたし》と似てる……。

――＊――

　しかし落語ファンはやがて金馬に飽き、金馬から離れて、志ん生に移る。

〝金馬を卒業した〟ということで己れの落語の「ファン度」というか、知的レベルを納得させる。

　何なのか、金馬の知性に、つまり知性という作り物が目障りになるのか……、けど所詮、人間全部作り物なのに……。

――*――

志ん生には金馬と違って同じ作り物でも、それを感じさせない部分があった。

そうなってくると、逆に、何で、あの頭脳明晰な三遊亭金馬ともあろう師匠が「知性というものの嫌らしさ」に気がつかなかったのか……。

――*――

己れが最初に選んだ師匠の円歌を弟《おとうと》弟子《でし》にまかせて三代目円馬についていった芸を判断《み》る眼のしたたかさ……。

家元、金馬師匠の「権兵衛狸」に知らぬ円馬を感じるのである。

金馬師匠に演《や》れないネタはなかったろうが後年というか、己れの芸が出来上がってからは、その芸域は拡げなかった。時折「中元廻《まわ》し」等という新作を演じてはいたが、それも昔のネタであろう……。

金馬師匠大衆《マス》を意識し、それを制した。で、次にくるものがなかった。当然大衆相手にも飽きたはづなのに……。

――*――

家元は時折自分の生き方を金馬師匠とダブらせてみる。と、共通点が多くあり、いまの状況も、プロセスも……、性格も……待てよ、性格がその状況を作るのだろうから〝似てる〟ということか。

唯、家元《こっち》のほうが現代《いま》に生きているから自己分析もいさかか出来、ロジカル（？）であり、そのロジカルの中に「狂気《クレイジー》」「いいかげんさ」「非常識」を認めているのとの違いかも知れナイ。

いや、違うか、金馬師匠のほうが常識人であったのか。少なくも人情家であった処を家元もみている。

家元「人情なんて糞ォ喰らえ」である。いえ、ホント、ま、人情というものの出し方の違いではあるけれど……。

——＊——

お馴染み「居酒屋」「転宅」「長屋の花見」「花見の仇討」「夢金《ゆめきん》」などの十八番より普段あまり演じないネタのほうが良かった。十八番に飽きて、その表現方法をのみ変えて「退屈をしのぐ」というその方法が嫌味に感じたのだろう。それは八代目文治にも見えた。

「自分を嫌ってるんですよ」というのかしら……。

金馬師匠にとって「知性」とは、知識の量と常識であったのかも知れナイ……。

その金馬師匠に大衆は落語の面白さを教わったのだ。

ダウンタウン

だうんたうん、漫才師。松本人志、まつもと・ひとし。昭和38年生まれ。浜田雅功、はまだ・まさとし。昭和38年生まれ。57年、幼なじみのふたりによりコンビ結成、あっという間に関西の人気ナンバーワン漫才に。テレビのバラエティ、トーク、音楽番組を次々と制覇、人気を全国区とした。

家元「ダウンタウン」を見損なっていた。「見損なう」とは、己れの見る眼力《め》が間違っていた、ということだ。
けど、この言葉は現代では相手が自分を裏切ったりした時に使う言葉となっている。山田邦子に「悪かったァ、あんたを見損なってなァ」といった言葉を彼女現代流にとったか、家元に会うと除《よ》ける……。ま、いい。

ダウンタウンが売れているのも知ってたし、本も又たけし同様売れたのも聞いている。けど、関心がなかった。理由はTVに出てくる「お笑い整理業、つまり仕切り屋」の一組であり、チョイと見たら、小汚え、小生意気な、やり方が、「東京という大田舎に集っている低能の若者に受けているのだろうから」と見向きもしなかった。

ところがアニはからんや、さに非ズ、ふとTVを見て驚いた。「いいのだ」。家元の鑑賞に充分堪える。この頁に書きたくなったのだから……。

――*――

どう誉めるか、どう説明するか、家元物事フィーリングで処理するから文章とてもその通り。で、その通りに感じたままを書く。

松本のスタイル、行動の全てに照れが漲《みなぎ》る。家元照れない奴ァ嫌《いや》だ。バカなんだ、バカぁ照れない。

――＊――

で、松本人志相棒に何かいう。その〝何か〟とは、非常に抽象的な文句《フレーズ》であり、その言葉はアドリブなのだろうが、問題提起になり得る文句でもある。

それをいきなりぶっつけられた浜田は正常人と同じレベルで疑問を返す。「ワからねえよ……」

この会話のキャッチボールに使う「間《ま》」、ふと天外《てんがい》（渋谷）と寛美《かんび》（藤山）の間を思ったっけ。

この〝待ちの間《ま》〟。現代《いま》、これが出来る奴にぶつかるとは思わなかった。見事なまでの漫才の間なのだ。いつごろからこの二人に、この間が出来上がったのかしら……。

観客と相棒に投げ放った言葉、受けた相手はとまどい、それを疑問と共に投げ返してくる。で、また、それを説明する内容、つまり松本の言葉と解釈はカリスマ性を持っている。けど、まだ若い、その答えは説明になってない未解決だ。だがいい、当人も解決していないことを知っている。結果、「俺ァ、ダメェー」と己れを放り出し、ピエロとなって客に「許してくれ」と優越感をあたえて終わる。

何せ家元、初めてダウンタウンをそれも二十分ぐらい見ただけなのだ……けど、当たっていると思う。何せ家元、芸を、人間を観る目だけは持っている。

ナニ、見損なうくせに……。

松本人志、己れの才能を持てあまし、その才能を分解出来ず、駄々ァこね、喧嘩ぁ売り、すねて、甘えて、〝勝手にしろ〟と居直り、それに悔《く》い、何で説明出来ないのか、〝分解出来ないのか、とそれがどこか心の隅にいつもあり、それを女か、酒で逃げているのではなかろうか……。

——＊——

つまり、勝手だが（今更、いうにゃあ及ばない）己れの若き日がW《ダブ》ってくるのだ。

「知らねえよ、あんたなんぞ」と松本はいうだろうが……。

——＊——

松本を楽しむ若き観客、けっして馬鹿ではなかった。何処かでこの現代に生きる不安の頼りを松本に託して安定しようとしていて、それらは歌手やタレントに身をまかせるのとチト内容は違ってくる。いえ大いに違う。ズバリいやあ教祖となっているのだろう。

それは、そのまま、現代の教育システムの間違いと繋《つな》がり、一番大切な社会問題であるのだが、大人はこれが判っていない。

云ってもムダだろう。

あとは成り行き、滅びるのを眺めるしか手段《て》はあるまい。

ま、人間の、日本人のきめられたプログラムであろうし……。今更もうどうしようもない、つまり〝駄目ェーッ〟。

――＊――

ダウンタウンに救いを求めている若者達にもどうにもなるまい。けど、何とか、いくらか、生きることの延命にはなるのか……。

――＊――

松本人志いい相棒に恵まれた。駄々っ子泳がせ、対等に遊んでやっている浜田、漫才で対等という間柄も珍しい。どこかでコンビというものは差が生じ、それをお互い認めているのだろうがムヅカシイ。

それを救っているこの二人は、TVという金の取れるメディアで稼いではいるが、(昔はTVは芸人にとって稼ぎ場ではなかった)、漫才以外の才能で互いにそれ〴〵の才能の成功があったのだろう……。

二《ふた》あ人《り》、それ〴〵が、別のジャンルで成功している者が組んだ漫才、これは家元と前田武彦が初めてであり、その延長を『パペポ』という上岡と鶴瓶に受け継がれているスタイルを、逆にしたのがこのコンビである。

家元もう少しTVを見ないといかんかネ。

でも、ダメ、もう歳なり、である。

ダウンタウンの五十代は見られまい。チト残念だがこれも未練である。

夢路いとし・喜味こいし

漫才師。ゆめじ・いとし。大正14年生まれ。本名・篠原博信。きみ・こいし。昭和２年生まれ。本名・篠原勲。昭和14年にコンビを組み、23年、いとし・こいしに改名。話術漫才の王道をゆく名コンビ。主な演目に「交通巡査」「ボクの社交術」「わが家の湾岸戦争」など。〔いとし、平成15年没。こいし、23年没。〕

漫才界のエリートであり優等生でもあり狂気のダイマル・ラケットとは対照的であり双璧でありました。

〝ありました〟とは書いたが、この兄弟《おふたり》健在で、後輩達に「漫才」というものの基本である「二人の呼吸」という形式と、品のいい内容を伝え、慕われている。

——＊——

家元、このコンビにシビれ、ファンとなり、もう四十数年であります。

お二人はレッキとした芸人の育ちで、漫才師の子として生まれ、育ち、そのまま売れ、以来栄光を維持してきて今日に至っている。

しかし、この二人から「子飼いの芸人」という過去とその影は見えない。で、家元、まったく違う世界《ジャンル》、もっというとサラリーマンがコンビを組んだように……それも豊かな中流の家庭に育った二人、と思い込んでいたっけ。

勿論、二人の芸歴は知ってはいたけれど……。

——＊——

このコンビ下《しも》ネタはやらない。けっしてやらない。歌の世界でいうと藤山一郎の感じである。

つまりディック・ミネではなかった。ミネ親分はダイ・ラケのほうであろう。そのせいか、あれだけの人気でも漫才全盛の角座のトリはとらなかったように記憶している。

爽やかで、キレイであるからその逆の「強烈さ」とか、「これでもか」という姿勢をとらないのだ。

——＊——


「あのな」

「なんや」

「こないだ、お家《たく》のアホな倅《せがれ》と、我家《うち》の利口な倅がな……」

「違《ちゃ》う〱、あんたの処のアホな倅とウチの利口な息子が……」

「違《ちゃ》うぜ、あんたの処のアホな子と……」

「お宅のアホな子と……」

「せやったら両方アホや……」

この呼吸の佳《よ》さ、絶品といえる。


——＊——

二人が語る会話の中に「嘘発見器」という作品《ネタ》があり、コンビがそれ〴〵に自慢をしたり、何気なくいうセリフに嘘発見器のブザーが、その都度鳴る。二人の呼吸に何気なく、まったく関係のないように嘘発見器が鳴る見事さ。ブザーを押しているのは当然二人のうちの一人なのだが、嘘発見器は、まるで二人とは関係なく機械の冷たさで、嘘を告げてくる。二人の会話をブザーが遮るのだが、それが流れを一つも止めない。ついでにいうと、このコンビあまり観客の「笑い」という反応に答えない。己れ達の作品を見事に演じることが主となっている。

誰が書くのか、数多いネタだから作者もいたろう。それを分解するのか、はたまた二人の技芸という芸歴《キャリア》でそれらを処理してしまうのか……。

ま、両方だろうが、たいした作品《ネタ》でもなくても二人が喋れば芸に仕上げられる自信が数多い作品を創り上げて来たのだろう。けど、その作品の差はある。けど二人はそれらのセレクトをあまりしないように見える。強いて欠点を探すと、それが浮かんでくる。つまりネタが多いという反面の表裏である。

――＊――

漫才作家「秋田實《みのる》」率いる宝塚新芸座には「蝶々・雄二」「Aスケ・Bスケ」「ワカサ・ひろし」と「いとし・こいし」「松之助」とフレッシュな芸と笑いで一時代を創ったものだ。

それまでの、「捨丸・春代」「奴・喜蝶」に代表されてきた「漫才」と対照的であり、その源《みなもと》は「エンタツ・アチャコ」であるけれど……、いや、「玉松一郎・ミスワカナ」にも、それがあったか……。

――＊――

長いキャリアの人生《うち》だ、この温厚の見本、紳士《ジェントルマン》の二人にも兄弟であるが故の葛藤を含めて嵐もあったろうが、それは感じさせない二人である。

——＊——

その昔、「フランク永井」の絶品であり、レコード大賞となった、「二村定一《ふたむらていいち》」のリメイクの「君恋し」、これが当たったときに、

「レコード大賞の〝喜味こいし〟であります」

勿論受けたが、「フランク永井」より、「いとし・こいし」のほうが上なのに……。

と心に引っかかった過去《こと》があった。

——＊——

数々の賞を総ナメにして順風のような二人にも病気というアクシデントがあり、その為の休業、それらを含めて人生を宥《なだ》め、抑えての今日《こんにち》には頭が下がる。

昨年弟子の立川文都《ぶんと》の真打ち披露公演に出演をいただいた。懐かしき「バーベキュー」を演じてくれた。

楽屋で聞いた家元、

「お浜・小浜はいいでしょう」

「そうですよ」

「で……○○は駄目でしょう」

「そうです」

「××も駄目だよネ」

「その通り」

と芸評が合致《あっ》て愉しかった。

あまり、この種の批評をしないお二人なのに。

健在を心より祈ります。

中尾　彬

なかお・あきら、俳優。昭和17年生まれ。37年、日活ニューフェイスとして芸能界入り。日活アクション映画の終焉期に、都会的二枚目俳優として人気を得る。絵は油絵も日本画もプロ顔負けの腕。

われ〳〵の仲間……ったって別にどうという程の奴ァ居ない。けどそこ〳〵の奴ァ居る。

〝どっちなんだい〟といわれりゃ、後のほうだ……。

で、中尾彬はその中の周恩来である。勿論、毛沢東は家元。

毒蝮三太夫が「俺はなんだい？」に、

「お前は朱徳」

「……？……そうか、俺は稼ぎがいいからか」

あ奴《いつ》にゃ、「朱徳」も、「所得」も判別《わか》らない。

この役どころは仲間内で決めたのではない、家元が勝手にきめ、中尾がＯＫしただけだ。


――＊――


主席である家元は何ぞてえとこの首相に相談をする。

「あの女《タレ》どうかネ」

「よしたほうがいいネェ」


――＊――


「あそこの料理は……？」

「駄目だネェ……」

この程度の相談が主席と首相の相談の内容である。けど女と食い物は大切だ、ま、いいか……。

時には酒に流されて芸談、人生談ともなる。場所はたいがい銀座のBAR「美弥《みや》」ときまっていて、ここがわれ〳〵仲間の、そう四十年近くにもなる巣であって、ここで会談が始まる。

中尾彬はいつも一人、たいがい一人、〝ふらっ〟と入ってくる。

「俺はいつも独りだ」といわんばかりのポーズが見える。その頃はもう家元酔っている。

「松本人志っていいネ、いいだろ」

「正解《あっ》てるよ」

——＊——

「これは、こうだろ」

「そうかなァ……」

中尾彬の答えはこの二つ、これで周恩来の役は完了。

疲れると家元周首相に判断をゆだねまかせちまう。楽でいい、そしてその判断を信じている。

——＊——

彼は絵描きになろうとしたのか、その種の学校を出、結果役者ンなった。で故金原亭馬生師の娘を女房にした。池波志乃である。

他《あと》は知らない。家元仲間の内容というか、その種のことはほとんど知らナイ。ついでに自慢しておくと、家元他人に嫉妬《やきもち》を焼かない。罵倒はするが、嫉妬はない。

――＊――

日活の青春スタァから、現在の役どころ、ま、たいがい悪役でドスのきいた声を出して悪役のパターンを演《や》っているだけだろうから彼の映画なんざあ見たこともない。

その中年の悪役がこの処やたらとＴＶに出てる。一度つき合ったが周囲《まわり》があまりにも馬鹿なので呆れ返って一度でやめた。

「よく、ああいう番組に平気で出てるネ。了見が判ンねぇ、役者魂みたいなものはないのかネ」

「ないネ」

「金だけかネ」

「そんなとこだネ」

「映画は？」

「ないネ」

「……はあ……ないのか、なきゃ仕様がねぇ、絵にもないのか」

「あるネ」

「絵にはあるんだ」

「あるよ」

だとサ。別に照れていってる訳でもあるまい、周恩来の弁だから信じよう……。

それにしてもTVを利用して上手に遊んでやがる。ヤレ旅だ、グルメだとTV《むこう》持ちで時には女房連れで遊んでケツカル。

これ、ヤキモチかも知れナイ……。

——＊——

彼の喋りや動作《うごき》をみてると家元によく似てる。

「正解《あっ》てるよ」というかネ、「そうかなァ」のほうかネ。ま、人間自分ぢゃ気が付かないだろうがネ……。

——＊——

ついでに書いとくが、BARの二人の会話に中尾彬から話題や相談を持ちかけてくる場合はまづない。

全部毛主席から始まるのである。

周恩来は己れの悩みや葛藤をけっして他人には云わなかったのだろう。

毛沢東と周恩来に朱徳が一枚噛むと、もう話はメチャ〳〵。その代わり腹が痛くなる程の爆笑が生まれる。世の中にマムシの朱徳ほどプロを笑わせる奴ぁいない。本物の朱徳は唯の馬賊の親分だろうが……。

書いてて何の紹介にもなってない。でもいい、山藤画伯が絵にしてる。これで充分、〝文句がありゃ手前ぇで書きな〟である。中尾彬、絵も文章もいけるはづだ。

——＊——

家元、酒と安定剤《くすり》で夜を過ごすのだから最後にゃベロ〳〵、で、ここでまた首相の世話になる。帰り道なので我家《うち》までＴＡＸＩ《シータク》で送って貰うのだ。

ＴＶや飲んでる中尾は知ってるが、絵を描いてる処は見た事がない。どんな姿かネ、魂が入っている場所はきっと見せまい。

——＊——

「ねぇ彬さんよ、印象派なんてルノアールでいいンだろ」
「正解《あっ》てるよ」
といったっけ……。

白山雅一

しろやま・まさいち、声帯模写。大正13年生まれ。本名・山白雅一。前名・柳家亀松。復員後の昭和21年、ＮＨＫラジオで放送した歌謡声帯模写がうけて一躍人気者に。のち、「白山雅一」に戻って活躍。〔平成23年没。〕

古いよ、白山雅一の芸歴は古い。現在《いま》一番古いんではないかなァ。色物の世界で戦前から戦後、そして今日《こんにち》まで全く同じスタイルで演じているのだから、まるで「生きている化石」みたいな芸人で、こんな強情な人もそうはいまい。待てよ、強情でなくて不器用なのかも知れナイ。けど声帯模写と不器用は何か合致《あわ》ない。不器用ぢゃあ声帯模写は出来まいに……。

――＊――

綺麗な芸人であった。待てよ、白山さんは芸人というより芸能人、いや、「スタァ」といったほうがいい。

つまり白山さんは職種は声帯模写、つまり物真似ではあるが、寄席芸人というより、大劇場で唄うスタァ、であったのだ。

家元を含めて、この寄席芸人と、スタァ……つまり「映画スタァ」、そして「歌手」といった大衆の中に咲く華と、技芸を売り物にし、「粋《いき》」とか、「名人」とか称《い》われる寄席芸の人、このギャップに抵抗を感じた寄席芸人は多かった。古くは柳家金語楼、戦後は講談の一龍斎貞鳳、奇術の引田天功（先代）、等々……。

その二つの世界の橋渡しの戦後第一号が白山雅一である。

その頃、そう昭和の二十年代か。寄席芸人の最高のステータスはＮＨＫラジオの日曜日の夜の『ラジオ寄席』で、名人、ベテランが占めるこの時間に何とＮＨＫ、新聞に「来週はアプレ二人」と書《き》たもんだ。

〝おおアプレ〟、懐かしき哉この言葉、若い奴らにゃ判るまい。

そのアプレ芸人の一人は白山さんであり、もう一人が何と歌笑だ。戦後の日本を笑いの坩堝《るつぼ》に叩き込んだ三遊亭歌笑である。

白山雅一と三遊亭歌笑、これこそ、新しき芸の台頭であり、それを権威ある番組で極《き》めたのだ。

——＊——

歌笑のあの顔、当人が語る「珍顔をもって鳴る三遊亭歌笑である……」と対照的に二枚目の白山雅一。演じる歌の模写は当時の人気歌手の網羅である。「藤山一郎」「灰田勝彦」「東海林太郎」「ディック・ミネ」「伊藤久男」「小畑実」「田端義夫」「淡谷のり子」「近江《おうみ》俊郎《としろう》」「霧島昇」、歌う映画スタァ「高峰三枝子」等々……。それも物真似でかならず二《ツー》コーラス唄うのだ。

——＊——

家元まだ学生の頃か、上野の鈴本に白山さんが「特別出演」と別看板で出た。その番組《プログラム》の普通の看板には何と文楽、志ん生、円歌、円生と網羅されているのだ。

ちなみに夜の部の特別出演がまだ売り出してはいなかったが森繁久彌であったっけ……。で、その高座を見にいった。まったく現在《いま》と変わらない。唯、帽子をちょいとかぶって、

「若原雅夫」の顔を作ってみせた。

そう、まだ白山さん頭に毛がふさ〳〵と……。

――＊――

白山さんと一緒の旅だった。新幹線の中で……もう、その頃はいまのあの頭……つまり坊主頭だ。あれ禿げてきたので剃っちゃったのか、カツラという発想はなかったのか。

あまり色気というか、それを気にしない御仁にも感じる。

ま、いい。で、新幹線の中だ。子供がいたっけ。白山さん、そこで何知らぬ顔でヒヨコを鳴いてるのだ。

名人だから本物に聞こえる。〝ピヨ〳〵〟ってなもんだ。

子供は座席のまわりを廻り、ヒヨコを探してる。

「止しなよ、くだらねぇことを……」に白山先輩、平気でヒヨコを鳴いていた。

内緒だが、白山さんの昭和天皇が絶品。それと韓国語の擬音が抜群。で、韓国語の野球中継、これ腹ぁ抱えるよ。

「あれ演《や》れば」に、

「それは出来ないよ」という。

――＊――

白山さんから電話が掛かる。もう円生師匠だ。

「お前さんは、どうも、エヘッ、何ぞてえと騒動なんぞ起こして、実にどうもけしからんもんで……」と延々と喋る。

物真似の芸人は素人っぽくよく平気で舞台以外でも演る。というが、演りたくなるのが芸人の本質で、それをしたくない奴の芸なんて、家元信用しない。

作家の吉川潮が、「このあいだ白山先生、声色《こわいろ》をシャレに演りましたが、よかったですよ……声色《あれ》を家元演るように推めて下さいよ……」に、「その通り」、と思い、これを白山さん口説いて是非実現させてみる予定《つもり》である。客が識らなくてもいい、やがてどこかでその人のことにブツかり「ああ、あれだったのだ」と判らせることは大切なことであり、その人《ファン》にとっても財産となるはづだ。

「牧野周一」「笠置シヅ子」「島田正吾」「辰巳柳太郎」「円生」「勘三郎」「歌右衛門」「アチャコ」「エノケン」「三亀松」「小西得郎《とくろう》」「小野田少尉」「大河内」「阪妻」「市川右太衛門」「月形龍之介」「長谷川一夫」そして昭和天皇……金正日、エジソン、ナポレオン、国定忠治、等々……。

家元に楽しみがまた一つ増えそうだ。

立川談四楼

たてかわ・だんしろう、落語家。昭和26年生まれ。本名・高田正一。58年、真打ち。立川談志一門の落語協会脱退の顛末を小説『屈折十三年』にまとめ、以降、小説家としても活躍する。著書に『シャレのち曇り』『ファイティング寿限無』など。

名の如く家元《わたし》の弟子である。

群馬県は邑楽《おうら》郡の出身《で》で、親父は大工、つまり「大工《でえく》の忰《せがれ》」だから毒蝮三太夫と同じ。別に関係はない。

高校を卒業《でて》弟子入りにきた、という、その頃あったごく普通のケース。

だいたい弟子入りは春が多い。つまり大学に、就職に落ちた奴がくるのである。

人生の吹きだまり、というより、ゴミ捨て場に近い。

ちなみにバラしておくと、咄家なんざァ誰にもなれる。

いきなり咄家ン処へいって〝弟子にして下さい〟といやあそれでまずＯＫである。精々いわれて〝親と一度一緒にきなさい〟程度だ。つまり、〝いくら何でも何処《どこ》の誰べエだか判らないのも困る〟と、唯それだけ、入門者の内容はいっさい問わない。何処で生まれようが、男だろうが女だろうが、ＯＫ、すぐ弟子にしてくれて小遣いをくれる。つまり食わせてくれて別に落語を覚えなくても十年たつと真打ちにしてくれる。

家元は逆で小遣いはやらない。面談料、入門金、月謝をとる。最低落語五十席、加えて歌舞、音曲、鳴物など一応マスターしないと二つ目にも真打ちにもしない。で立川流にゃ前座歴十年なんざァゴロ〳〵してる。つまり立川流の弟子でさえあれば目的に達しているので別に落語は覚えない。

——＊——

大工の悴に家元は「寸志《すんし》」と名をつけた。こ奴を供に連れていき、「これは〝寸志〟でございます」てなもんだ。

こ奴並みに育って、並みに年月を経て並みの真打ちになるはづが、落語協会のバカ野郎共が何の基準もないくせに反対しやがったので家元怒って協会を脱会、今日に至る原因の一つにこ奴の問題も絡む……ま、それはいい。

で立川流落語会だが、家元の独断が基準となってからきた弟子（例えば志の輔）と、家元《わたし》の弟子であると同時に協会の一員であるから協会の判断で〝良し〟〝悪し〟を決める状態で育った弟子と二通りいる。

我家《うち》の弟子のむづかしさは、師匠である家元の落語に対する変化という成長に、弟子がどう対処するか、ということになる。

判りやすく書くと、正統な古典落語を勉強していたのに家元の現在の「狂気落語《クレイジー》」とでもいえる演《や》り方と内容、弟子としてそれも理解《わか》るが、それは出来ない、〝その経験はないし、やれない〟という葛藤。

前置きは長いが、談四楼、その狭間《はざま》に気が付き、考え、古典を演《や》り、現代の喋りの代わりに小説を書き始めやがった。

これがいいのだ。ちゃんと小説になっている。野坂（昭如）もほめてくれたっけ。家元の書き物よりゃ、キチンと人間の隅々を書き綴っている。つまり出来上がっているのだ。

——＊——

で、落語だが、一と口にいやあキチンとしてる。人情咄大結構で、奴の演る「浜野矩《のり》随《ゆき》」「柳田格之進」等々、文句ない作品が多くある。けど、それは伝統を上手にアレンヂした芸であり、それが当たり前なのに、いまの咄家連中にそれがない。三十年前までは存在《あ》ったのだが無くなった、いや、崩れてきたのだ。

　理由は、それを演じる咄家に理念がないのと、それを見守るファンに基準がないのである。我が立川流落語会は家元がそれらに対して喧《うる》さいから、談四楼を含め、里う馬、龍志など、ビドウだにもくずれてない。

　彼らは世が世なら一国一城の城主《あるじ》でいられるのに……。

　談四楼の奴ァ家が大工の棟梁《とうりょう》で貧乏を知らないせいか、おっとりしてケツカル。咄に現代を妙に放り込み、セコな受けを客に頼むバカな咄家とは違って己れの役どころを識《し》り、それにすがり、それをふくらませようと、やっと己れの芸風に目的を見つけてこの二十年か。

　立川流《うち》の弟子は当然家元に似てくるからそれぞれが能書きをタレる。

　談四楼も同様だろう。が、あまり押しつけはない。生来あまり周囲を搔き分けて己れを……というタイプでないらしい。それは己れの状況の判断か、性格か、それらを全《すべ》て家元放っとく。つまり「人生成り行き」、のアレである。

ことによると全然別の処から別の花が咲くかも知れない。漫画の原作もやっているというし。

つまり、談四楼の芸の形式《スタイル》は桂文楽に近い。堅実な落語家がこの時代の騒ぎに合わず、仕方なく（？）己れの人生をかたくなに落語に託して守り生きている、奴なりの保守なのだ。談四楼なりに守るため、保つために、現代と闘っているのだが、その姿を露骨に見せない、いや見せられないのか……。

こういう芸人にスポットを当ててみるプロデューサーは居ないのかネと、ふと思うが、

「勝手に生きろ、生きるべし」、と家元、いつもその一言でお終いにする。

弟子のことより、手前ぇのことのほうが大変なのだ。

けど、こういう中堅どころ、というか、野球でいう中継《なかつ》ぎ、に例えては談四楼には悪いが、大切なポジションを守っているのだ。勿論完投も出来るが……である。

古川緑波

ふるかわ・ろっぱ、喜劇俳優。明治36年生まれ、昭和36年没、57歳。本名・古川郁郎。貴族院議員・加藤照麿男爵の六男。早大中退後文藝春秋社に入社し、「映画時代」編集部に勤務した。昭和８年、浅草の「笑の王国」旗揚げに加わり、35年には古川緑波一座を結成、舞台を中心に活躍した。

ロッパさんはインテリであった。早稲田大学は中退だが、知識は豊富、文章が書けて、鑑識眼は鋭く、ロジカルで、身分がいい。何せその頃の男爵の令息ときている。結果周囲は馬鹿に見える。まして役者、芸人なんざァ見下《みくだ》しもいい処、この辺《あた》り家元《だんし》に似てる。いえ冗談〳〵……。

——＊——

大学を辞めて映画評論をしてたが推《すす》められて役者ンなった。推めた相手は確か東宝の小林一三《いちぞう》か、そのときの有名咄《エピソード》に、

「出演料《ギャラ》は世の中に〝千両役者〟という言葉があるのだから、私も主役で出るのだから千円欲しい。そしてフィナーレは階段を降りてる場面《シーン》を入れてくれ……」

結果ＯＫ、という逸話《はなし》である。

——＊——

学生時代から映画雑誌の評論を書き、加えて物真似が抜群に上手かった、という。何せ出来ない相手はいなかった如き、と聞く。歌舞伎役者、歌手、例えば藤原義江。役者、芸人を網羅し、菊池寛など見事だったそうな……。

ついでにいうと、それまではこの種の芸を「声色《こわいろ》」とか、「物真似」とか称《い》っていたのをロッパが「声帯模写」と変え、それを定着させ、今日に至っている。けどよく考えると声帯模写なんという名称はあまりいい音でも内容でもない。〝声帯を模写する〟というよ

りも〝声色〟のほうが粋だ。

ロッパさん、その声帯模写の文句も変えた。それまでの声色屋は歌舞伎の名場面などを演《や》る他に、三味線の相の手で「山寺の和尚さん」とか「棚の達磨」とかの唄の文句を真似る相手に喋らせたが、ロッパ先生はその時々の流行り歌で演り、家元《わたし》が聞いたのは「炭坑節」と「南国土佐を後にして」であった。

――＊――

「いや、物真似の相手が皆ンな死んじまったので困っちまうんだ。やんなっちゃうネ、まったく……」この「やんなっちゃうねぇ、まったく」はロッパさんの常套フレーズ。で逆にロッパを真似するときはこのフレーズを使う。家元ロッパさんの物真似が出来る。

「死んじまって困るんだよ、で、これから死ぬ奴を……」と、生きてる人を演ったが、昔の人達、つまり菊池寛であり、曽我廼家五郎などの人達の模写を聞きたかった。

――＊――

企画力もあるから、それらの集大成をレコードに残している。二村定一、藤原義江、榎本健《エノケン》一、松井翠声《すいせい》、大辻司郎等々。翠声、大辻は生で聞いている。東宝名人会であった。一緒の十日間であった。

その頃糖尿病で、「キミね、糖尿の小便は蟻が集《たか》ってくるんだよ、夜中に蟻が睾丸《きんたま》に喰いつきゃがった……」とマジに私に話してくれた。「本当かね」であったっけ……。

——＊——

アマチュア芸人ともいえたロッパが中心になって、トーキーとなり活動弁士《かつべん》の失業者《あぶれ》達に役者や歌手が加わって、浅草で「笑の王国」を旗揚げし、これが当たってロッパは東宝に引き抜かれる。浅草から有楽町にと舞台は変わり、そのときのエピソードは書いた通り。で、ロッパ一座は三益愛子、渡辺篤《あつし》等の達者な役者に支えられ、数々のヒットを飛ばし順風満帆。曰ク「ガラマサどん」「ハリキリ・ボーイ」「花咲く港」等、エノケンと満都の人気を二分した。つまりエノケン、ロッパの喜劇の時代がきたのだ。

さァ、ロッパ座長、もれ聞くに、ワンマンだし、その生い立ちが作った性格か威張るの何の……。

映画にも当然進出、長谷川一夫と組んだ「家光と彦左」「男の花道」など絶頂をきわめる。

家元ふと書いてて口から唄が出た。「ハリキリ・ボーイ」だ。

〽会社出たときゃふくらんでたが
　酒場出たときゃペチャンコで
　何の気なる月給袋
　飲んで、トコ、ハリキリ〳〵
ハリキリ〳〵ハリキリボーイ

　トコ、ハリキリホイ

いくらか違うかも知れないが……覚えてる。

戦後すぐの斎藤寅次郎の「東京五人男」の中で露天風呂、ったって、風呂桶が戸外《そと》にある、ということ、ここで唄う、

〽お殿様でも家来でも
　風呂に入るときゃ皆裸
　上下《かみしも》脱いで刀を置いて
　歌の一つも唄いたい

と歌って、この後にアンコが入る。一番が勝太郎の「島の娘」で、二番に何と「ロッパの江戸っ子部隊長」なのである。

〽支那のヒョロ〳〵弾、驚くもんけぇ
　俺ら江戸っ子だァ、べらんめえ

という。

この〝江戸っ子だァ〟にかぶせるように〝べらんめぇ〟とくる。これがロッパの歌の〝売り〟なのである。

——＊——

やがて人間当然ながら頂上に着けばあとは下《くだ》るが世の習い、ロッパ落ち目でそれも転が

り落ちる。病気と税金、その古川緑波一代記という膨大な日記を巨匠「滝大作」が再現し、世に出した。素晴らしき内容、それは滝大作の、彼でのみしか出来ない偉業である。

丸い黒縁の眼鏡、肥った身体、戦後ラジオから流れた『さくらんぼ大将』の主題歌（?）「ハのハの薬」、それを唄う大野木蛮洋役のロッパ、想いは山の如くある。

澤田隆治

さわだ・たかはる、テレビプロデューサー。昭和８年生まれ。神戸大卒後、朝日放送に入社。藤田まこと、白木みのる、財津一郎ら、多くの関西喜劇人を育てた。〔令和３年没。〕

この人を書いて置かねばなるまい、書かねばなるまい。けど、さて、どう書きゃいいのか……。

——＊——

一と口にいやあ「お笑いの世界の中興の祖」というか、今日大阪の芸人、役者達が生きていけるキッカケと機会《チャンス》を恵《あた》えた御《お》仁《ひと》といえよう。いや〝いえる〟。

富山県は高岡の産、大阪は朝日放送に入社。ダイマル・ラケット主演で『スチャラカ社員』、藤田まことの『てなもんや三度笠』に代表される番組を作り、そのＴＶの笑いで全国を引っ掠《つぁら》った。

その実力故、若き澤田隆治は「天皇」とあがめられ、また怖れられた、と聞く。

何せ、あの体軀、あの風貌は、〝恐い人〟の表現がピッタリで、澤田隆治とは「怖い人」ととりあえずいえば、いわれた相手は納得したろう。

——＊——

四十代で朝日放送を退社し上京、「東阪企画」というプロダクションを創り、今日に至る……。

その間に『花王名人劇場』の大ヒット、あの番組なくして、澤田隆治居《お》らずして、「ビートたけし」も「やすし・きよし」も「紳助」もああ早く日本中に彼等の存在は伝わるまいに……。

それは、そのまま藤田まことにも当然云える。なに藤田まことばかりに非ズ、「財津一郎」「ルーキー新一」「川上のぼる」「さんま」「仁鶴」「三枝」。数をあげるより、コメディアン、寄席、芸人全《すべ》て、といっていい。

このパワー、この情熱、澤田隆治の何処《どこ》から生まれてきたのだろうか。

勿論これらの仕事が好きなのであろう。けど、〝好き〟だけぢゃあ、ああはやるまい、仕上げられまい。

ことによると先に書いた富山県は高岡の出身という、つまり〝都会育ちでない〟というコンプレックス（？）がエネルギーとなったのか、だとすりゃあ正力松太郎と似る。いやはやどうも、書いてて勝手な想像、いや妄想だが……。

——＊——

この大プロデューサー、でありディレクターの澤田隆治氏、キャリアからいうと放送局で与えられたポジションが、「お笑い」の世界だった故にこの世界に君臨したが、これが政治部に配されたら、その世界も席巻したのか、で、結果代議士になっていたのか。こうなると今度はNHK出身の上田哲氏に似る。

——＊——

澤田隆治、とことんやらねば気が済まない、その行為はコメディ作りから始まって「大阪漫才」、「上方落語」、演芸一般、つまり全部ということ。現在《いま》は浪曲にも関《かか》わり合っているが、これまた資料を徹底的に集め分析し、〝何とかそれが世に出ないものか〟と行為を起こす。見ていてやるせなくなる。具体的にいえば京山幸枝若《こうしわか》のことである。

「何とか幸枝若を売ろうとしてるんだけど、むづかしいんだよネ」

「幸枝若いいがなァ、私の頁にも書かねばいけない人でもあるし、悴《せがれ》の福太郎もいいし……」

「そう、京山福太郎、あれはネ……」

と会うと延々と芸談、逸話が飛び交う。

「やっぱり、幸枝若、やらなきゃいけないことでしょう」という澤田さんの言葉はその通りなのです。けど澤田さんの話によると、

「これだけやり、これだけ効果を相手の芸人、役者達に恵《あた》えても、裏切られるんですよ」

「それは澤田さん当人の性格の問題ぢゃないのかネ」

こういうことを家元平気でいう。

「ウーン、それもあるかなァ……いや、違う、やはり相手の人格の問題だネ」

――＊――

物真似芸人の話になる。

「ねえ、澤田さん、フランキー・ゴーシンねぇ」

「あるよ」

「〝ある〟って、何があるの」

「フランキー・ゴーシンが」

「何処にあるの？」

「だって俺、花王名人劇場に呼んだんだもの……」

「見せてよォ」

「送るよ」

　F・ゴーシン、ったって知らない人にゃ判るまい。フィリピンの政治家だ……。


――＊――


　つまりその追求と好奇心は世界にまで延び、可能な限りの挑戦をしているのだろう。よく己れに疲れ、己れの努力に報われないとき、それを放り出したくならないのか……。

「なるよ、なりますよ」

　とはいったけど……。


――＊――


　資料を集める、三枝の本を、CDを頼まれりゃあ出す世話をする、いえ自分で時にゃ損を覚悟でそれらをやる。

「一体、何処から金を持ってくるの」

「俺が自分で講演したり、プロデュースを頼まれ稼いだ金だよ」

〝己れの道は絶対間違ってない〟という確信で生きている。その証《あか》しに、その対象を成功させて己れが納得しているのだから芸能界はいい人に見込まれたものだ。

「俺、昔、エド・サリバン・ショウにも関わっていたんだよ」

「ぢゃあ、家元《おれ》でそれやろう」

これ実現するかも知れない。楽しみにしていて欲しい。その為には澤田隆治と喧嘩ぁしないことにきめた。

桂 三枝

かつら・さんし、落語家。昭和18年生まれ。本名・河村静也。毎日放送『歌え！ＭＢＳヤングタウン』、『ヤングおー！おー！』などで、若者の人気を得る。以降、司会者として数多くのテレビに出演。58年に口演した「ゴルフ夜明け前」では、芸術祭賞大賞を受賞した。〔後に六代目桂文枝。〕

三枝の落語をヒコーキの中のチャンネルで聴いた。よく出来てる。見事なくらいに創ってあった。一口にいうと三枝落語が定着しているのである。

落語の創作ほどムツかしいものはない。その理由に過去《むかし》から「新作落語」と称《い》えた作品《もの》は皆無といっていい……。

「冗談いうな、ぢゃあ、金語楼は、今輔は、米丸は、右女助から小勝に襲名《なっ》た『三升家《みますや》』は、米朝の『一文笛《いちもんぶえ》』は」

　ときて、

「古くは岡鬼太郎《おにたろう》の『意地競《いじくら》べ』は、円朝はどうなってんだ、円朝だってあの頃の新作だろうによ……」

　あのネ、お答えします。この中でこれらの人達が作った新作は一つも残ってないのです。

「残ってない」というのは継承されてない、いま、その咄を演《や》る咄家がいない、ということです。「意地競べ」が残ってますが、あれは中国の小噺のパクリだし、「一文笛」は落語とはいい難い、まァ米団治作の「代書屋」が……。

——＊——

　新作落語、創作落語とは、それを造り演じた咄家のパーソナリティ以外何物でもない。

ナニ新作ばかりか古典落語と称われているものもその通りなのだが……。

三枝の創った落語は三枝個人の成功と同時にそれが受け継がれそうなのです。

機中の放送で三枝の前座に弟子が三枝の作品を演ったが、これがそこ〳〵受けるのだ。

——＊——

三枝の作品は勿論古典落語のパターンを使う。けど、これは仕方ない。何故なら人間の生活のパターン全てが落語の中に放り込まれているのだから……。

でも三枝、そのパターンを観客に感じさせないように、この現代のあらゆる処から、題材を持ち込む。加えてスケッチが抜群に上手い。先述した三升家小勝の若き日に似てるが作品の数が違う、ケタが違うのだ。

——＊——

一例をあげると関西にフライトが入ることになった外国人スチュワーデスが日本の、つまり大阪の客に「難波弁で機内サービスをする」という発想、これがいい、片言でないのだ。ちゃんと外国人スチュワーデスが日本語を、大阪弁をマスターしたという設定がいい。たいがいのバカぁカタコトの外人を出す。それも戦後の進駐軍が使った日本語を演る。

形式は同じだが発想と処理が違う。

で、三枝の作品集を探した、といっても澤田隆治氏に贈って貰ったのだが……創作百席のプロセスの七十席、七冊の本となっていた。読んでてそれ〳〵面白い。けど、これは当然三枝の高座がダブるからである。

七十席〝造った〟いや〝残った〟ということはその倍の作品は「掛《か》け捨《す》て」になっているのだろう……。

――＊――

三枝の落語は「優しい」のだ。いや、恐がりなのかも知れナイ。家元と正反対だ……ま、〝優しさが違う〟のだがネ。

――＊――

三枝、若い頃からラジオの司会者に抜擢され、受け、そのまま人気者で今日までできた。最初《はな》は古典落語、その内、いつの日からか創作落語に変った。つまり「創作落語に変らないと己れの落語家としての存在が危うくなる」と考えたのか。たとえそう感じてもそれが実現《でき》ないのが世の芸人なのに、三枝の奴ァ、そんな大《おお》それた事に挑戦、実を結ばせやがった。天晴《あっぱれ》である。

その昔「ゴルフ夜明け前」という自作で何かの賞の対象になったとき、発想は面白いが、たいした事ない、ゴルフという現代と、明治維新の有名人とダブらせただけの発想で、それはそれでその時誉めたが、後は〝続くまい〟〝続く訳がない〟と気にも、相手にもしなかった。

三枝は家元と落語の話をしなかったのが幸《さいわい》したのだろう。そういやあ枝雀も家元がそばに寄ると逃げたっけ。

――＊――

三枝は何処《どこ》からこれらを学んだのか、覚えたのか、ごく自然に高座で漫談を喋っているうちにその流れの一つとして学習したのか。そうではあるまい、逆だろう。壮絶な自己葛藤があったはづ……。

――＊――

咄家ぁそこ〳〵一人前になりゃあ、一つの形式に挑戦したとしても何か失敗《あっ》たら「受けるネタを漁る」逃げ道の方法は知ってるし、その為の持ちネタはある、けど、それだけに逃げるほうに芸人流れるものなのだ。

――＊――

三枝、当分己れの作品を磨いていりゃあ充分である。

ぢゃあ、〝どれほどそれらの作品は保《も》つのか〟といやあ、いつか時代とズレがくる。「十年保ちゃ大結構」、けど、とりあえず「次に繋がる作品を作った」ということが大事なのだ。己れが一つの典型となり多くの類型を呼ぶ、これを芸術という。

けど芸人の性《さが》はそれを許さない。で、次の方法に挑戦をする、それが破滅に繋がることが多いのに……。

——*——

三枝が参院選に出馬《でる》という相談を受け推《すす》めた家元。結果あそこへいかなくてよかった。
その内また二人会でもやるか。客がくるぞォ……三枝の客に家元の落語を教えてやろう。

広沢瓢右衛門

ひろさわ・ひょうえもん、浪曲師。明治30年生まれ、平成２年没、92歳。本名・小島美士五郎。東京・大阪で長い下積み時代を過ごすが、昭和初期には大家に伍して活躍。55年には、浪曲師として初めて国立劇場で座長を務めた。読み物は「英国密航」「太閤記」など。

家元の浪曲に対する想いは瓢右衛門と木村松太郎が最後であった。

勿論、幸枝若《こうしわか》もいた。名人春野百合子健在だし、玉川勝太郎、澤孝子、等もそれ〴〵の境地を拓《ひら》き、京山福太郎という嬉しき若手も育っている。けど、あの浪花節全盛の空気を伝えた最後はこの二人であった。

松太郎は典型的な芸人で瓢右衛門と逆に飄々と芸人を全うした。

瓢右衛門は違う。何せ頭脳《あたま》が芸人としてその頃よすぎた。けど、頭はいいが声は悪い。つまり悪声、その悪声も半端《はんぱ》じゃない。「よく、まァ、こういう酷《ひど》い声で浪花節語りになったもんだ」ということった。加えて節もダメ、とても瓢右衛門の節は真似られない、真似する気にもならない、これは港家華柳丸《かりゅうまる》にもいえたっけ。この人も酷い声だったが、その江戸前の啖呵の見事さ。「青龍刀権次《せいりゅうとうごんじ》」を聴くといい。

変則節だが「東武蔵」は通人は競ってこれを真似た。〝武蔵が演《や》れずして浪曲を語るなかれ……〟であった。

で、瓢さん、いえ瓢右衛門先生ずっと売れなかった。

天下ぁ取った虎造は弟子で最初《はな》ァ〝兄《あに》さん〟といってたのが〝瓢右衛門〟になり、仕舞いにゃ「オイ、瓢よ、ときたネ」と本人から聞いたが虎造も乱暴だ。けど瓢右衛門の芸の評価そのものともいえよう。

な、くらいだから家元、瓢右衛門師の存在すら知らなかった。

それを米朝さんと、その仲間達が担ぎ上げて世に出たのが、瓢右衛門七十《しちじゅう》歳前後か……。で、売れた。売れる訳だ、面白い。「雪月花三人娘」「英国密航《みっこう》」など〳〵。特に英国密航の切れ場の「道中《どうちゅう》づけ」で、横浜を出帆した伊藤俊輔、井上聞多等がロンドンに着くまでの国々の描写。

「ねえ、先生、あれ、誰が創ったんです」に、

「痴遊先生」

「なァーる程」でありました。

伊藤痴遊、「政治と講談」つまり政治家に成るべく内容《それ》を講談にして喋ったのが本来の政治講談であり、それらの内容の見事さは当然ながら、「語り」もまた素人あがりのくせに名人であった、と聞く。

――＊――

伊藤仁太郎《にたろう》こと痴遊の作品、『伊藤痴遊全集』は凄い。正・続三十巻はある。ちなみにいうと司馬遼太郎の維新物のネタの源《みなもと》はこの痴遊全集であろう。〝あろう〟でない、〝だ〟と断言出来る。

その痴遊に惚れたのだから芸を観る眼は確《たし》かだ。

能書きをタレるがその頃講談、浪花節などで、世間の出来事、つまり新しいこと、昨日あった事件などを語り、読むことを「新聞読《しんもんよ》み」と称《い》った。瓢右衛門新聞読みだったのだ。

ところがその新聞読みも流行から見離される時がきた。明治の無理の後《あと》大正から昭和初期の世の不況である。そこに咲いた社会主義や、逆に退廃ともいえる「モボ・モガ」達と新聞読みとの接点はなかったらしい。そして大衆も……。

――＊――

世間に名が通ってきた瓢右衛門、この先生に家元稽古をつけて貰った。白井権八は「鈴ケ森」、相撲ネタの「佐野山《さのやま》」、あと一席……アレッ何だっけ。忘れちまった。非道《ひど》いもんだ。場所は覚えている。角座に出演のときの東京の芸人の定宿、懐かしき道頓堀の「上方《かみがた》旅館」の一室で何せ三席だ。一席の中頃で足が痺れた。

まさか、「先生、アグラぁ掻《か》いていいですか」は云えない。

で、我慢したが、ネタは忘れちまった。けど現在《いま》でも「鈴ケ森」は演《や》る。

ネタの内容はメチャメチャ、特に言葉遣いはメチャヤだった。

東海道で雲助の親方が権八を脅す。これを見てた手下共、

「流石《さすが》でンなァ、親分はベテランや……」

これネ、〝新しい言葉を使っている〟というギャグでも何でもない。平気でその演目《ネタ》に合わない現代語を入れるのだから、その無精さに驚いた。

「こりゃ、酷《ひで》えや」であった。

だが、これらは枝葉《えだは》、幹は磐石……とまではいかないが〝いい〟。で、それは現在《いま》にも

談志の演目として残っているのだから……。

――＊――

我家《うち》にもきてくれた。浪花節の話も多くした。一緒に飲んだ。待てよ瓢先生、飲んだかなァー。また覚えていない、薬《クスリ》のせいだな……。

――＊――

瓢右衛門師が人生の晩年に売れるまで、師の芸を、生活を、支えてきた夫人……写真を見たが女房《ワコ》という感じではなく、夫人であった。

瓢右衛門師あるとき〝ボソッ〟と言った。「この姿を一と目死ぬまでに見せてやりたかった……」

万感を込めた言葉だったのだろう……。

――＊――

その瓢右衛門師に家元結構親孝行をしてる。「瓢右衛門・松太郎二人会」を東横ホールで開き、ＮＨＫに中継を頼み、それも実現した。

会場一杯の浪曲ファンはこの二人に明治の浪曲全盛の残り香を求めてきたのであろう。それは若き頃家元が神田松鯉《かんだしょうり》を、小金井櫻州《こがねいおうしゅう》を、邑井貞吉《むらいていきち》を追いかけた姿とダブる……。

神田伯龍

かんだ・はくりゅう（五代目）、講釈師。明治23年生まれ、昭和24年没、58歳。本名・戸塚岩太郎。小児麻痺で右手が不自由だった。世話物を得意とし、晩年は世話講談の名人とまでいわれた。

神田伯龍を書く。伯龍への想いの丈《たけ》を書く。しかしこの神田伯龍、小島政二郎先生が書くのなら判る。小島先生は伯龍を『一枚看板』という小説に書き、売り出したのだから……。

それをこの俺様が……先生あの世で何というかしら。「まァ、いいでしょう、仕様《しよう》がないネ」と苦笑するかネ……。

――＊――

談志百選終りに近い。今迄書いてきた人たちはそれ〳〵家元リアルタイムで逢っている。聴いている、観ている。

けど、伯龍は知らない。残念にも無念にも神田伯龍を知らないのだ。もうちょっと早く、誰かが連れていってくれれば伯龍に間に合ったのに……。

ついでにいうと伯山の弟子の四天王、伯龍、ろ山、山陽、伯治と全てを知らナイ。勿論六代目（貞山）も知らナイ。嗚呼……である。

――＊――

昔々、あるとき、ある処で、伯龍のSPレコードの二枚続きを山藤画伯に貰った。「小《こ》猿《ざる》七《しち》之《の》助《すけ》」だ。それを聞いた時身体《からだ》全身に戦慄が走った。

何という魅惑の声、江戸弁の爽やかさ、艶っぽさ、即全部暗記《おぼ》えちまった。で、それを伯龍張りに喋り、何と小島先生に誉められた。

「いいですよ。まさか伯龍が聞けるとは思わなかった。唯々嬉しいネ。でも、あの場はチョッと、まだ無理だなァ」とつけ加えられたっけ……。

「あのネ、キミ、伯龍が高座で語ってるネ。ちょいと楽屋から聞き出すと、もう逃げられナイ。〝切り〟まで聞かされちまう……」と、先輩の話。

——＊——

伯龍の歴史は己れの師匠「八丁荒《はっちょうあら》し」と称された天下の人気者三代目神田伯山の弟子だが、師の芸と違う名人錦城斎典山《きんじょうさいてんざん》を範とした、と聞く。

「いや違う文慶《ぶんけい》（一立斎《いちりゅうさい》）だよ」と小島先生は教《い》うかしら……。

現代《いま》でいう小児麻痺で、半身というか、右手が不自由で、左手でその手を持つように釈台に凭《もた》れる様に語った。正式にいうと講釈は「語る」でなく「読む」という。

伯龍、一通りの読み物は読んだ、とある。けどその真価は「生世話物《きぜわもの》」にあった。吉原《よしわら》百人斬《ひゃくにんぎり》」「天保六花撰」「村井長庵《ちょうあん》」など、伯龍を聴き込んだ常連なら、いくらも演目《ネタ》をあげてくれるだろう。それは家元《わたし》とて伯龍の数多い演目は知っている。けど、それを平気な顔して文章には残せない。この三題とて聞けたのはレコードに残る「天保六花撰」の中の「暗闇の丑松《うしまつ》」のくだり、洋楽入りの妙な出来の一席だけで、あとは「いかけ松」が残っているか……。

その頃の講釈師は「硬軟《こうなん》二席」を読み分けなければ本当の真打ちとは称《い》われなかった、

とある。「硬軟二席」、つまり「硬」はその字の通り硬い読み物で、「伊達《だて》評定《ひょうじょう》」の如きお家騒動、又は、「修羅場《しゅらば》」という軍談、つまり「三国志」「川中島」「源平合戦」などを指し、「軟」は伯龍の十八番である江戸の爛熟期の濃艶なる男女の世界で、伯龍の身体から醸し出す色気、とその声音は類がなかったと聞くけど、この先生も硬のほうは……？……。

もし、伯龍を最初に聞いたら家元きっと講釈師になっていたかも知れナイ。講談界にとっても残念なことをしたもんだ。

「よく云うよ、講談界がかき廻されて、結果おン出るだけのことなのに……」といわれそうだが……。

——＊——

伯龍を聞きたかった。その声音は想像も出来る。けど、けど、その高座姿と伯龍の技神に入《い》ってる生世話物の世界は想像《わか》らない、ということはこれほど多種《いろいろ》の芸を観《み》、判断してきた家元《わたし》の想像外の世界が伯龍には存在《あっ》たのではないだろうか、という思い入れである。

伯龍の読む調子は〝現在《いま》の伯龍によく似てる〟という。また現伯龍は物真似も上手いから師匠を〝真似る〟こたァたやすい事であったろう。けど現伯龍がその志を継ごうと、内容をつかみ切れぬまま、逝ってしまった。つまり師と接する期間が短かすぎた。逆にいやあ〝あの短い期間によく写し取った〟ともいえる。家元《わたし》の演《や》る「小猿七之助」も現伯龍の伯治時代に稽古《つけ》てもらったものである。

神田伯龍をふと書く気になった。ならもっと現伯龍に芸や逸話を聞くべきなのである。けど、これが嫌なのだ。一体何なのか、プライドかもしれない。だとしたら嫌なプライドだ。よくない了見だ。けど「持ったが病い」で治らない……。

こういう屈折した人間の部分まで昔の講釈師は語ったのか、とこれまた、ふと思った。いや、語るまい。そんなことより何よりも伯龍の前にいる客は有無もいわず伯龍の世界の虜となる、唯それだけだ。

——＊——

懐かしき昔の吉本興業の「顔付《かおづ》け」という名称《な》の楽屋内の出番表を澤田（隆治）氏よりいただいた。見ると何と大正十年の初《はつ》席に神田伯龍の名が吉本の寄席に在《あ》るのだ。三軒の掛け持ちである。同様に三代目小さんの名があり、何と二《に》の席《せき》には伯龍、ろ山、山陽と四天王のうちの三人が同じ高座で競ってるのだ……何という贅沢、何というゴージャス。

読んでる人にはよく判ンないだろう。一と口にいやあ惚れた女にバカが出した恋文だもの……。

森サカエ

もり・さかえ、ジャズ歌手。昭和15年生まれ。17歳で文化放送「ジャズのど自慢」に応募し合格。米軍キャンプや日劇ミュージックホールで歌い続け、声に磨きをかけた。昭和30年代のジャズブームを、女性ナンバーワンシンガーとして盛り上げた。

彼女は歌手であり、それもジャズ歌手だ。けど、家元感じるのは「芸人」なのだ。それも寄席芸人。〝寄席芸人〟つまり、都家かつ江であり、吾妻ひな子を想うのだ……。

つまり、どう表現《いっ》たらいいのか、〝私は歌手であります〟という認識が歌手にはあり、それは芸人ではなく〝芸術を演《や》っている〟という意識になり、ましてクラシック、次いでシャンソン、ジャズと、それが歌謡曲の歌い手にまで及んでいる。つまりコンプレックスといえよう。

歌手のくせに歌手に何処か劣等感を持っている。といって、「芸術といってはいるがそれほど客は思っていない」、ということにも薄々バカなりに気がついてる、ということだ。チト、ムツカシイガネ……。

森サカエはそれが無い、つまり生粋の芸人だからなのだ。この辺《あた》り江利チエミに似る。いえ、この二人しか芸人の歌手はいない。団しん也はもう違う、自分で〝違いたい〟と思っているのだし。

ま、いい。

森サカエもチエミも芸人の子供として生まれた。ましてチエミの父親《おや》ぁピアノ弾きだが、森サカエの両親《おや》ぁ漫才師だ。軽蔑のニュアンスを含めてのマンザイである。

「玉子家辰坊《たつぼう》・八重子」が両親《おや》の芸名《な》。辰坊と称《い》うのだから漫才の元祖の玉子家円辰《えんたつ》の弟子だ。八人兄妹《きょうだい》の七番目といってたっけ。姉二人は「森信子・秀子」という女流漫才で、これは上手かった。家元ガキ心にファンであった。

一本歯の桝《ます》の上で踊る「松づくし」は見事、と鮮やかに記憶にある。

余談だが、その姉の秀子さんは後に小円馬の女房となり芸界を引退した。勿体なかった。その小円馬さんもこないだ死んだ。

——＊——

漫才師の娘が末のほうだからってんで、〝勝手にしな〟と放っとかれたら、漫才にならず歌い手となった。きっとガキの頃から地方の寄席舞台のどっかで唄っていたのだろう。いえ、歌わされたのか、で彼女歌が嫌いぢゃなかった、何せくどいが芸人の子供だ。しかしなまじ芸人の子供だけに芸人を嫌がるケースもよくある。芸人というのが恥ずかしいのである。これ、現代《いま》の人にゃ判るまい。

森サカエ、アメリカの歌なんざァよく判らずいい加減に唄っていたのだろうが、身体でジャズを覚えちゃった。歌詞の意味も、深さも判るもんか、いや判るのだ、理解《わか》らなくても判るのだ。加えて楽譜なんざァ読めないけど、これまた判るのだ。それが証拠に彼女見事に歌ってる。いえ見事過ぎる歌を……。

アト・ランダムに書く。

彼女見てると、「ビリィ・ホリディ」を想う（家元B・ホリディ知らないのだが……）。そのくせ、「アニタ・オディ」を感じる。けっして「マヘリア」でもなきゃ、「サラ・ヴォーン」でもない。黒を感じるが、白なのである。いや、〝白に黒を感じる〟と書いたほうが近いが……ま、色は黒いほうだし、別に美人でもないし……おっと、この美人でない、というのが、この歳になると武器になる。加えて森サカエ、いい顔になった。元々芸人面《づら》であったのが芸と年輪に磨きがかかってあの顔だ。いい、いいよ、いい顔だ。親しみがあって暖かくって……。

ついでにいうと観客にサービスし過ぎらァ……。これも「芸人の子」故かネ……でもあんなにしなくてもいいヨォ。もっと森サカエは偉いんだから威張ってな。

それでも他の歌手《やっ》から競べりゃ親切、サービスに映るはづ……。で、森サカエ、一と口にいうと「日本人のジャズ歌手」で、白でも黒でもない。この場合のシロ、クロ、とは音《おと》に対する表現の違いをいう。ジミー時田のカントリー&ウエスタン同様森サカエそのものの境地であり、それを観客はどこかにルーツを所属させ安心をする。で、ジャズ歌手であり、やれ黒人のフィーリングだの、アニタ・オディに似る、とか、能書きをたれる。

それより森サカエの「ジャングル・ブギ」を聴くといい。彼女が一発で理解《わか》る。彼女の芸、人間の魅力と価値が判る。

——＊——

あの年代で見事に歌い切ってる奴ぁ、他にいないよ、他に知らないネ、ま、いいや。

「スワニー」を、「ブルース」を、生で聴きなよ。森サカエ、いま乗りに乗っている。

——＊——

この芸人普段は「親切なおばさん」になるのが面白い。それもごく近所にいるおばさんなのだ。あれこれ面倒みてくれる、気を配ってくれる、遣ってくれる。「ハイ、お茶、ホラ、ティッシュ」てなもんだ。これ書いたから小遣い呉れそうだ。「ハイ、早いけどお年玉……」。

——＊——

森サカエといると、安心して甘えてられる。わがままいっても聞いてくれるように思える。こんな部分《ところ》は死んだ好江（内海）ちゃんにあった。ま、二人共漫才の娘だし……ネ。

——＊——

森サカエの歌を聴いてると、ステージ観てると、〝彼女一所懸命生きてるな〟と、こんなキザな素朴な想いにかられる。笈田敏夫《さん》、森サカエ、井上良の歌ぁ聴きながらJ&Bのソーダ割りで酔いたい。B・G・Mはフルでよし、薗田憲一でもいい。

柳家金語楼

やなぎや・きんごろう、落語家・喜劇俳優。明治34年生まれ、昭和47年没、71歳。本名・山下敬太郎。真打ちとなった翌大正10年に甲種合格。入隊中に熱病に冒されて髪の毛が抜けてしまったが、除隊後、禿頭と兵隊落語で人気者に。戦後、ＮＨＫテレビ『ジェスチャー』では白組キャプテンとして活躍した。

噺家ぁ、ま、とりあえず一人前ともなると前座や世間は〝師匠〟などと呼ぶ。講釈は〝先生〟と称《い》う。

どっちの道たいしたことはない。唯そう呼ぶだけだ。

〝オイ、先生、下駄ぁ揃えてくれ……〟の、アレである。

だが、その頃〝先生〟といわれたのが金語楼であったが、それは落語界から喜劇の世界に転じたことに理由があった。

なのに春風亭柳橋、日本芸術協会というのを創り、会長。金語楼は人気第一だが、それ故寄席に出ることが少ない、で副会長、副会長が先生で己れが師匠ぢゃプライドに触ったか、「俺のことも先生といえ……」ときて、何と春風亭だけは楽屋で柳橋先生といわせた。野暮な話である。ちなみに金語楼、喜劇の世界では尊敬と親しみを含めて「金サマ」といわれた。

なに、先生なんざぁ、家元若き日に国会議員になったトタンあの世界で松岡先生となり、楽屋ぢゃ仲間はバカにして談志センセイ、と呼びやがったっけ……。

——＊——

経歴を紹介すると、貧乏噺家の悴《せがれ》に生まれ、子供の噺家で売れ、やがて青年。とたんに売れなくなり、窮余の策か、偶然か、兵隊落語が当たり、新作落語を次々と発表し落語界最大の売れっ子となり、その人気から映画に舞台にと、日本中に知られる人気者となる。

死ぬまで第一線であったが、何と金サマ晩年の句に〝七十にして金もなく、家もなく〟とある。いわゆる昔気質の芸人か、稼いだだけ使う。使える己れに栄光を感じたのだろう。

――＊――

日本中に金語楼を知らない人はいなかった、ということは「誰にでも解る〝笑い〟」ということになり、それはイコール薄い笑い、もっというと「軽薄な笑い」と、その道のプロはいう。

さァ、それだ、その問題だ。一と口にいやあ人間何で笑おうが、大きなお世話だ、他人がとやこういう筋合いはないはづ……。

けど、それをいう、いうからには理由《わけ》がある。その理由はそれを認めることによる己れの不安なのである。

で、結果金サマの笑い、特にハゲを売り物にした笑いを軽蔑した。

――＊――

金サマ高座に出る……と書いて気がついたが家元金語楼の寄席の全盛は知らナイ。全盛を背負って映画、舞台（金語楼劇団を含めた）での人気から、やがて寄席に帰りつゝあると見えた後年の寄席の高座を知るのみだが……その高座で喋る。東宝名人会の初席《はっせき》だ。

「えー、ハゲまして……いや、明けまして、オメデトウ……」と笑いをとる。

芸人の習性でもあろうが、柳家金語楼、そんなことをせずとも笑いの名人だ、古典を金語楼流に喋るだけでも群を抜いてる。その証拠にその昔講談社から出版《で》た落語全集の中で金語楼の作品が一番面白いのである。

——＊——

解き明す問題《こと》は、落語の「名人芸」といわれている部分である。描写が上手く、人物が活き、つまり「落語の世界のリアリティ」とそれにともなう「上質の笑い」ということなのだが、それは寄席の落語の楽しみの部分なのであって、くどいが聴き手にとっては面白けりゃ、それが全てである。

けど、「そのリアリティとでもいうべき芸を寄席の主流にした」ということ、それを支えたその頃の客と批評家が間違っていた。

——＊——

〝とりあえず「上質の笑い」というのを認めよう〟ということはそれに対する質の悪い笑い、これも当然ある、けど、けど、それとは別に「イリュージョン」と、とりあえず家元《わたし》がいっている人間の業、本質ともいうべきものを語っている感覚《センス》が金語楼御大には多大にあったのだ。例をあげる。

「お父さん、お父さんを見てると、とても他人のような気がしない……」

「よせよ、オイ」

その通りなのである。

「親」なんて人間が勝手に仕方なく決めた一つのルールという「常識」であり、それは作ったものだけにどっかでムリがある。それを金語楼の感覚《センス》、本性が無意識のうちに表現しているのだ。

この種のセンスは三語楼門下に顕著にある。曰ク、志ん生、権太楼、正蔵（三平さんの父）、三亀松、そして御大の金サマ、いや金語楼師匠だ。

リアリティ派は、これに気がつかず、この種の笑いを下等な笑いと同一視した。

「おめえ、モテねえってな」

「そんなこたァねえ、荷物ぐらいモテらぁ……」

これらと一緒にしやがった。

違う。ま、時代もあったのだろうが、もしこの三語楼一派に代表されるイリュージョンとも、ナンセンスともいえる笑いの芸術をもっと支持してやって、この部分を金語楼に推め任《まか》せたら、志ん生を凌駕した名人が寄席にいられたのに……。

——＊——

家元《わたし》が頼んでその初席に演《や》って貰った「身投げ屋」を聴いて欲しい。それは「席亭・立川談志のゆめの寄席」と題したＣＤ集に入っている。

山下ケッタロォー……。

林家正楽

はやしや・しょうらく、紙切り。明治29年生まれ、昭和41年没、69歳。本名・一柳金次郎。落語家として大正14年に真打ちになる。昭和に入ってからは、真打ち以前から高座にかけていた紙切り芸に専念した。

林家正楽、紙切りの元祖である。正楽師匠以前に寄席に紙切りは居たのかしら……。ま、〝居た〟とは考えられるが、〝ぢゃあ誰だい〟と聞かれても、〝さあてなァ〟。家元も知らない、でも、なら、正楽師匠は誰に教わったのか、それとも独学か……。

きっと独学だな。

〝紙ィ切る〟という行為、〝紙を切って何かを作る〟というのは有ったはづ。中国にもこれはある、ということは世界にもある……いや、西洋の奴ぁ手元が不器用だから出来ないか……。でも掏摸《スリ》はいるがネ……。

――＊――

日本の紙切り、寄席の高座の紙切りは絵の「一筆《ひとふで》描《が》き」の如く、ハサミ一丁客の目の前で一気に切り上げるのだ、それも客の注文の品を……。

これ外国の奴らが見たらどう思うか、恐らく神業と思うに違いない。客が注文をする、一瞬の間《ま》に頭の中にその絵と構図を描くのだ。もっとも長年やってるとある数の基本は出来る。パターン化してくれる、曰ク歌舞伎十八番だ、花だ、四季の行事だ、名所だ、と……。

――＊――

林家正楽という名が示す通りこの師匠は噺家の出身《あがり》。余興にやった紙切りが、あまりにも上手《うま》いので転向した、と寄席の歴史にある。

けど、落語が上手かったらどうだったのか、あくまで紙切りは余技にしたろうに……。

——＊——

正楽師匠の落語評はない。いや家元が知らないだけか……いえ〳〵家元こういうことは人一倍興味があるのだから、ありゃ聞こえてくるはづ、知ってるはづだ……。

——＊——

この師匠、若手の評判はメチャ悪かった。チョーワルイ。曰ク、〝皮肉屋だ〟とあった。が具体的に何を云ったかは残っていない。「嫌な野郎だよ」だけだ。

けど、あの芸を完成させ、新作落語を創り（作家として）、川柳をやり、芸の格としても文楽、志ん生、円生、三木助等と対等に居たのだ。それもいつもニコ〳〵と、あの柔和な顔で……。

判りやすくいやあ、頭がいいからバカぁ相手にしなけりゃならない場合、皮肉な会話でもぶつけてなきゃ己れが保たない。

——＊——

正楽師匠流の高座は現在《いま》も数人いて紙切りのスタイルと内容も同じ、けど、その内容はケタが違う、品物が違う。後に正楽を継いだ小正楽とは……いや競《くら》べるものではない。それは先代に失礼なんというより、小正楽の正楽にも失礼になる。小正楽とて……ややこしいので小正楽を昔なじみの呼び方で「紙《かみ》ちゃん」と書く。

紙ちゃんは紙ちゃんなりに精一杯やった、努力の結果《たまもの》があった。けど正楽師匠とはタマが違うのだ。

その証拠の一つに、昔人形町末広の待合室に飾ってあった正楽作品の見事さ。渓谷に架かった橋を馬に乗った旅人が馬子に引かれて渡っている図で、その客と、馬と、馬子が川の水に映《うつ》っているのだ。当然その映る姿は水に揺れて……。

その作品は客に注文《い》われ、応じて高座で切った物《の》ではなく、精魂込めて切った作品ではあるが……。

「オイ、紙ちゃん、あれ切れるかい」に「切れますよ、ああ、上手くはないけどネ……」といってたっけ。

中国にも切り紙はある。細かい部分《ところ》まで切る。けど「紙切り」という高座の芸にはならない。

で、何と正楽師匠の切る線が手塚治虫《せんせい》と似てるのだ。もっというとダ・ビンチに似る。ということは手塚治虫とダ・ビンチは似てるのだ。これ先生に直接いったことがある。

正楽師匠、ダ・ビンチも手塚治虫も知らないはづなのに似ている。

その似ている証拠の作品が我家《うち》にある。ガキのくせに客席から正楽師匠に注文《たの》んだのだ。

「土俵入り」「柳にお化け」「堀端《ほりばた》」「七福神」。

寄席にいく、正楽が出てる、それを切って貰う楽しみは、出囃子、「正楽」と名札が返るともう興奮の極で、頭を下げ、上げると間髪を入れず、このガキ注文だ。それをあのニコ〳〵顔の師匠はやさしく応じてくれた。

楽屋に下《お》りてきていったのかなァ、「セコなジャリが喧《うる》さくて嫌《や》だネ……」。いや云うまい、絶対に……。

——＊——

正楽作品の四枚は大切に持っている。宝物である。

——＊——

紙切り、という芸は最も寄席の色物らしい芸で大好きだがそれだけにセンスの悪い奴は嫌いだ。いっちゃあワルいがほとんどダメだ。けど一人小正楽だけはいい。こ奴も頭がいいのだろう、秋に三代目正楽を継ぐと聞いた。結構なこった。

その正楽師匠、「紙切り」という言葉に抵抗を感じたのか、寄席のプログラムに「紙工芸」と改《か》えさせたがこれも子供心に嫌だった。「紙切り」がいい。

正楽師匠晩年は切った作品、場内を暗くして電球を照《あ》て影絵にして客に見せた。たいした効果は感じなかったが、どこかで己れの才能と闘っていた芸人の了見と見えた。

「紙切り」とは林家正楽のことなり。

桂　文楽

かつら・ぶんらく（八代目）、落語家。明治25年生まれ、昭和46年没、79歳。本名・並河益義。言わずと知れた黒門町の名人として、戦後の落語界をリードした。「船徳」「心眼」「明烏」などを十八番に。昭和36年、落語家として初めて紫綬褒章を受章した。

立「師匠お待たせしました、これが最後、師匠が真打《トリ》ちです」
桂「おや……さいですか」
立「トリでいいでしょ」
桂「ようがすよ、で、何です……？」
立「お元気のようで……」
桂「元気ですよ」
立「で、師匠が辞めたのは、たしか昭和四十六年の八月、国立劇場の落語会で御歳七十九歳でしたネ」
桂「はァ〜……」
立「師匠の後《あと》の出番が私《あたくし》でしたんですが記《おぼ》えてないんですよ、何でも咄ィトチって……たしか〝大仏餅《だいぶつもち》〟でしたネ、黙っちゃって、しばらく間があって、〝申し訳ありません勉強し直して参ります……〟ってのが最後でした……」
桂「さいでしたな……」
立「で……あれから〝勉強し直した〟んですか師匠……」
桂「もちりんです」
立「モチリン……はァ……でもそれっ切りでしたでしょう、そのまま引退でしたよネ。勉強し直したのなら、何でまた高座に上《あが》らなかったんです？……」

桂「お前さんネ、あたしゃ桂文楽ですよ」

立「……?……はァ……?……」

桂「一度トチったらそれ迄ですよ、判るかい……」

立「……まァ、解りますが、でも、勿体ない……」

桂「いえ、今だから云いますがネ、もうあの頃うす〳〵気が付いてたんですよ、いつくるかいつくるかってネ……」

立「それが〝きた〟んですネ」

桂「そう……」

立「で〝やめた〟……と。それをまた出直したら、〝天が許しません〟……という……」

桂「オヤッ、いいますネ、お前は……」

——*——

立「師匠は若いうちからずっと売れてきましたよネ」

桂「そりゃまァ、〝べけんや〟で〝あばらかべっそん〟でネ、苦労はありましたよ、いろ〳〵とネ」

立「師匠は〝無駄〟が嫌いで、咄のムダをとるのに全力を傾けた……という……」

桂「咄に無駄があっちゃあ不可《いけ》ません」

立「〝円生は無駄ばかり〟といいましたよネ」

桂「いえ、それは、まァ、お前はネ、そういう事だけ覚えていて、いけませんよ、お前は……」

立「落語なんて全篇ムダみたいなもんぢゃないんですか……」

桂「お前は、まだ変わらないネ、すぐムツかしい事をいって……誰か受け付け代わってくれ……」

——＊——

立「ところで何か質問がありませんか」

桂「……別に……まァ……で、寄席は近頃」

立「客は来ません」

桂「何でだい」

立「談志《あたし》が出ないからですよ」

桂「…………」

立「一人でガンバッてます」

桂「オーイ、お前一人かい、大丈夫かーい」

——＊——

立「師匠から直接教わった〝寝床〟演《や》らせて貰ってます。あと〝明烏《あけがらす》〟こないだ〝つるつる〟を演りました」

桂「オイ……いいかい、大丈夫かい」
立「小益の奴が文楽ンなりましたよ師匠」
桂「まァ、ようがしょ」
立「よかないよ師匠、文楽ですよ、桂文楽ですよ、あたしはあ奴《やっ》がどうしてもなるなら〝桂セコ文楽〟にしろっていったんですよ。小益の奴ぁ笑《うけ》ってましたがネ。本当の文楽ンなりやがった」
桂「いいんですよォ、世の中、いろ〳〵あって……それでいいんです」
立「師匠はあまり普段怒らないですネ」
桂「怒りますよ、けどネ、他人《ひと》様の居る処ではネ、人間怒っちゃいけません」
立「あたしはすぐ怒る」
桂「ハッハッハァ……弱ったネ、お前は……どうも、だいぶ威張ってるって聞くけどネ」
立「こういう、芸の判った者が威張ってないといけないんですよ師匠」
桂「それが、お前はいけない……まァ、仕方ないけど困ったもんだ」

――*――

立「師匠は完成した名人芸を演る人なのに何で〝大仏餅〟とか〝穴泥《あなどろ》〟とか、セコな咄を演るんですか。〝野晒し〟も残ってますがありゃ酷い」
桂「あれは、いろ〳〵訳《べけんや》アリですよ、お前はどしてそういう事をいうんだい。いいんです、いろ〳〵あって……」

立「へえ〳〵、ごもっともで」

——＊——

桂「お前さんはネ、落語界で大切な人なんだから身体ぁ大切にしなくちゃいけませんよ。いいかい、長生きも芸の内なんだよ、そう教えたろ」

立「あれネ、師匠の取り違えで、〝長生きをするんだよ〟、というのではなく、〝長生きはムツかしい〟、ということでしょう……つまり長く生きるにはそれだけの内容が必要だ、というのに師匠は唯長生き……」

桂「怒りますよ、それがお前の悪い処だ、だから小さんが怒って……」

立「ヘイ〳〵、でもあたしも、あと二年がいいとこです、いえ頭脳《あたま》ぁ何とかなってますが、そのォ、肉体のほうが精神についていけなくなって……」

桂「また、そういうムツかしいことを……あたしゃもう帰るよ」

立「師匠、先に帰れるもンなら帰ってごらんなさい、大門で止められる」

あとがきにかえて

山藤章二

やまふじ・しょうじ、イラストレーター。昭和12年生まれ。昭和・平成の「戯れ絵師」として、似顔絵を描かせたら当代随一。立川談志とは、「画伯・家元」の公私にわたる名コンビである。

あーあ、くたびれた、特に後半は参った。理由《わけ》は簡潔、「歳のせい」である。〝何でも持ってこい〟〝何でも書いてやらァ〟、と己れの才気に酔ってられなくなったのだ。

ま、仕方あるまいて……。

――＊――

で、後記、というか、云い訳などする。

百選とは称《い》ったものの、数多い対象を厳選し、リストアップをした訳でもない。つまり家元「人生成り行き」、行き当りバッタリに書いたから当然「あの人」「この人」という念は残る、つまり残念、なら、〝もう百選〟といわれても、先に書いた如く、もう、「駄目ェーッ」。

「行き当りバッタリ」で書くのだから絵描きは堪らない、ま、画伯との間には共通の芸人に対する思い入れはあるけれど……。

まァ、山藤《あっち》画伯は大人だから〝仕方あんめぇ〟てなもんだろうが、正直あまり描きたくない対象も居たろうに……〝まづ、あいつ……〟いや、云わない……。

でもいい、いい絵である。この種の絵は山藤章二に限る。

ま、和田誠サンになると、また違った画《モノ》ができるだろうが……。

もし、他を探したら所詮無理だが、「清水対岳坊」か「島田啓三」先生である。

―＊―

その画伯の作品でも当然、出来、不出来……とは云わないが、画伯として「並み」と「抜群」がある。想い出すまま、抜群をあげてみようか……。

「ケーシー高峰」「ミッキー・カーチス」「山城新伍」「三橋美智也」などなど……。ミッキー・カーチスに及んでは、彼の真打ち披露パーティで、会場の舞台《ステージ》の後《うし》ろに大きく飾った百選の似顔、これを眺め〳〵ての画伯のスピーチに、「ミッキーさんも、この絵を越える芸人になって欲しい……」。云いやがったネ、でもその通り、家元も、ミッキーもその弁を認めたっけ……。

―＊―

「ねえ、後、誰が描きたい」と聞いたら何というかネ。

「河村黎吉《れいきち》、春風亭柳枝、……ネ……」と画伯。「森川信《しん》は、植村謙一郎は、西条凡児《さいじょうぼんじ》は、田辺茂一《もいち》は、手塚治虫は、和田誠を描かせたいネ」と家元《おれ》。

「……ウーン」と絵描き……。

―＊―

そりゃ、有るよ、お互いに有るさ。幸枝若、三平・四郎、あきれたぼういず、……そうそう、画伯の奴ぁ、「グループはなるべくよしとくれ、大変なんだよ」、だとサ。

それにしても、中にゃ当然知らない芸人もいよう、で、写真か何ンか見て描くのだろうが、その写真もやっと見つけたセコ写真、古い、ボケたような小さな写真……それを再現？　それがちゃんと本人になってる、了見を伝えているのだ。

——＊——

文章というか、書き手のほうは、いい文もありゃ、セコ文もある、けど、あまりセコ文を気にしない、〝家元《おれ》ぁ物書きぢゃあねえしネ〟である。

話はチト変るが、家元新潟の岩室村という処に何と田圃《たんぼ》を一反持っている。有名人で自分の田圃ォ持ってるのは家元と日本の家元天皇陛下だけだ。

その田圃に「田植え」と「新嘗祭《にいなめさい》」にいく。地元にも粋な奴がいて、田圃の周囲《まわり》に百選の絵と文を大《でっ》かい立て看板にして並べてくれる。

これ眺め、手前ぇの文を読んでると、いいのだ、没頭出来たのだ……。

けど、百選はあくまで家元《だんし》の芸人に対する「想い入れ」である。

深くつき合い、知ってみりゃ、〝書くんぢゃなかったい〟ということも出てきよう。

今迄に想い入れてガッカリした事も多々あるし……。

つまり、云うまでもなく、「談志の思い」なのだが、読者の常で、それが本人とのオーバーラップ……なら、まだいいが、談志評が、イコール当人、となることが多い。これを芸の力というのだが、〝ヨオッ〟〝いうねぇ……〟「それでいいのか」、仕方がないよネ、俺選んだ人をそれ〴〵好きなのだから、大好きなのだから……。

──＊──

書いてて、いろ〳〵な方法を使う、つまり対話法とか、逆説とか、でも「知ったか振り・円楽」「貧乏人・円鏡」「高田のバカ」を書いた文章が一番好きだ。己れの性に合っているのでアリマス。

──＊──

「ねえ家元、外人はどうなの」と画伯。「ウーン、ねぇ、キリがないよなァ」でも演《や》ってみたいネ、F《フレッド》・アステア……いや、もっと捻って、ダン・デュリエ、H《ヘンリー》・シルバ、物真似のF《フランキー》・ゴーシン……片っぱしから〝いくかあー〟、ターザン、丹下左膳、畠山重忠に背負われた馬、山手線の運転士、ダイオン、オバニオン（判るう）、J《ジェームス》・キャグニィでなく、コディ・ジャレット、南京虫、ライスカレー、画伯嫌がるだろうなァ……いや、喜ぶかも知れナイ……。

トリの文楽《黒門町》師匠、いいだろう、絵も文章も……。

解説のようなもの

立川志の輔

「お前が俺の文庫本の解説書く？　よくもまあ引き受けられたもんだ。さては、このところの猛暑にやられたか、はははは」

そんな師匠の声が聞こえてきそうな大役をなぜ引き受けてしまったのか？

そもそも私は文庫本の解説などという大それたものを書けるようなたちではないし、ましてやその文庫本が師匠・談志のあの『談志百選』ときてる。われながら、うかつの極みだったなあと反省しきり、蟬《せみ》のしぐれもしきりの今日この頃なのであります。

ただ、私に白羽の矢が立った理由は何となく察してはいるのです……師匠の十三回忌、そして落語立川流創設四十周年というタイミングでの文庫本化。その「立川流最初の弟子」が、この私、志の輔であるということ。「だったらまあ、志の輔かな」というごく単純な理由で編集部が私を選んだのだろうと。となれば、「無碍《むげ》に断わったら編集の方々も困るかなあ」と私なりに忖度《そんたく》した上で引き受けてしまったのです。ですから師匠、どうか、そういう大人の事情をお察しの上、「破門だ！」なんてこと、どうかおっしゃりませんように……と、いろんな方角に向かって手を合わせて、いったん気持ちを落ち着かせたところで、そろりそろりと書き出すことにさせていただきます。

まず、いの一番に、いえ、絶対書きたいと思っていること。

それは、たとえどんな理由であろうとも、我が師匠・談志が「百人」しか選ばない本の中にこの私めを入れてくださったこと。弟子として、これにまさる名誉、喜びはありません。私の存在が師匠の本のなかで未来永劫《えいごう》語り継がれていくことになるんですから。

それにしても、師匠、この本はすごいですねえ。古稀《こき》もうすぐという年齢になって改めて読み返してみると、そのすごさが痛いほどわかるようになったと言ったらいいでしょうか。

　師匠ほど、あまたのジャンルの達人たちとさまざまな芸論を戦わせ、軽口をたたき合い、酒を酌み交わし、時には抱き合い、時には言い争うこともありながら、そうした達人たちとの交流の記憶をたどりつつ、毎週、その達人の芸なり人間的魅力なりを独自の視点から、独特の語りかけるような洒脱《しゃだつ》な文体で描きつつ評しつつ、一冊にまとめあげた人なんて、他にいないでしょう。評論家にだっていないと思います。なので、並大抵の苦労じゃなかったと思うのです。「あいつは、偽物ですよ。あんな奴の言うこと信用しちゃダメよ。偽物の俺が言うんだから間違いない」って、よく師匠は言ってましたけど、自身で選んだ百人（組）については、自身の記憶だけにとどまらず、さまざまな番組や本や雑誌などに目を通して、達人たちの人となりを研究してたんですから、頭が下がります。

ちなみに、師匠が交友を深めていた達人のタイプは大きく分けて二つあったように思います……瞬時に自分という人間を見抜かれるのが嫌で徐々に接近してくるタイプと、いきなり裸になって師匠にぶつかってくるタイプ。そのことに気づいたのは、私が師匠のかばん持ちをしていた頃なんですが、師匠はどちらにも、時にやさしく、時に厳しく、楽しんで接している姿に、弟子ながら感心した覚えがあります。

「俺ぁ人間にしか興味がないんだ」

この言葉を間近で聞いたとき、息を吸うのを忘れてしまったくらい驚きました。今にして思えば、師匠はまさにその通りの生き方をしていたなあと深く納得できるのです。人を驚かす、笑わす、叱る、励ます、怒らせつつも本質を衝《つ》いていて唸《うな》らせる……いずれにせよ、相手の心にぐっと「刺さる」言葉を当意即妙に放つことにかけて、私の知る限り唯一無二の存在だった師匠。そのとき師匠に言われた何気ない一言がその人の支えになったり、迷いが吹っ切れて決断することができたり、売れるきっかけになったなんていうことを私自身もたびたび目《ま》の当たりにしたのですが、本書はそういう師匠の人間や芸に対する鑑識眼がエッセイというかたちで遺憾なく発揮された一冊といっていいでしょう。

ただ、それもこれも、師匠の老いとは無縁の並外れた記憶力あればこそ。本書には私自身もお目にかかったり、交流があった方が何人もいらっしゃって、読んでいて懐かしさがこみあげてくる反面、「そんな細かいとこまでよく気づくものだなあ」と、何度開いた口をふさぐのを忘れたことか。

その一方で、世代の違いや、タイミングの関係で残念ながら会う機会のなかった芸人の皆さんに会わせてもらえたようなうれしさ、ドキドキ感が味えたのも本書のおかげといっていいでしょう。もっとも、できれば直接お会いしたかったなあという悔しさも同時にこみあげてはきましたけどね。

おっと。長々書いているわりに、大事なことに触れていませんでした。そうです。本書のデザインはもちろん、百人（組）の似顔絵を手掛けてくださり、この方なくしては本書はそもそも成立しなかったという方、それが、天才イラストレーター、山藤章二先生です。

先生は、落語立川流の初代顧問を引き受けてくださったくらい落語についてはもちろん、人間観察においても、ものの見方においても、師匠とは相通ずるものがあった……ジャンルこそ違え、師匠に勝《まさ》るとも劣らない人間観察力の持ち主で、似顔絵の描線だけで、その人の本質や芸のすがたを見事に表現してしまう（山藤画伯描く談志の似顔絵に一番ほれ込んでいたのは師匠自身でした）。そんな天才イラストレーターが師匠のエッセイの向こうを張って、腕（筆？）によりをかけて描いている。

あの有名人が談志の鑑識眼《レンズ》を通してどんな文章で描かれているのか、読むほどに芸の見方や魅力、人間の面白さがじわじわ心にしみてくるのが、本書ならではの醍醐味だと思うのですが、かたや文章、かたやイラストという、ふたりの天才による神セッション、途方もない贅沢さが、ページをめくるたびにあふれ出てくる。これ以上贅沢な本って、ないんじゃないでしょうか？

「って、さっきからだらだら書いてるけど、とどのつまり、お前は何が言いたいんだ？」また、師匠の言葉が聞こえてきそうです。思えば、初高座から降りてきた私にはおんなじようなことを言われました。「お前、いまの落語で何が言いたかったんだ？」

二の句が継げませんでした。でも、この一言が、私の落語人生を決めたようなもの。落語との向き合い方を気づかせてくれた一言でした。そのおかげもあって（？）本書の百人の一人に選ばれているわけですが、自分の弟子のことをほめたがらない師匠・談志が私について何と書いているか……。みなさんもお知りになりたいでしょう？

当時は、怖くて読めず仕舞いで、現在に至る……なのです。

ですが、解説を書くことになったわけですから、まずは自分のところを読まなくては、と勇気をふりしぼって本書に向かったものの、何なんでしょうか、他のページは面白くて、ためになって、どんどんページが進むのに、いざ、私のページとなりますと、なぜか手がぴたっと止まってしまうという超常現象が発生。たまさか私のページを開けたとしても、山藤画伯による似顔絵が目に入った途端、目がぼんやりかすんでしまい、残念ながら、いまだ、まともに読めていないのです。

ただ、このたび単行本よりは軽くて、持ち歩きしやすい文庫本になりましたので、旅先で車窓の景色に心も軽く、ついページをめくり、うっかり読んでしまうかも……と今からわくわく、いや、ひやひやしているのですが、内容は贅沢なまま、軽やかになった『芸談談志百選』、旅のお供に、在宅ワークの合間に、睡眠導入の一助に、皆様ぜひ、お役立てくださいませ。

（たてかわ・しのすけ　落語家）

初出

「週刊現代」一九九七年一一月八日号〜九九年一二月四日号

編集付記

一、本書は『談志百選』（二〇〇〇年三月、講談社刊）を底本とし、改題のうえ文庫化したものである。文庫化にあたり、人物紹介等は底本のままとし、〔 〕内に編集部による注を付した。

一、本文中には今日の人権意識に照らして不適切と思われる表現があるが、作品の時代背景および著者が故人であることを考慮し、底本のままとした。

中公文庫

芸談《げいだん》
談志百選《だんしひゃくせん》

2023年 9 月25日　初版発行

著　者　立川《たてかわ》 談志《だんし》
画　　　山藤《やまふじ》 章二《しょうじ》
発行者　安部 順一
発行所　中央公論新社
〒100-8152　東京都千代田区大手町1-7-1
電話　販売 03-5299-1730　編集 03-5299-1890
URL https://www.chuko.co.jp/

DTP　嵐下英治
印　刷　三晃印刷
製　本　小泉製本

Published by CHUOKORON-SHINSHA, INC.
Printed in Japan　ISBN978-4-12-207419-4 C1195